デンマークの
シティズンシップ教育

ユースカウンシルにおける若者の政治参加

原田亜紀子
Akiko Harada

慶應義塾大学出版会

Til Ebert og Grethe

デンマークのシティズンシップ教育

目　次

※本文中、筆者撮影の写真はクレジットを省略した。

主要訳出語一覧

〈デンマーク語〉
Ældre Råd　　高齢者委員会
Amt　　県
Børn og Ungebyråd　　子ども・若者議会
Bruger Demokrati　　ユーザーデモクラシー、利用者民主主義
Dannelse　　人間形成、陶冶
Dansk Ungdoms Fællesråd（DUF）　　デンマーク若者連盟
Dansk Ungdomssamvirke（DU）　　デンマーク青年協力連合
Folk　　民衆
Folkeoplysning　　民衆教育、民衆啓蒙
Folkeskole　　国民学校＊
Fritidsclub　　余暇クラブ
Gymnasium　　ギムナシウム（高校）
Kommune　　地方自治体
Nationalliberalism　　国民自由主義
Netværk af Ungdomsråd（NAU）　　全国ユースカウンシルネットワーク
Oplysning　　教育、啓蒙
Produktion Skole　　生産学校
Region　　地域
Ungdomsklub　　ユースクラブ
Ungdomsråd, Ungeråd, Ungebyråd　　ユースカウンシル

〈英語〉
Everyday Maker（EM）　　日常創造者
Expert Citizen（EC）　　協同的市民
Non Participant（NP）　　政治不参加者
Nordic Council of Ministers　　北欧閣僚理事会
Political Activist（PA）　　政治的活動家

＊「基礎学校」とも訳されるが、本書では「国民学校」とした。

まえがき

　デンマークは、童話作家のハンス・クリスチャン・アンデルセン (Hans Christian Andersen: 1805-1875) や哲学者のソーレン・キルケゴール (Søren Kierkegaard: 1813-1855)、建築家のアーネ・ヤコブセン (Arne Jacobsen: 1902-1971) といった人々が生まれた国であり、社会民主主義の福祉国家として、近年は「世界幸福度調査」で常に上位に入る国として知られている。

　国連の世界幸福度調査（World Happiness Report 2021）[1] によれば、上位を占める北欧諸国をはじめとする国々では、幸福度スコアにおいて「社会的支援」「人生の選択の自由」「国への信頼」といった項目が高い割合を占めている。これらが充実する背景には、対話に基づく参加型民主主義と、個人が人間らしく、その人らしく生きていくために国民が政府の役割を監視し、その仕組みづくりに参加していることがある。

　本書は、デンマークにおける「市民参加」をテーマとしている。「市民参加」には、「市民」とは誰なのか、「参加」の仕組みはどのようなものなのか、「参加」のための教育はどのようになされるのかが含まれている。本書では、歴史的・社会的・政治的に「市民」には捉えられてこなかった子ども・若者を対象とする。

　市民性を育成するシティズンシップ教育は、先進国、途上国でそれぞれの文脈で導入されてきた。

　本書のタイトルは「デンマークのシティズンシップ教育」だが、実はデンマークでは「シティズンシップ教育」という言葉は使わない。そもそも「シティズンシップ」は多義的で論争的な概念であり、それぞれの国の歴史的・地理的・政治的・社会的背景から国民形成や権利、排除といった問題が関わる。本書での「シティズンシップ」の議論は、「参加」や「主体形成」に関する範疇に限定され、また「教育」に関しては、政治参加を「民主主義教育」として捉

えたアメリカの政治学者キャロル・ペイトマン（Carole Pateman）の立場や、イ
ンフォーマル教育の視点から、学校教育とは異なるアプローチによる民主主義
教育や市民形成に焦点を当てるものである。

　デンマークでは、19世紀後半の民衆教育の伝統が、民主主義社会の担い手
になる市民の育成や主体形成に大きな役割を担ってきた。民衆教育の学校であ
る「フォルケホイスコーレ（folkehøjskole）」は、封建社会から近代民主主義国
家への移行期のデンマークにおいて、ナショナリズムの形成や民衆の主体形成
に貢献した。今日のフォルケホイスコーレは、外国人を含む誰にでも開かれた
生涯教育のための学校となっているが、近年フォルケホイスコーレに留学した
日本人の話によると、19世紀半ばの設立当時の気風が今もって受け継がれて
いることがうかがえる。それは、年齢や立場に関わらず、寝食を共にしながら
「対話」や「自分で考えて決める」「皆で考えて共同で意思決定をする」といっ
た場面の多さであり、「民主主義」が日常に根づいているということである。

　本書は「対話」や「自己決定」、そして日常生活に根づく民主主義のルーツ
はどこにあるのかを探りながら、特に子ども・若者の政治参加に着目して参加
の在り方を検討することを目的としている。

　筆者は長年、高等学校で公民科の教員として勤務してきたため、「生徒をど
んな市民に育てるか」ということに関心があった。学校では授業以外に、部活
動、生徒会、各種の行事など様々な活動がある。そうした学校生活において常
に感じていたのは、学校では、生徒も教師も当事者として学校運営などについ
て議論し意思決定し、影響力を及ぼす機会がとても少ないことだった。また、
中等教育段階の生徒は、目の前の試験や成績、部活動に時間とエネルギーを膨
大に使い、多様な人々とつながり社会をつくる場があまりに少ない。こうした
状況の中で、民主主義の理念や知識を教室で教え、その重要性を説くことに限
界を感じていた。

　生徒は、同じ学校のクラスや部活動の仲間と長時間過ごし、塾に通い、夜に
電車に乗って帰宅し朝早く登校し、土日も部活動に追われる。こういった生活
において、自分が社会の一員であることや、社会が異質な他者で構成されてい
ることを体感し、自己や他者と対話し行動を起こすことは極めて困難に思えた。

　また、生徒が自分で考えて決めることや協働で意思決定をすることが、授業の一部や部活動に限定されそこから広がらないことが多く、現実の生活での意思決定の積み重ねが、地域、国、国際社会を変えていくことにつながるという連続性が見出せないことも感じていた。

　メディアリテラシーや意思決定の力をつける機会、議論する力を育てる機会も少ない。筆者は、国政選挙や統一地方選挙、アメリカ大統領選、フランス大統領選などのタイミングに合わせて、事前事後学習を含めた模擬選挙を実施してきた。そうした実践において目にしたのは、継続的に情報収集の方法を教えていても、何を判断材料として決めてよいのかわからず戸惑う生徒の姿だった。受験を念頭に置いた授業を受けてきた生徒たちは、時間をかけて情報の妥当性を検討し、議論し、正解がない問いに対し自分なりに判断するような機会があまりに少ないのではないか、またそうしたスキルを育てるには、思考のトレーニングを含めて長い時間が必要ではないかと考えた。

　日本の若者は政治に無関心なわけではなく、むしろ投票率が高い北欧よりも政治的関心が高い［鈴木 2019］。しかし、2021 年 10 月 31 日の衆議院選挙では、選挙のたびに「若者よ、選挙に行こう」というキャッチフレーズがあちこちで見られる一方で、テレビのニュース番組では選挙についての報道が極めて少なかった[2]。また、3 分の 1 の投票所が 16 時には閉鎖になり、投票所の数自体も減った。その目的には経費削減もあったという[3]。

　情報過多ともいえる今日の社会だが、私たちは政治的な意思決定にあたり十分な情報を得ているのだろうか。また民主主義に不可欠である、他者の声を聴き、自分の意見を表明し、ぶつかりながらも何とか妥協点を見出すための訓練を十分に受け、参加のための機会を得ているだろうか。市民の意思や意見を反映する機会や仕組みが保障されていないことは、無力感や個人化、分断化をますます進展させ、結果として他者の権利や尊厳をふみにじったり、さらに自己の権利が侵害されていることにも気づかなくなってしまうのではないか。

　本書では上記の問いに対して、経験による学びやインフォーマル教育の観点から検討しようとするものである。その際に研究対象に設定したのが、デンマークの対話型民主主義とそれを実現する「成功事例」、つまり若者を「市民」

として捉えようとし、声を聴き、実際に政策提言を実現させる仕組みや市民の育成の在り方の検討である。

　デンマークの民主主義は、19世紀半ばの自由憲法制定時から第二次世界大戦中まで、紆余曲折を経ながら戦後の社会民主主義型の福祉国家を形成してきた。デンマークにおいて対話型民主主義は、学校教育や学校外教育、生涯教育における基本理念となっており、デンマークの人々は対話の理念やスキルを幼い頃からその後の人生まで継続して学ぶ。本書では地方自治への参加という意味での若者の「政治参加」に焦点を当て、デンマークの事例を通して地方自治体との協働や若者の政治参加の課題に迫っていきたい。

1. 本書のねらい

　本書のねらいは、以下の3点である。

　第1に、若者が政治参加を通して学ぶ民主主義の学習と、市民として、権利主体としての若者の政治参加の在り方を提示することである。「政治参加」においては、「意思決定」を実現する側面に焦点を当て、特定のイデオロギーに基づく活動よりも、対立や葛藤、妥協を経て合意形成する場を考察する。

　ペイトマンは、活発な政治参加は、民主主義教育や政治教育として機能すると論じた［Pateman 1970=1977］。こうした指摘は、学校の内外で民主的な過程を学ぶことが、長きにわたる市民参加への志向へとつながる可能性も示唆しよう。

　また、オランダの教育学者ヤープ・シェレンス（Jaap Scheerens）は、参加型民主主義の実践は、個人が日常的な経験から民主的な態度、価値観、スキル、知識を習得するインフォーマルな学習として機能し、政治参加を促進するだけでなく、生涯学習を高めることにもつながるとする［Scheerens 2009］。このことを念頭に置き、本書では、インフォーマルな学習機会、政治参加、シティズンシップ教育、生涯学習のつながりを想定しつつ、社会を担う主体としての市民を育てるための継続的な学びを検討していく。

　若者を意思決定する主体としてみなす、ということは、政治参加する市民と

しての権利の保障にもつながる。一方、若者の意思決定には、政治や民主主義、社会に関する知識、意見表明の能力、他者と交渉する能力、他者と協働する能力などが求められる。本書で事例として提示するユースカウンシルでの意思決定は、共同の意思決定であり、自己の主体形成とともに他者と対話し、最後には何らかの結論にたどり着くことが必要となる。

　若者がこうしたシティズンシップのスキルを身につけるには、大人の適切な支援が不可欠である。多くの若者組織では、形式が整えられても実質的には大人が決定権を握る場合や、大人にとって都合のよい若者ばかりが集まる、といった課題が指摘されている。本書では、長期継続し、大人と若者が協働しながら若者の意思決定を尊重し活発に活動するユースカウンシルを成功事例とし、その成功事例から若者が政治的主体となりうる組織構造やシティズンシップのスキルを学ぶ支援の在り方を示す。

　第2に、投票行為や政党政治といった制度的政治と、日常生活での問題解決や地域での影響力といった非制度的の政治のつながりを見出すことである。若者のみならず幅広い世代における代表制政治への不満や不信感、政治的無関心と、シングルイシュー型の政治への関心や参加の高さは、先進諸国で見られる。デモなどのアドホックな参加やNGOへの参加は活発であっても、議会政治への接続がない場合、影響力が限定的になる。ユースカウンシルは長年にわたり議会政治へのつながりを試みてきた。そして、数々の失敗を重ねながらその接続を実現する組織も現れている。非制度的政治への参加が活発になると、政治的有効感が生まれ、また参加の過程で行政や議会と交渉することで制度的政治が身近になる[4]。

　第3に、デンマークの若者の政治参加の検討により、学校教育に中心化される日本の政治教育を相対化することである。日本の政治教育は、学外での社会的・政治的実践に直接結びつかない教育固有の「学習」において、子どもや若者を大人とは異なる空間に保護しようとしてきた［小玉 2016］。

　学校で学ぶ市民としての権利や統治機構の仕組みは、グローバリゼーションや新自由主義により、国民国家を基礎とした民主主義の限界や議会政治の機能不全といった社会の変化に応答しきれていない。現実の政治と隔離された空間

で学んだシティズンシップの知識は、はたしてどれくらい能動的な市民として社会に関わることを可能にするのだろうか。本書が分析の対象とするユースカウンシルは、若者アソシエーションのひとつであり、シティズンシップの知識を運用して議論や意思決定を行う組織である。こうしたインフォーマルで体験型の学びは、若者のその後の人生において、他者と協働してコミュニティに貢献するといった感覚が、長く継続するようなインパクトがあると考えられている［Keating and Janmaat 2015］。また、アソシエーションは若者の政治参加を促すインフォーマル教育として、多大な貢献を果たすともいわれる［Quintelier 2015］。ユースカウンシルでの学びは、学校での学びであるフォーマル教育とは異なる、地方自治への参加を通じたインフォーマル教育としての政治教育といえる［Sant and Davies 2018］。学校で学習したシティズンシップの知識が、コミュニティや、より大きな社会においてどのように機能するのか、あるいはしないのかを経験すること、さらには社会において小さな意思決定と影響力を行使する機会を積み重ねることが、人々を市民にし、民主主義社会が形成されるのではないだろうか。本書はこうした問題意識に立ち、身近な生活領域での民主主義の実践から課題や新たな視点を見出し、社会における主体としての市民の形成について考察する。

2. 研究の方法

　本書は、2015 年春から 2018 年夏までの文献調査と質的調査に基づいている。まず、2015 年から 2016 年にかけて若者アンブレラ（傘下）団体であるデンマーク若者連盟（Dansk Ungdoms Fællesråd: 以下、DUF）が発行する、研究者による調査報告や研究論文、創立時の代表だったハル・コック（Hal Koch: 1904-1963）に関する資料、ニュースレター、DUF が提供する様々な有料無料のコースのカタログ、ホームページ、そしてコンサルタントへのインタビューからデータを収集し、その理念や組織構造、活動内容、メンバー団体などを整理した。またこの時期に、デンマーク王立図書館やオースフ大学教育学部（Danmarks Institut for Pædagogik og Uddannelse）図書館、コペンハーゲン中央図

書館で収集した 1980 年代の若者政策に関する DUF の資料、1990 年代の政府の若者政策文書、地方自治体関連の雑誌、地方自治体の広報などユースカウンシルに関連する政策文書や資料を収集した。その結果、ユースカウンシルに関する現存する資料が少ないことが明らかになり、ユースカウンシルの実態を把握するために、2015 年夏から、連絡可能なユースカウンシルの職員へのインタビューを開始した。全国のユースカウンシルの全体像や横のつながりを把握するために、ユースカウンシルのアンブレラ団体で DUF に所属する「全国ユースカウンシルネットワーク（Netværk af ungdonsråd: 以下、NAU）」の大学生コンサルタントとメンバーの代表にもインタビューを行った。

　ユースカウンシルの基礎情報については、NAU のホームページに分布や少数の活動内容の事例が掲載されていた。しかし、各ユースカウンシルが設置された年や継続年数、職員の配置、参加者の人数、課題などはほとんどわからず全体像が明らかではなかったため、実態把握のための調査を実施することにした。

　2016 年 1 月に NAU のホームページや地方自治体のホームページを参照して、全国のユースカウンシルを確認し、質問紙によるパイロット調査を実施した。2016 年 1 月のパイロット調査では、郵送と Google Form を併用し、質問項目として、対象年齢や活動年数、活動内容などを設定した。当時存在が確認された 47 のユースカウンシルのうち、21 のユースカウンシルから回答を得た。また、情報を補完するために、2016 年 1 月から 2018 年 8 月まで、複数のユースカウンシルで職員やメンバーへのインタビューも実施した。

　文献収集や質問紙調査の準備や実施と並行して行っていた先行研究の検討では、ユースカウンシルは継続に苦労し設置と廃止を繰り返す場合が多く、若者が意見聴取されても形式的で意思決定のフィードバックを得る機会がなく、政策へ影響力を及ぼせないことが明らかになってきた。文献調査と情報収集のためのインタビュー調査ののち、事例研究のための事例の抽出を行った。

　事例の抽出に当たり、次の 3 つの条件を設定した。

1. 10年以上の長期にわたり継続。
2. 単発や期間限定ではなく、ミーティングやイベントを定期的に開催し、一定数のメンバーを常時確保。
3. 政策提言の実現例が複数あり、若者政策への影響力がある。

上記の条件から、1985年から継続し政策提言を実現する、デンマークで最も古いバレロップ市（Ballerup）のユースカウンシル、2006年に設置され、フェイスブックを効果的に活用し、若者政策への影響力を行使するグロストロップ市（Glostrup）のユースカウンシル、2007年から本格的に活動し、若者に敬遠される正式化された議会型でありながら、若者を巻き込むことに成功したオーフス市（Aarhus）の「子ども・若者議会」を事例として抽出した（詳しくは第5章を参照）。

　事例の対象となった3つのユースカウンシルについては、2015年から2018年の間に、2回から4回にわたってユースカウンシルの常勤・非常勤職員、地方議員、行政職員、メンバーへ半構造化インタビューを実施した。インタビューは本人の承諾を得てICレコーダーに録音し、文字起こしを行った。各ユースカウンシルの会議への参加も試みたが、ユースカウンシルは若者の通う学校や職場の状況に応じた会議日程の変更が多く、予定していたインタビューや参与観察がキャンセルとなることがしばしばあった。事前に日程が確定されホームページで公表するオーフス市でのみ、市庁舎での会議とグループワーク、そして図書館でのイベントへの参与観察が可能となった。グロストロップ市については、公式フェイスブックページやホームページを参照したのに加え、職員とメンバーの許可を得て、フェイスブックの非公式ページのチャットを1年分閲覧した。

　総合考察では、複数の事例を比較する質的調査（Qualitative multiple case study）の手法により、個々の事例がもつ状況の独自性や複雑性との関連から事例を比較し考察を行った。事例研究は、今日的な現象を深く現実世界の文脈で検証する、実証的な研究方法として定義される［Yin 2017］。複数の事例の比較研究では、プログラムや現象がどのように異なる文脈で現れるか考察する

ことが重要とされている［Stake 2006］。

注

1　世界幸福度調査報告 https://worldhappiness.report/ed/2021/（2021 年 11 月 3 日最終閲覧）。

2　朝日新聞論座「TBS「news23」で選挙報道が激減！　フジ「Live News *a*」は選挙を捨てた？衆院選期間中、看板ニュース番組で起きていた"異変"」https://webronza.asahi.com/national/articles/2021110500002.html（2021 年 11 月 5 日最終閲覧）。

3　読売新聞オンライン「［衆院選 2021］投票所の中には午後 4 時終了も…3 分の 1 が閉鎖時刻繰り上げ」2021 年 10 月 31 日付。https://www.yomiuri.co.jp/election/shugiin/20211030-OYT1T50202/（2022 年 3 月 24 日最終閲覧）。

4　18 世紀にジャン・ジャック・ルソー（Jean-Jacques Rousseau）は、イギリスの人民は自由だと思っているが、彼らが自由なのは選挙のときだけである、とイギリスの代議制を批判した［Rousseau 1762］。現代の若者にとっても、選挙しか政治参加の手段が想定できず、選挙が終われば無力であり政治的有効感が感じられないことが、政治への不参加につながると考えられる。

序章　若者の政治参加の課題

1. 本書の目的と主題

　本書の目的は、デンマークの若者の政治参加の様相を、地方自治体が設置する政策提言組織であるユースカウンシルを事例として明らかにすることである。

1.1　議論の背景

　今日、若者の参加をめぐる議論や活動が各国で活発になされている。その背景は2つ挙げられる。

　ひとつ目は1989年の国連「子どもの権利条約」の採択である。18歳未満を「子ども」とした子どもの権利条約では、12条において子どもの意見表明や、各団体を通じた意見聴取の権利、13条において表現の自由や情報を求める権利について規定された。アメリカの心理学者ロジャー・ハート（Roger Hart）は、子どもの権利条約を受け、形式的な参加ではなく実質的な参加への段階を示す「参画のはしご」理論を提示した［Hart 1997=2000］。ハートの理論は子どもの参加の領域に大きな影響を及ぼし、子ども議会やユースカウンシル、ユースパーラメントといった組織が次々と設置され、意見聴取や意思決定の重要性が強調されるようになった。しかし、子どもの権利条約を190か国以上の国が批准しているにもかかわらず、子ども・若者の参加は大人の意思決定の受け手にとどまっており、影響力をもてていない［Lansdown 1995］。

　2つ目は、1990年代以降は後期近代の社会変容により、進学や就職など若

者をめぐる状況が大きく変化したことから、EU で若者政策が新たな分野として創出され、若者政策当事者としての意見聴取機関の必要性が見出されたことである。先行世代では、若者のライフコースは進学、就職、結婚、家族の形成といったルートが一般的だったが、グローバリゼーションや新自由主義の進展によりライフコースが複線的になり、若者は「ヨーヨー」のように就学と就労、失業を行き来するようになった。若者の社会的排除は個人の問題ではなく社会構造の問題であり、従来の若者観や政策では対応できないことが明らかになってきたのである。

　欧米ではこうした状況から、ユースカウンシルやユースパーラメントなど参加型の実践の試みが多数行われるが、若者が自由に意見表明を行い意思決定を実現する事例は極めて少ない。ユースカウンシルやユースパーラメントは、メンバーを選挙により選出し、会議で意思決定を行う議会制民主主義の形態をとるが、その弊害がこれまで多数指摘されてきた。そうした指摘は、以下の点に集約される。

　まず、メンバーを選挙で選ぶ代表制では、「優等生」あるいは人気者が選出され、移民や難民のルーツをもつ、あるいは学校や社会に適応困難で周辺化された若者を排除する。代表制におけるこうした排除の問題は、若者の排除のみならず、そもそも多数の「ふつう」の子ども・若者すら包摂していないことも意味する。次に、生徒会やユースカウンシルなどの組織では、意見聴取の機会は設定されるものの、大人が若者の課題や意見に関心をもたず状況をコントロールし、実質的な意思決定は大人がするということである。最後に、こうした形骸化した意見聴取の結果、若者はフィードバックを得ることがなく、政策や実践に影響を及ぼせない。そのため、若者はますます政治や大人に対し不信感をもち無気力になる、という悪循環をもたらすという点である。

1.2　北欧や英国の動向

　参加型民主主義を特徴とする北欧においては、子どもの権利条約以前から、子ども・若者の参加の動きがあった。デンマークでは、子どもの権利条約の批准以前の 1980 年代には、若者が地方自治に直接参加するための政策提言組織

として、ユースカウンシルが設置された[1]。

　北欧閣僚理事会（Nordic Council of Ministers）は、北欧諸国では子どもの権利条約採択以降、長年にわたり子どもの権利擁護団体や若者組織が権利保障のための努力を重ねてきたものの、現実にはいまだ多くの課題があるとして、以下のように問題提起した。

　　「子どもと若者に参加の権利がある、というのは簡単だが、それを現実に実現するのは難しい。子ども・若者の参加は複雑で多面的だが、本質的には民主主義の問題である」［Nordic Council of Ministers 2016a:6］。[2]

　18歳未満の若者は選挙権がなく、その意味においては正式な民主主義の過程から排除されてきた。ゆえに、子どもの権利条約では、意思決定過程における子どもの意見表明や意見聴取の権利の付与を規定した。一方、制度上は18歳以上の若者は正式に政治参加が可能だが、それにより参加の権利が満たされたということではない。若者はしばしば意思決定から排除され、またその過程が不適切な場合も少なくなかった［Nordic Council of Ministers 2016a］。

　北欧や英国のユースカウンシルや生徒会の研究においては、複雑で多面的な参加が抱える課題や、議会制民主主義、代表制民主主義、熟議民主主義の観点から子ども・若者の参加が検討されている。当該社会の民主主義の在り方が、ユースカウンシルや生徒会の在り方に反映されるともいわれる。

1.3　若者の参加の課題

　本書では、エリート主義的な参加ではない若者の参加を促し、意思決定や影響力行使を可能にする仕組みや大人の支援といった課題への挑戦を、デンマークの事例から探る。デンマークでは議会制民主主義のみならず、国家・労使、あるいは様々な市民団体や公的組織が参加し、討議、学習、合意形成により政策決定を行うという、北欧諸国に共通する対話型の民主主義の仕組みが複層的に形成されている［小池 2017］。その仕組みは、デンマークの政治学者ヘンリック・バング（Henrik Bang）やエヴァ・ソーレンセン（Eva Sørensen）が定義し

た「エリート」「サブエリート」「ふつう」の人々が含まれる民主的なガバナンスである［Bang and Sørensen 1999］。

　ユースカウンシルの活動は、若者政策への意思決定過程に参加し、影響力を行使することを目的とする「政治参加」である。政治参加は、政党政治への参加や投票行為や議員としての議会制への参加といった「制度的政治参加」のみならず、意思決定や影響力の行使も含まれる。本書ではとりわけ意思決定や影響力の行使に着目し、その検討のために、議会型のみならず対話型の民主主義における若者の政治参加に焦点を当てる。具体的には、バングとソーレンセンが指摘するような、対話による「エリート」「サブエリート」「ふつう」の人々を含む民主的なガバナンスが、ユースカウンシルを通した地方自治への参加にも見出せるのか、そして参加を通した民主主義の学びがどのように実現されるのか、を明らかにする。その際に大人と若者では、参加の仕組みや実践における課題が異なり、同様に扱うことはできない。したがって、若者の参加の固有の課題を、どのように乗り越えようとしているのかを含めて検討したい。

　なお、「子ども」と「若者」の境界の定義は様々で、国連の「子どもの権利条約」では 18 歳未満が「子ども」とされ、欧州委員会では 15 歳から 25 歳が「若者」と定義される。若者の意見聴取機関であるユースカウンシルのメンバー資格は、各国において自治体レベルで異なり、12 歳から 20 代後半まで幅がある。そこで本書での「子ども・若者」は、10 代前半から 20 代後半までを対象とする。

　日本では、2015 年の公職選挙法の一部改正による 18 歳選挙権の導入、同年の総務省と文部科学省によって公表された補助教材『私たちが拓く日本の未来──有権者として求められる力を身につけるために』[3]、および文部科学省による『高等学校における政治的教養の教育と高等学校等の生徒による政治的活動等について（通知）』[4]の公表といった動きの中で、主権者教育への関心が高まってきた。主権者教育に関する議論の中心は、選挙や請願といった議会政治への参加であり、学校での投票教育の議論や実践が活発になった。しかし 10 代の若者が初めて国政選挙で投票した 2016 年の参議院選挙では、マニフェストを読み模擬投票を実施する投票教育が事前に様々な学校で実践されたものの、

投票率は 18 歳が 51.28％、19 歳が 42.30％（毎日新聞 2016 年 9 月 9 日）[5] にとどまった。こうした投票率の低迷は日本のみならず、先進諸国で見られる[6]。

　これからの社会は、未来を担う世代の政治参加と「市民」の育成を、どのように構想し促す必要があるのか。その足がかりとして、「政治」のもつ意味や「民主主義」の在り方の問い直しは不可避であろう。

　現実社会において民主主義の実践を試みる、デンマークのユースカウンシルでの若者の政治参加の仕組みやその課題、さらには実践を支える民主主義を考察することは、今日の日本のシティズンシップ教育、あるいは政治教育にとって示唆に富む。

　次節からは、本書で扱うユースカウンシル、政治参加といった概念を整理し、その後、先行研究の検討を経て本書の問いと意義を提示する。

2. 各国のユースカウンシルの歴史

　「ユースカウンシル」の名称は、地方自治体、国、国際組織と様々なレベルで、また様々な組織において使われる[7]が、その起源や歴史、展開を明らかにした研究は管見の限り英国の子どもの参加の研究者、ヒュー・マシューズ（Huge Matthews）による英国の事例に限定される。マシューズによれば、英国の「ユースカウンシル」の名称は、地域レベルの若者の参加組織の総称として用いられる。英国では 1949 年には 240 のユースカウンシルが存在し、大半がロータリークラブを拠点とした。これらのユースカウンシルは、若者の社会統合、国の再建を担う成熟した市民としての若者の育成、社会教育、若者の解放、といった個々に異なる目的をもち、共通の目的や組織同士の連帯はなく、若者の意識からはかけ離れた大人のアジェンダに基づいていたため、短期間で頓挫した。1980 年代に再びユースカウンシルの設置が活発になるが、このときも、1940 年代から 50 年代の時期と同様に、若者の参加の権利の保障という観点よりも、大人の要請で設置され短期間で廃止に至っている。さらに今日の英国のユースカウンシルは、既存のユースフォーラム（Youth Forum）や Save the Children といった NGO の転用など、起源が様々である［Matthews 2001］。

　米国では、若者の参加は「市民的社会参加（Civic Engagement)」の観点から、ボランティア活動、サービスラーニング、アドボカシーの文脈で議論がなされる[8]。米国では 2000 年代後半には 140 のユースカウンシルが存在したが、正式な意思決定の権限がなく単なる諮問機関にとどまり、まさに「形式的な参加」となっていた［Taft and Gordon 2013］。

　米国の社会学者であるジェシカ・K・タフト（Jessica K. Taft）とハヴァ・R・ゴードン（Hava R. Gordon）は、ユースカウンシルがエリート主義的で大人と行政に統制されると批判し、ユースカウンシルのような公的機関主導の組織への参加よりも、若者の社会運動に民主主義への参加の可能性を見出している[9]。

　若者の政治的無関心と不信が議会制政治へ向けられる中、シングルイシュー型政治への関心は高く積極的に活動する、という傾向は、日本の SEALDs の活動やスウェーデンから始まった若者の環境保護運動、フランスでの大学入試改革への反対運動など、各国で見られる。こうした直接民主主義は制度的な政治へ影響を及ぼす場合があるものの、政治的影響力を市民が直接に行使するには、社会運動にはいまだ限界がある。そのため、統治機構を通した政治参加を完全に否定することは不可能である［山崎・山本 2015］。そのことを踏まえ、本書ではユースカウンシルの課題の検討とともに、公的部門への政治参加の可能性を見出すために、地方分権の伝統があるデンマークの地方自治体のユースカウンシルを分析の対象とする。

　ハートによれば、地方自治体主導によるユースカウンシルは、フランスのシルティガイム（Schiltigheim）市で 1979 年にヨーロッパで最初に誕生した。シルティガイムでは、市長・町議会の議員・教師らが、大人と若者が意見を共有し行政に提案する体制を恒久的につくることを提案した。このユースカウンシルでは若者は意見表明の権利があったが、意思決定権は町議会が握り若者にはなかった。1990 年代後半には、フランスには「子ども議会」「若者議会」、そしてそれに似た名称の約 740 の議会が存在した。1990 年代にはベルギー、スイス、オーストリア、ドイツ、ポルトガル、ポーランド、ハンガリー、イタリアなどにもおいても、ユースカウンシルが設置された。

　ユースカウンシルは、自治体当局と教師ら学校教育関係者により組織され、

子ども、若者、大人、地方自治体の対話の場であり、まちづくりに貢献する事例が多数ある。一方、多数の事例はあるものの、ユースカウンシルには概して標準的な組織の在り方を規定する国の規則がなく、地域の政治的、社会的、文化的独自性が考慮され、地域ごとに独自のルールをつくってきた。したがって、年齢も 10 歳から 13 歳、15 歳から 18 歳と、各ユースカウンシルごとに様々であった。ユースカウンシルに参加する子ども・若者のメンバーは任期が決められ、学校や青年団体などで選挙が行われる。ユースカウンシルが扱うテーマは、遊び場、学校生活、社会問題、文化、レクリエーションなどで、地方議員や行政職員などの大人がサポートし、環境問題や住宅など特定のテーマで専門家を呼ぶこともあった［Hart 1997=2000］。

　日本においても、意見聴取組織として多数の自治体で「子ども議会」「子ども会議」（名称は各自治体による異なる）が設置されている。たとえば、川崎市の子ども会議は 2002 年に市の「子どもの権利条例」に基づき設置された[10]。さらに近年では「若者議会」も各地で設置され、2015 年発足の愛知県新城市など一部の事例では、予算の使途の提言やその実現が報告されている[11]。しかし、子ども議会、若者議会の双方とも、正確な数、分布、大人の支援、政策提言の実現例、組織の構造、自治体や子ども・若者関連団体や学校間の連携、シティズンシップ教育の効果などは明らかにされていない。

3.　デンマークのユースカウンシルの特徴

　デンマークのユースカウンシルは、他国のユースカウンシルにはない特徴がある。まず、1980 年代の新自由主義への対応としての地方分権化により生まれた、ユーザーデモクラシー（bruger demokrati: 利用者民主主義）として位置づけられることが挙げられる。ユーザーデモクラシーは、高齢者サービスや保育サービスといった公的サービスを利用する当事者の声を反映する委員会によって、自治体がより細やかに市民の声を直接反映させる仕組みを実現した［朝野 2005］。ユースカウンシルもこうした委員会と同様に、若者政策に当事者の声を反映することを狙いとし、選挙や政党への参加とは異なる形での、「市民」

としての政策決定過程への参加を保障しようとする。

　次に、デンマークのユースカウンシルは、北欧の民衆運動の系譜にある子ど
も・若者アソシエーションのひとつである点が挙げられる。デンマークのアソ
シエーションは、民衆教育 (folkeoplysning)[12] の創始者である 19 世紀の牧師・
教育者・詩人・政治家のニコライ・フレデリック・セヴェリン・グルントヴィ
（Nikolaj Frederik Severin Grundtvig: 1783-1872）の民衆啓蒙の伝統にあり、国家
から自立した民衆の主体形成の場であった。今日、デンマークの多くの若者は、
スポーツクラブやボーイスカウト・ガールスカウト、趣味の団体や NGO など
に所属し、放課後や長期休み中に活発に活動している。ユースカウンシルは、
全国生徒会、スカウト、スポーツ団体、趣味の団体、政党青年部といった多様
な団体が所属し、メンバーが約 70 万人にのぼるデンマーク若者連盟（Dansk
Ungdoms Fællesråd: DUF）に所属する。

　ユースカウンシルを含む多数の子ども・若者アソシエーションは、地域支部
からなる全国組織の形態をとり、縦横のつながりにより若者政策に影響力を及
ぼし互いに学び合う構造をもつ。こうした仕組みは民衆運動から形成された各
種のアソシエーションを「民主主義の学校」として機能させる [Rothstein
2004=2013]。デンマークの教育大臣だったベーテル・ホーダー（Bertel Haarder）
もまた、2008 年の若者政策文書において、若者アソシエーションはデンマー
クの民主主義の過程や政治への知識や理解を若者に与える、と述べている
[Haarder 2008]。その理由は、若者アソシエーションは、リーダーが選挙で選
ばれ、大人の支援者が、若者が意思決定に参加する民主的な過程をアソシエー
ションで組織するための情報を提供し、カウンセリングを行う民主的な構造を
もつ、と捉えられているからである[13]。

　若者アソシエーションには様々なものがあるが、ユースカウンシルは、日常
生活における民主主義の実践という点で最も妥当な事例である。なぜなら、ス
カウトやスポーツクラブといった他の若者アソシエーションよりも、より直接
的に若者政策に影響力を及ぼすことが可能だからである。また、政治参加に直
接つながる組織としては政党青年部があるが、政党青年部は各政党のイデオロ
ギーに基づき活動するため、多様な若者の包摂や地域社会の若者全体の課題に

取り組むことができない。一方、ユースカウンシルは政治的に中立で、「ふつう」の若者を巻き込むことが意図されるためである。

　ユースカウンシルはデンマーク語で ungdomsråd, ungeråd, ungebyråd と表される。ungdom, ung は若者、råd は会議、議会を意味し、byråd は by（町）の råd（議会）、つまり市議会、地方議会の意味になる。デンマーク語の ungdomsråd の英訳は youth council とされる。日本語に直訳すれば「若者議会」「青年議会」となるが、本書では英語の youth council をそのままカタカナ表記で採用する。その理由は、デンマークのユースカウンシルは、議会制民主主義における「議会」を必ずしも踏襲しておらず、若者の居場所の機能も果たし、議会以外の活動を活発に行うためである。また、英国には国政レベルで全国規模のユースパーラメント（youth parliament）が存在する。他方で地域レベルの若者団体もあり、こちらは youth council として分類されている。したがって「若者議会」の訳出としてはユースパーラメントのほうが妥当と考える。

　デンマークのユースカウンシルは、若者の「政治参加」を目的として設置された。「政治参加」には国政や議会制への参加や社会運動への参加、あるいは広く日常生活で意思決定し、地域社会に影響力を及ぼす参加も含まれる。次節では、本書で扱う「政治参加」の射程を示す。

4. 政治参加とは：政治参加の意味

　「政治参加」には大きく分けて 2 つの見方がある。ひとつ目は「選挙への参加」を政治参加とみなすものである。市民の役割の中心は選挙への参加であり、政治的エリートや政党の役割が重要視される［坪郷 2009］。この議会制民主主義、そして代表制民主主義については、20 世紀後半からその機能不全が指摘され、不信や不満が高まっている。政治学者の山崎望や山本圭らは、代表制度が存続しているにもかかわらず、政治がその枠内に回収されず、代表のメカニズムがうまく機能していない状況を「ポスト代表制」と呼ぶ。ポスト代表制が当てはまり、自由民主主義が定着する先進諸国では、投票率の低下、政党の組織率の低下が見られ、労働組合などの諸組織が十分な影響力をもたない［山

崎・山本 2015][14]。また英国の社会学者のコリン・クラウチ（Colin Crouch）は、自由民主主義体制下の現代の政治は、受動的な民衆に選出された政府と、一部の巨大企業の利益を代表するエリート間の交渉により展開する、と論じる [Crouch 2003=2007][15]。

　2つ目の政治参加は「公共政策の形成、決定、実施のプロセスへの参加」を意味する。政治参加は、今日では政治的テーマと社会的テーマが密接に関連するため、社会参加も含む。ここには「参加型民主主義」や「熟議民主主義」が関連して議論される [坪郷 2009]。

　現代の民主主義においては、代表制以外の民主主義、具体的には「熟議民主主義（deliberative democracy）」「闘技民主主義（agonistic democracy）」「アソシエーティブ・デモクラシー（associative democracy）」[16]への注目が高まっている [田村 2011]。政治学者の田村哲樹は、このような新しい民主主義の諸理論、およびそれに基づく新たな仕組みと代表制民主主義との関係をどう捉えるべきか、という課題を提示する [田村 2011]。デンマークのユースカウンシルへの政治参加は、言語的相互行為が様々なアソシエーションで複層的になされる「アソシエーティブ・デモクラシー」ともいえる。

　アソシエーティブ・デモクラシーの論者で英国の社会学者であるポール・ハースト（Paul Quentin Hirst）[17]は、デンマークやオランダでは、アソシエーションの原理を実践に落とし込み、両国の民主的機構は、アソシエーショナリズムの地方分権化（decentralization）と多元的共存（pluralism）の恩恵を受けているように見える、と論じた [Hirst 2002]。

　この2つ目の政治参加の「公共政策の形成、決定、実施のプロセスへの参加」の議論においては、市民の民主主義教育が重視され、シティズンシップ教育と参加の実践が問われる [坪郷 2009]。本書では、「選挙への参加」「公共政策の形成、決定、実施のプロセスへの参加」の2つの政治参加のうち、後者の「公共政策の形成、決定、実施のプロセスへの参加」と「参加型民主主義」に焦点を当てる。

　デンマークは北欧で最も地方分権型社会であるため、「公共政策の形成、決定、実施のプロセスへの参加」と「参加型民主主義」に関する検討事例として

ふさわしい。デンマークでは、各地方自治体、さらには各意見聴取機関におい
て公的サービスを受ける当事者が声を反映させるという自律性を重視し、市民
を政策決定過程に参加する仕組みを形成してきた[18]。とりわけ興味深いのは、
高齢者や障がい者といった社会的に排除されてきた層の参加を促す点である。
たとえば高齢者委員会（ældre råd）は、地方議会の議員の大半が 40 代から 50
代で、高齢者の声を聴く場がなかったため、1980 年代から地方自治体が設置
するようになり、1990 年代に法制化された［福島 2005］。

　ユースカウンシルの主な目的として、政策提言がある。若者政策は地方自治
体の「文化・余暇部門」に属する場合が多く、若者の居場所確保や地方自治体
の若者向けイベントの企画・運営が活動の中心となる。ユースカウンシルが実
現した政策提言には、居場所としてのユースハウスやユースカフェ、あるいは
スケートリンクの設置などが共通して挙げられる。これらは一見して「政治」
とは遠く見えるが、それらの成果は、地方自治体への提言を経て予算を獲得し、
実施に至るまで地方議会や行政の交渉において様々な対立、葛藤を通じて、獲
得したものである。これは「政治参加」の過程であり、また実践による「民主
主義の学習」でもある[19]。

　地方自治体は、若者の政策決定過程への参加についても、ユースカウンシル
が高齢者委員会と同様の権限と影響力をもつことを期待する。しかし、地域に
定着し医療や介護サービスを受け地方自治と距離が近い高齢者に比べ、子ど
も・若者は、進学や就職といった要因によりライフコースの変化が多く、意見
形成や意見表明、コミュニケーションのスキルが発展途上である。そのため、
高齢者とは異なる独自の参加の仕組みと支援が必要である。

　本書では、若者の参加における課題を乗り越える先進事例として、3 つのユ
ースカウンシルを取り上げ、各ユースカウンシルの特性に共通する要素を、失
敗し停滞・廃止される例も視座に入れつつ考察する。また、若者はシングルイ
シュー型の非制度的政治への参加には積極的だが、政党政治や選挙といった制
度的参加には消極的な傾向がある。しかし、現在の民主主義の枠組みで政策に
直接影響力を及ぼすには、制度的参加への接続が必要になる。したがって本書
では、ユースカウンシルが公的部門とどのようにつながるのかを検討する。

5. シティズンシップと政治参加

　ところで、政治参加は「シティズンシップ」と不可分である。本書での「ユースカウンシルにおける政治参加」が扱うシティズンシップは、「参加」や「実践」に関わる「能動的なシティズンシップ」であり、福祉国家デンマークでは、とりわけ社会権的シティズンシップが「参加」や「実践」と深く関わる。この点に関して、英国の教育学者で、コスモポリタン・シティズンシップの研究の蓄積がある、オードリー・オスラー（Audrey Osler）とヒュー・スターキー（Hugh Starkey）、EU やシティズンシップの研究者である、英国の政治学者デレック・ヒーター（Derek Heater）、そしてシティズンシップを歴史的発展に基づき分類した英国の社会学者、トマス・ハンフリー・マーシャル（Thomas Humphrey Marshall）らの議論を参照し、簡潔に整理したうえで確認しておきたい。

　新自由主義の進展やグローバリゼーションによる国境を越えた人の移動の加速化、さらには難民危機の影響で国民国家の枠組みが改めて問われる昨今、誰が「市民」に該当するのか、という問いへの応答はますます困難になっている。オスラーとスターキーは、シティズンシップは以下の 3 つの次元を有するとしている。第 1 に、法的な市民としての地位であり、シティズンシップの権利や義務を伴う「地位」の次元、第 2 に、特定の場所や地域、コミュニティや集団への帰属といったアイデンティティに関わる「感覚」の次元、第 3 に、民主主義や人権に関する実践を行い、他者との協働により社会に参加する能動的なシティズンシップである「実践」としてのシティズンシップの次元である [Osler and Starkey 2005=2009][20]。本書では、若者の政治参加の在り方に焦点を当てるため、第 3 の能動的なシティズンシップを中心に論じる。デンマークにおいても、移民とのコンフリクト（軋轢）や右傾化の問題が 21 世紀に入り顕在化しており、第 1 と第 2 の次元である「地位」やアイデンティティに関わる「感覚」の検討は重要であるが、それは今後の課題としたい。

　近代以降のシティズンシップは、自由主義的シティズンシップを中心として

発展した。ヒーターは、シティズンシップには市民共和主義的シティズンシップと自由主義的シティズンシップという、2つの伝統的解釈の流れがあるとした。古代ギリシャ・ローマに起源がある前者は義務に強調点を置く。一方、近代市民革命を経て獲得した権利や、自然権と結びつき誕生した後者は、権利に強調点を置く。近代以降主流となったのは、自由主義的シティズンシップであり、自由主義的シティズンシップの拡張は、社会を身分的な階級構造から平等主義に移行させると考えられた。しかし資本主義の発達と自由主義的シティズンシップは、経済的不平等を拡大する側面をもっていた［Heater 1999=2002］。

　シティズンシップそのものが社会的不平等を正当化するということに着目したマーシャルは、新たにシティズンシップを「市民的」「政治的」「社会的」という3要素に類型化した。市民的シティズンシップは、人身の自由、言論・思想・信条の自由、所有権や裁判を受ける権利といった個人の自由のための権利から成り立つ。政治的シティズンシップは、政治権力の行使に参加する権利であり、この権利には国会や地方議会などの制度が対応する。社会的シティズンシップは、経済的福祉や文化的な生活水準を送る権利であり、制度としては教育や社会サービスと対応する［Marshall and Bottomore 1950/1992=1993］。公民的権利や政治的権利が原則的に平等であっても、実際には行使できない人々が多かった。そこでマーシャルは特に社会的権利に注目した。マーシャルは、社会的シティズンシップが、社会的不平等の顕在化を抑止することを期待した。

　社会的権利の獲得の過程では、まず労働組合がシティズンシップを利用するようになり、後に国家による社会サービスの拡充につながっていった。この、いわゆる社会権による恩恵は教育や医療といった生活の質に関係する［Heater 1999=2002］。社会権は、もともとは労働市場と労働者階級を対象として登場したが、福祉国家の発展に伴い次第に国民全体へと一般化される過程が、特に北欧において進行した［Andersen, G.E. 1990=2001、竹内 2004］[21]。

　デンマークにおけるシティズンシップは、こうした社会的シティズンシップの側面から検討される必要があり、「政治参加」も社会権的な文脈において考察する必要がある。地方自治への参加は、教育や住居、社会サービスといった社会権の実現のための意見表明や意思決定、影響力行使に直接につながるので

ある。

　次節では、子ども・若者の参加に関する先行研究を検討し、先行研究に見られる課題を踏まえて、問いを提示する。

6. 先行研究の検討

　欧米では、子ども・若者の政策に関する意見聴取や政策提言に焦点を当てる研究の蓄積がある。国政への参加だけではなく、若者政策は地方自治体の設置する若者の居場所や、若者のためのイベント、教育、公共交通、若者のための住宅など生活に直結する領域である。そして、これらの領域への政策提言を行い、影響力を行使することもまた「政治参加」である。こうした「政治参加」の根底には、身近な生活の中で意思決定に参加することが市民の育成や民主主義の学習であり、また子ども・若者の市民としての権利であるという理念がある。

　本節では、子どもの参加の議論や政策が展開される契機となった1989年の国連「子どもの権利条約」や、欧州で若者の社会的排除が社会問題として認識されるようになった1990年代以降の研究を中心に、先行研究を検討する。まず、子ども・若者の参加の基本的枠組みであり参加を促す大きな契機となった、ハートの子どもの参画理論を簡潔に論じる。次に、子ども・若者の参加に関する海外での研究の蓄積を、アングロサクソン型の自由民主主義の国、とりわけ英国を中心とした研究と、社会民主主義の文脈において参加型民主主義を実践してきた北欧の研究をそれぞれ整理する。さらに、先進諸国で共通して見出される「新しい政治参加」が、これまでの課題をどのように乗り越えようとしているのか検討する。最後に、日本での子ども・若者の参加の議論を概観したうえで、子ども・若者の参加にどのような研究が必要とされているか、を提示する。

6.1 「子どもの権利条約」とハートの参画論

　1989年に国連で「子どもの権利条約」が採択されてから、子ども・若者の

参加の権利について、様々な視点からの議論や取り組みが展開されている。日本は 1994 年に子どもの権利条約を批准し、2021 年の締約国・地域数は 196 となっている。この条約では、子どもに対して意見表明権や集会の自由など市民的権利を認め、各国政府に対して子どもの意見表明・社会参加の権利を保障するための法的根拠が示された［喜多 2002］。

　ハートは、子どもの権利条約のうち、12 条「意見表明の自由」、13 条「表現・情報の自由」、14 条「思想・良心・宗教の自由」、15 条「集会の自由」、17 条「情報へのアクセス」、23 条「障がい児への特別なケア」、31 条「遊びと文化的・芸術的活動への参加」が特に参画に関係があるとし、子どもの参画理論として今日まで広く知られる「参画のはしご」を提唱した。ハートの「参画のはしご」は、米国の社会学者シェリー・アーンスタイン（Sherry Arnstein）が市民と行政の関係から構想した「市民参加のはしご」［Arnstein 1969］から着想を得ている。ハートは、子どもの参画の段階を、はしごを比喩として 8 段階に分け、下 3 段は、「操り」「お飾り」「形だけ」の参加であるため「非参加」とし、上段に行くほど、子どもが主体的に関わる程度が大きいとした（図序-1）。しかし、はしごの最上段 8 は、子どもの完全な独立と活動ではなく、子どもの主体性の確保とともに大人との協働段階とされる［Hart 1997=2000］。

　ハートの参画理論は各国で大きな関心を呼び、子どもの参加の実践の際に参照されている。一方、子どもの主体性と大人の支援の関係については様々な論争が展開され、「はしご」に代わり、「サークル」型モデルや「噴水型」モデルなど各論者による独自のモデルも考案されている。もっとも先鋭的なモデルでは、はしごのトップを「子どもたち自身が担当者となる」「大人なしで子どもたちだけで意思決定する」といった、子どもと大人の協働関係の変更が提示された。

　これに対しハートは、はしご理論の目的は抑圧された子どもたちをすべての段階から解放し、大人を排除することではなく、むしろ子どもたちの市民としての潜在能力を認め、最大限に引き出し、結果としてそのときの子どもの最も高いレベルでの参加を可能にすることだ、と論じている。さらにハートは、大人不在で子どもが他者との参加を実現する場合、権力と参加の道筋に変化はも

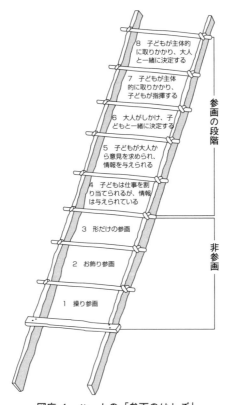

図序-1 ハートの「参画のはしご」
出典：ロジャー・ハート『子どもの参画』(2000、萌文社、42頁) より。

たらされず、子ども・若者が主体となり意思決定するとされる組織においても、大人の組織のヒエラルキーを維持し、大人の意図する組織の枠組みを子ども・若者自らが採用する、といった問題があることを指摘し、ヒトラー時代の青年運動をその1事例として挙げた [Hart 2008]。

　ハートの理論は、形式的な参加や大人に操られた参加の問題を明確に示し、子ども主体の参加の在り方を検討する契機となった点に意義がある。しかし、ハートは18歳以上の若者は大人の参加の枠組みに入るとしているため、子ども・若者の固有の課題への理解が欠落している、といえる。教育社会学者の新

谷周平が指摘するように、後期近代社会の若者のライフコースは多様化し、先行世代が経験した社会と今日の社会はもはや連続していない。従来の参画論には、大人社会と連続的でない社会に生きる子ども・若者への理解が決定的に欠けていたのである［新谷 2002b］。

　子ども・若者の主体性の尊重と大人の支援の関係は、ハートの理論をめぐる理論的な論争のみならず、ユースカウンシルの研究において具体的に議論されている。次項では、英国や北欧の研究における子ども・若者の意思決定の実現に関する議論を整理する。

6.2　欧州における参加の議論

(1) 英国における参加の議論

　英語圏を中心とする子ども・若者の参加の研究は、意思決定への影響力に焦点を当て、生徒会や若者団体、ユースカウンシルを分析対象とした議論や理論枠組みを整理した研究の蓄積がある［Cockburn 1999, 2007, Wyness 2001, 2009, 2012, Thomas 2007, Tisdall and Davis 2004, Tisdall et al. 2008, Matthews and Limb 1998, Matthews 2001］。

　子ども・若者の参加やシティズンシップの研究者であるトム・コックバーン（Tom Cockburn）は、いまだに英国のメディアや政府は、子どもや若者を法や秩序を乱す危険な存在、もろく危うい存在、保護され制約を受ける存在、また政治や人生に無関心で無気力な存在として認知している、と指摘する。

　英国では、若者の投票率の低下や政党や労働組合への関心の低下が、次世代の市民育成と民主主義の危機へとつながると危惧されていた。その対策として、また多文化化する社会における市民の育成を目的に登場したのが、シティズンシップ教育である。シティズンシップ教育導入の背景には、英国の若者の多くに見られる公的な価値への無関心、18 ～ 25 歳の層の低い投票率、若者の社会的排除や犯罪への憂慮、そして能動的市民へ若者を育てなければ、民主主義に災いになるという不安感が背景にあった［Crick 2000=2011］。英国のシティズンシップ教育は 2002 年から中等教育でカリキュラム化されたが、その内容は理論と未来の市民の育成に偏りすぎ、生徒の政治過程への参加や議論への参加

といった民主主義の経験の機会を与えていないという批判がある［Cockburn 1999, 2007］。

コックバーンはまた、子どもたちが学校教育の文脈に置かれている間は、自由で平等な個人としてよりも「学校化された子ども」にとどまるしかないと指摘した［Cockburn 2007］。

子ども・若者の意思決定過程や議論への参加としての生徒会やユースカウンシル、ユースパーラメントなどは、メンバーを選挙によって選出し、議論の場を設けるという代表制民主主義の経験の機会である。このような代表制は、教育制度において中心的な参加の形態といえる。

英国の社会学者で子ども・若者の政治参加や教育研究の蓄積があるマイケル・ワイネス（Michael Wyness）は、生徒会とユースカウンシルの事例研究から、選挙によるメンバー選出はエリート主義で官僚的になると指摘する。また、フォーマルで制度的な構造では、物質的、文化的、そして年齢といった属性において恵まれた、有利な子どもの経験からの関心が強調されており、生徒会やユースカウンシルにおける代表制は、多様な子ども・若者を代表していないことを批判する。彼は、こうした代表制の弊害を乗り越え、エスニック・マイノリティを含む社会・文化資本に乏しく社会的に排除される子ども・若者と協働するには、正式化された代表制よりも熟議民主主義的な形式が効果的であることを提言した［Wyness 2009］。

英国ではこれまで多くの参加型プロジェクトが実施されたが、子どもと若者の政治的意思決定の過程への参加の保障に失敗している。これらのプロジェクトは、参加を謳いながらも政策立案者と子どもの長期的な対話の機会を作らず、相談は形ばかりで、子どもと若者は決してフィードバックを得ることはなく、政策や実践に影響を及ぼしたかはわからないことが明らかになっている［Tisdall and Davis 2004, Thomas 2007］。社会において子ども・若者への意見聴取が以前より強調される一方で、大人が状況をコントロールし、現実の意思決定は大人によってなされており、子ども・若者の冷笑的な態度と不参加が助長されているという［Matthews 2003］。

そこで、垂直的な議会制民主主義の弊害を克服する道として注目されるのが

熟議民主主義である。熟議民主主義の形式は、大人と子どもの非対称的な関係から生じる、形式的な参加や子どもの影響力の不在を乗り越えるものとして、また水平的な関係を構築し、部門を超えた公的議論を促すものとして期待される。コックバーンは、子ども・若者の日常的な言語や世界は、公的機関のそれらとは大きく異なるため、子ども・若者と公的部門の対話の実現には、コミュニケーションの質が問われること、また大人の支援者の協働のスキルが必要とされることを指摘する。子ども・若者と大人の間のこうしたギャップへの配慮が欠落する場合には、世代間の溝が形成され水平的な関係構築が阻害されて、熟議民主主義は機能しなくなるという［Cockburn 2007］。

　子ども・若者の参加の理論的枠組みとして、政治学や社会学の理論が注目される。コックバーンは米国の政治学者アイリス・マリオン・ヤング（Iris Marion Young）やナンシー・フレイザー（Nancy Fraser）、ドイツの社会学者ユルゲン・ハーバーマス（Jürgen Habermas）らを参照しながら、公共圏での包摂性や多様性に着目し、意思決定における子どもと若者の参加の困難はコミュニケーションの在り方に起因すると考えた。そして、成功する若者の参加は、若者と大人の違いを再確認し、若者が政治的アクターとして、新たなアイデンティティを構築することを認めているとした［Cockburn 2007］。

　子どもの権利や福祉、参加の研究者であるナイジェル・トーマス（Nigel Thomas）もまた、ヤングの包摂と民主主義の理念に注目する。民主主義のシステムに構造的な不平等が現れていることから、そもそも民主主義のシステムをもっと包摂的なものにしなければならないというヤングの理念が、子ども・若者の参加を考えるうえで参考になるという。またフランスの社会学者ピエール・ブルデュー（Pierre Bourdieu）のハビトゥス概念も、子ども・若者の社会的政治的過程からの排除の検討に有効だとした［Thomas 2007］。

(2) 北欧における参加の議論

　英国では、若者は政治的主体としてよりも、主に社会的に管理する対象としてみなされてきた歴史がある。一方北欧では、19世紀の青年運動の文脈において若者が理解され、若者への視点は近代化の過程における希望や進歩のメタ

ファーとして見られてきた。また北欧の平等主義的な個人主義において、個人の自由は無条件のものであるとされた [Kjørholt 2002]²²。こうした価値は子ども・若者の参加においても反映される。たとえば、学校民主主義への参加において北欧諸国では、生徒会が校内にとどまらず、地域連合、全国連合を形成し、学校運営や政策へ影響を及ぼす仕組みを構築している。

　他方、代表制における、資質の高い子ども・若者に参加が偏るといった課題や、子ども・若者と大人の間のコミュニケーションの非対称性に関しては、英語圏の国々と北欧諸国の問題意識は一致している。たとえば、英国のユースカウンシルでは、大人の介入により若者自身が主体的に運営する実感がもてないことや、多くの地方自治体には若者の関心や体験、背景の多様性を理解し協働する経験が乏しい、といった課題が見出されているが [Matthews 2001]、北欧のユースカウンシルについても、事例報告や事例研究において同様の課題が提示されている [Muusman 2008, Bolding og Nielsen 2015]。

　ノルウェーの生徒会やユースカウンシルへの参加に関する研究では、意思決定過程において大人が若者の声をていねいに聴かず、若者の影響力行使が実現されないことが問題として提起されている。ノルウェーの教育学者キアテル・ブュアハウ (Kjetil Børhaug) は、ノルウェーの生徒会活動がどの程度民主的であるのか、5つの前期中等教育段階の学校の生徒会の生徒と教師へのインタビューから考察した。その際にブュアハウは、生徒はどの程度幅広い問題に関与できるか、また生徒が重要だと考える問題に自由に関与できるか、熟議の努力と同様に、ぶつかりあう関心をどのように扱うのか、といった点に着目している。インタビューから、教師は生徒の参加に対し熱意があり積極的に支援するものの、生徒たちに意思決定権はなく、会議の終了時刻や結論は教師が決定していたことが明らかになった。ブュアハウは、決定に影響力を及ぼすのが民主主義であるという観点から、生徒会は執行機関としての権限をもたず、既に決定済みの事柄を補完する程度の影響力しかないため、政治教育としては問題であると論じた。

　ノルウェーの社会学者グロ・ウールゴー (Guro Ødegård) は、ノルウェーのユースカウンシルの先進事例として評価が高いポースグルン (Porsgrunn) 市の

ユースカウンシルに着目した。ウールゴーは、量的調査と質的調査によりポースグルンとノルウェーの他の地域を比較して、ポースグルンにおける民主主義の実践の効果を検討した。

　ウールゴーはメンバーの政治参加や政治意識の育成の鍵は、支援者の大人がメンバーを尊重し、責任や政策過程に参加する政治的経験を与えることであるとしている。そのうえで、ユースカウンシルのメンバーが各学校の生徒会メンバーから2名ずつ選出され、選出するのも生徒会であるポースグルンモデルの限界として、「ふつう」の若者を巻き込めず、正式な意思決定権や自治体への諮問機関としての立場が保障されていないことを指摘した。またユースカウンシルにおけるコミュニケーションでは、若者言語のやりとりは見られず、参加はエリートに限定され、ユースカウンシルは政治権力への諮問機関としての正式な意思決定権や義務を欠いていたと批判した［Ødegård 2007］。

　スウェーデンの教育学者エリック・アンダション（Erik Andersson）は、若者の政治参加を、学校制度を超えて、公的機関や多様な政治的活動から民主主義を維持することを学ぶ「パブリック・ペダゴジー（Public Pedagogy）」として位置づけた。若者の政治参加における効果的なコミュニケーションには、政策立案者や行政職員、その他大人の支援者が、子どもと若者を政治的主体とみなすことが必要であること、若者が、教育、健康、住居、余暇、文化といった日常生活に密接する若者政策に対して、当事者として影響力を及ぼすには、大人が若者の声を聴き影響力を行使するための後援者となり、同時に対話による問題解決と意思決定を共にする潜在的なパートナーであることが重要だと論じた。しかし実際には、地方自治体の職員や議員は、ユースカウンシルのプロジェクトにおいて若者をただ参加させただけで、その声を聴こうとはせず、こうした大人の姿勢が、ユースカウンシルの失敗につながったということを、アンダションは事例研究により明らかにした［Andersson 2017］。

　デンマークの若者の政治参加や組織への参加に関する研究は極めて少ない。コミュニケーション学の研究者ハンス・ピーター・ロン・ボールディン（Hans Peter Røn Bolding）とダニー・フォルマン・ホルム・ニールセン（Danni Folman Holm Nielsen）はユースカウンシルの設立過程の事例を分析し、設立プロジェ

クトの失敗の要因を教師、若者、そして地方自治体の間のコミュニケーション不全とした。行政職員や議員は若者の声を尊重せず、ユースカウンシルについての必要な情報を若者たちに提供しなかった［Bolding og Nielsen 2015］。

　北欧のアソシエーションは「民主主義の学校」として位置づけられてきたが、若者のアソシエーションへの参加を研究するデンマークの教育学者イェンス・クリスチャン・ニールセン（Jens Christian Nielsen）は、若者の集合的アイデンティティの弱体化と、より個人的な参加への移行を分析する。2012年のギャロップ（Gallup）社のデータでは、若者アソシエーションは他世代のアソシエーションよりもボランティアに多くの時間を費やしており、活発に参加している。一方、若者はイデオロギーや制度から距離をとり、アソシエーション参加の動機が個人的関心や自己実現に基づく傾向が見られる［Nielsen 2008］。

(3) 英国と北欧の参加の特徴

　英国と北欧諸国では、多様な子ども・若者の参加の保障は共通の課題だが、その視座はそれぞれに異なる。

　英国では、周辺化された子ども・若者の組織への参加からの排除に焦点が当てられる。その背景として、一般的にアングロサクソン系の自由民主主義諸国、とりわけ英国では階層と格差の問題や多文化主義をめぐる問題が顕在化していることが考えられる。また、英国での参加の主流モデルは、議会制自由民主主義の文脈において理解される。そのため生徒会や若者組織は、英国社会を統治するヒエラルキー構造を模倣あるいは育成するという批判もある［Tisdall et al. 2008］。

　一方、北欧諸国では、1980年代以降新自由主義の影響を受け、公的部門における市場原理の導入や財政削減が実施されているものの、社会民主主義の原理である再分配機能は今日においても移民や難民、特別なニーズのある人々に適用され、教育や福祉といった社会権からの排除は限定的であった。子ども・若者の参加に関しても、階層やエスニシティによる排除よりも、シティズンシップのスキルが高い若者と、そうではない若者の分断に焦点が当てられる。

　代表制を実現する組織形態にも、英国と北欧では違いが見られる。たとえば

英国のユースカウンシルは、既存の若者組織や NGO の転用である場合が多いが [Matthews 2001]、北欧のユースカウンシルは、地方自治体が政策提言組織として設置するという起源の違いがある。また北欧の生徒会やユースカウンシルは北欧の民衆運動の伝統の系譜にあり、参加を確かなものにするために各学校や地方自治体、全国的な横のネットワークと、さらに他の若者諸団体とのネットワークを形成する。この点において他国のアソシエーションとは異なっている。

　英国や北欧で共通する課題は、子ども・若者の声を聴き、意思決定を反映させる仕組みである。大人による子ども・若者の意見聴取が形式的で、子ども・若者が影響力をもてない事例は各国で報告されている。生徒会やユースカウンシル、ユースパーラメントといった組織が次々とできる中で、大人の一方向的なコミュニケーションや意思決定により、若者が不信感をもち関心を失う、という問題が指摘されている。大人と若者の水平的な関係づくりや双方向のコミュニケーションをいかに保障するか、が問われている。

6.3　新しい若者の政治参加

(1) 後期近代における制度的政治への不参加

　若者の政党政治への無関心は、政治過程、政策、意思決定の意義などの知識の欠落によると捉える調査や研究は多い [Putnam 2000=2006, Haste 2005]。一方、英国の社会学者アンディ・ファーロング（Andy Furlong）とフレッド・カートメル（Fred Cartmal）は、後期近代における若者の経験の変容が政治参加の形態に与える影響に注目する。彼らは、後期近代について論じる社会学者、たとえばアンソニー・ギデンズ（Anthony Giddens）の、「生の政治」の議論[23]における個人的圏域と政治的課題の結びつきを参照し、今日の若者の参加を考察する。「生の政治」は社会グループによる集団の媒介を経ずに、人々を直接政治に結びつける。若者たちは政党政治に関与することなく政治的関心を表明、あるいは政治活動に参加することがあるし、自分の生活にとって意味がある個別の政治的問題に関与することもある [Furlong and Cartmal 1997=2009]。

　若者研究を行う豪州の社会学者アニタ・ハリス（Anita Harris）らの研究グル

ープは、若者が選挙や政党活動に参加しないのは、制度的政治から周辺化され
ていると感じているためである、と指摘する。政治家は自分たちの経験した近
代社会の枠組みに深く捉われたまま、若者が生きる後期近代社会における課題
を理解しようとするので、両者の溝は埋まらないのである [Harris et al. 2010]。

　ハリスらは、雇用の不安定や新自由主義の自己責任論による政治システムか
らの若者の排除を指摘し、政治家が若者の声や関心を聴かないことを批判した。
若者の政治への不参加は、為政者側が若者を不適切な市民とみなすことへの論
理的な反応だとしたのである。豪州での調査では、多くの「ふつう」の若者は、
政治にそれほど関心がなく、非制度的な参加に消極的だが、社会や政治的課題
や政治システムには関心をもち、リサイクル、募金、署名運動など個人化され
た日常的な活動に参加することを明らかにした。

(2) 複層化する政治参加

　政治学の研究においても、欧州諸国の比較研究から、若者の政治参加が「消
費者」と「ライフスタイル」の政治に広がり、「社会的なもの」と「政治」の
境界線が崩れていることが考察されている。アメリカの政治学者ピッパ・ノリ
ス（Pippa Norris）によれば、暴力を受けた女性のためのシェルターの支援、森
林伐採現場への抗議、動物実験による化粧品開発への抗議といった「原因志向
型活動（Cause-oriented activities）」に、若者は積極的に参加する傾向がある。
これらの政治的行動は、「公的」領域と規定するには議論の余地があるものの、
法改正や政策過程にも影響力を及ぼす可能性がある [Norris 2004]。

　デンマークの政治学者バングとソーレンセンは、市場のグローバル化を背景
に、集合的な活動としての政治参加は、個人の生活やライフプランの実現へと
変化し、ミクロな「新しい政治参加」が登場した、という。バングらは、「下
からの民主主義（demokrati fra neden）」調査において、デンマーク・コペンハ
ーゲン都市圏のノアブロ（Nørrebro）地域での住民の政治参加を分析した。バ
ングらは、1960年代の社会運動のリーダーたちは、1990年代には権威と対立
せず協働し、日常的な場面での対立や葛藤を調整するという、新しい政治参加
の実践と政治的アイデンティティを見出した。新たな政治的アイデンティティ

は、「協働的市民（Expert Citizen: EC）」[24] と「日常創造者（Everyday Maker: EM）」と定義された。EC は後期近代社会の複雑性や再帰性へ呼応して現れ、抵抗よりも交渉や対話を重視し、政治家や諸機関との協働で地域課題を解決するリーダーシップをとる。EC に呼応して登場した EM は、EC よりもアドホックな参加を好み、自分自身が必要なときに、楽しみながら参加したいと考える。EM のアドホック、すなわちその場限りでシングルイシュー型の参加は若者の特徴であるとされた［Bang and Sørensen 1999］。

(3) デジタルメディアの役割

　若者の大半がソーシャルメディアを利用するのに伴い、政治参加とデジタルメディアに関する研究が増えつつある［Coleman and Blumler 2009, Hoff og Klaustrup 2011, Collin 2015］。

　豪州の政治学者フィリッパ・コリン（Philippa Collin）は、政治学における新しい政治参加論に着目し、英国と豪州の若者の政治参加をデジタルメディアの利用に焦点を当て考察した［Collin 2015］。コリンは、ハリスやバング、ノリスらの議論に基づき、若者の政治的無関心と不参加の原因は知識や社会化が不十分なためである、という従来の若者論に批判的な立場をとり、シングルイシュー型でアドホックな新しい非制度的政治参加の事例研究を行っている。複数の先行研究において、大人と子ども・若者の参加にとって、水平的なコミュニケーションとの関係性が参加の成功の鍵であり、日常言語や私生活をどのように政治参加につなげるかが課題とされていた。コリンは、課題解決の糸口として、デジタルメディアの利用に着目した。彼女は NGO を事例とし、デジタルメディアが若者の生活スタイルや主体性を生かし、参加の多様性やフラットな関係を構築することや、水平な関係性やコミュニケーションの構築に貢献し、若者自身がイニシアチブをとる参加を可能にしたことを明らかにした［Collin 2015］。

6.4　日本における子ども・若者の参加の議論

　本章の最後に、日本における子ども・若者の参加の議論にもふれておきたい。

日本では、子ども・若者の参加は、社会教育における青少年教育やユースワーク、そして学校参加の文脈において関心がもたれてきた。

　社会教育における歴史研究としては、第二次世界大戦前後の青少年教育、とりわけ青年団や青年運動をめぐる研究の蓄積がある。教育学者の大串隆吉は、20 世紀前半から戦中の共産主義青年インターと日本の青年運動および自主化青年会への影響、青年団の国際交流から、青年組織、青年問題がイデオロギーや国際関係に影響を受けながらその実態や他団体との関係を変容させていく様相を明らかにした［大串 1999］。

　教育学者の田中治彦は、子ども・若者の集団活動の起源が英国にあることに着目し、英国の青少年団体の成立過程、米国での発展、日本での青年運動、戦後の日英の青少年教育を比較し、「ユースワーク」の通史を描き出している［田中・萩原 2012］。

　ユースワークの観点からは、若者の居場所づくりに焦点を当て、地域活動としての若者の居場所や、市民と行政との連携、といった議論が展開される［田中・萩原 2012］。

　日本との参照軸として、教育学者の平塚眞樹は欧州の若者政策を検討している［平塚 2004, 2010, 2012］。1990 年代末から 2000 年代にかけて、欧州では若者政策が創出され、若者の参加が重要課題として認識されるようになった。欧州においては若者の社会参加や統合の困難は社会的排除によるものであり、若者の負う社会的不利益性と密接に関連すると考えられてきた。平塚は、日本社会の固有性と先進諸国の共通性を踏まえたうえで、今後の若者支援のひとつとしてシティズンシップ形成を挙げる。シティズンシップ形成のための支援には、学校や地域での社会問題や葛藤の解決に子どもや若者が参加しやすい環境をつくること、そして参加の機会が社会関係の豊かな構築の場となる工夫が求められることを提言した［平塚 2004］。

　参加の機会に関しては、国連「子どもの権利条約」が日本で批准されてから、戦前の社会奉仕型の参加や政府が主導する「青少年の社会参加」論や、児童中心主義の教育運動や戦後新教育運動における教育方法としての子どもの参加とは異なる、子どもの「権利としての参加」の概念の視点が議論されるようにな

る。ハートの参画論は日本においても大きな議論を呼んだが、教育学者の喜多明人は、ハートの参画論の枠組みには、乳幼児、障がい児、外国人の子ども、難民の子どもなどが含まれず、「コミュニティの環境参加」に限定されていると指摘する。またハートが参加の枠外とした10代後半の参加や、大人社会との協働において対立や葛藤が生じた場合に、子どもが不当に扱われる危険性も挙げている［喜多 2002］。

　「子どもの権利条約」における意見表明や社会参加の権利といった市民的権利を保障する動きとしては、2000年代初頭から、川崎市、横浜市、その他多数の自治体で条例が制定され、「子ども会議」や「若者議会」が設置されている。しかしながら、子ども会議、若者議会の実態を検討する研究は管見の限り、教育学者の新谷周平の研究［2002a］以外見当たらない。新谷は、10代の若者は大人の参加の指針を利用できる、とするハートの立場に対し、若者は地域活動や参画実践から最も遠い存在であること［新谷 2002b］、また従来の参画論には、大人社会と連続的でない子ども・若者への理解が決定的に欠けていたことを指摘した。また新谷は「本物の参加」を生み出す理論のためには対立・葛藤のプロセスやそれを乗り越える経験を明らかにすることが必要であるとし、参加する者の力量と、支える大人の意識、働きかけとの相互作用により、大人の意図を乗り越えるところに参画が実質化することを明らかにした［新谷 2002a］

　海外の動きについては、教育学者の小野田正利がフランスの「市町村子ども議会」「市町村青少年議会」の現状と役割の概要を紹介している。提示された5県の市町村子ども・青少年議会は1979年から1990年の間に創設され、それぞれに支援政党がつく。有権者の年齢は下は8歳から上は23歳までと幅広い。選挙によって選出されたメンバーは、行政や関係団体と協働しながらイベントの運営や地域課題の解決に取り組んでいた［小野田 1996］。

7.　本書での展開：議会制民主主義の課題を乗り越える道筋を探る

　以上、政治参加による民主主義の学習の観点から、子ども・若者の参加に関

する研究動向を英国や北欧を中心に整理した。現代の議会制民主主義のルーツ
をもつ英国では、子ども・若者の参加の制度としての生徒会やユースカウンシ
ル、ユースフォーラムにおける意思決定過程でのヒエラルキーや代表制、子ど
も・若者と大人の非対称的なコミュニケーションや、形骸化した意見聴取につ
いて鋭く批判する姿勢が一貫している。また子ども・若者へのネガティブなま
なざしが指摘されるのは、欧州においてもとりわけ社会的排除が顕在化する英
国の事情も反映していると考えられる。

　北欧においては、青年運動や民衆運動の影響で、子ども・若者も市民として
みなし、その意見を聴取するための組織として、アソシエーションが重要な役
割を果たしてきた。一方、ユースカウンシルへの参加はエリート的参加に限定
され、幅広い若者の代表制が確保できないことや、生徒会とユースカウンシル
の双方で支援者の大人が子ども・若者の意思決定を尊重し、影響力をもたせる
ことができていないことが明らかにされている。

　新しい政治参加の動きには、議会制民主主義を基礎とする制度的政治参加の
限界を乗り越える可能性が見出せる。一方で、コリンらのデジタルメディアを
利用した若者の政治参加の研究では、アドホックでシングルイシュー型の参加
は、公的な政策決定過程とは接続できない、という課題が示されている。

　先行研究においては、子ども・若者の参加が、国連子どもの権利条約の採択
や若者の社会的排除、若者政策の創出を背景に、当事者への意見聴取や意思決
定が重要視されるようになった。その結果、ユースフォーラムやユースパーラ
メント、ユースカウンシルなど様々な参加の実践が活発になったことが明らか
になった。しかし単発ではなく継続的な政策提言組織であるユースカウンシル
については、マシューズが英国での設置の契機や背景について簡潔に紹介した
のみである。したがって本書では、デンマークのユースカウンシルの設置の背
景や過程について、政策や地方自治体の動向を各年代に沿って明らかにしたい。

　また、先行研究では、ユースカウンシルは議会制民主主義が抱える課題をそ
のまま反映すると指摘されている。その課題を乗り越える道筋として、第1
に熟議民主主義が提言される。しかし熟議民主主義が議会制民主主義の課題を
乗り越える可能性が理論上示されたものの、実践的な運営の手法は不明である。

また熟議民主主義は「理性」に基づく合理的なコミュニケーションを前提としており、行政や議会の言語と親和性があっても、若者の文化と日常言語、とりわけソーシャルメディアをコミュニケーションツールとして多用し、アドホックな政治参加を好む今日の若者にそのまま適用はできない。そこで本書では、理論と実践を備えると想定されるデンマークの対話型民主主義を検討する。とりわけ実践に関しては、先行研究では論じられてこなかった、大人と子ども・若者の関係性やコミュニケーションの在り方、多様なメンバーの包摂、特にエリートに限定されない参加をどう保障するのか、といった課題に焦点を当てる。

　議会制民主主義の課題を乗り越える第2の道筋として、先行研究では、若者は制度的政治参加への不参加の代わりに、シングルイシュー型、アドホック型の参加には積極的であることから「新しい政治参加」にその可能性が見出された。しかしシングルイシュー型の政治活動は、法改正や政策過程へ影響を及ぼす可能性があるものの、「公的領域」とするには議論の余地がある［Norris 2004］。議会政治の明確なオルタナティブがない今日の社会において、政治参加に影響力が伴うには、制度的政治への接続は重要な要素である。しかし先行研究では若者の「新しい政治参加」の傾向を論じてはいるものの、制度的政治参加への道筋は不明である。そこで本書は、「新しい若者の政治参加」が制度的政治に接続している事例の具体的な運営手段を示したい。その際に、大人と若者のコミュニケーションと意思決定や影響力の行使に着目しながら、幅広い参加を捉えるために、「新しい政治参加」の系譜にある政治的アイデンティティの枠組みを援用し、ユースカウンシルの分析を試みる。

　ユースカウンシルや同様の組織への若者の参加は、リベラル・デモクラシーを牽引した英米豪を中心に積極的に実践され、批判的研究の蓄積があるが、成功事例とその手段を扱ったものはほとんどない。したがって本書では、従来のようなリベラル・デモクラシーの枠組みではなく北欧の対話型民主主義の枠組みにおいて、議会制の弊害を超える事例を、デンマークのユースカウンシルから検討したい。

　子ども・若者の参加は、大人の政治参加や当該国の民主主義の在り方を反映する。英国では議会制民主主義の伝統が色濃く表れ、北欧では対話による参加

型民主主義の特徴が表れながらも、英国と同様に代表制の課題に直面している。西欧と北欧に共に見られるのは、子ども・若者の「権利」としての参加の模索である。特に子ども・若者を権利主体としてみなす視点が弱い日本においては[25]、どのように子ども・若者を社会をつくる主体とみなし、生活領域に生きる当事者としての影響力を行使できるのか、その参加の道筋を分析する研究が求められている、といえよう。

8. 本書における3つの問い

　本書では、先行研究で見出された課題を踏まえ、以下の3つの問いを設定した。

①デンマークのユースカウンシルは、歴史的にどのような経緯で設置され、展開したのか。

　ユースカウンシルは多くの国で設置されるが、国や地域により起源や形態が様々である。デンマークのユースカウンシルがいつ、何を契機としてどこが設置したのか。またどのように展開し、その過程でどんな課題が見出されたのか、を明らかにする。

②エリート主義的ではない多様な政治参加は、どのように実現されるのか。

　ユースカウンシルに参加する若者は、どんな若者なのか。また「意識が高い」政党青年部や生徒会メンバー、若者アソシエーションのリーダーだけではなく、「ふつう」の若者を包摂する参加はどのような参加なのか。全国のユースカウンシルの中でも継続して活発に活動し、影響力を行使する事例を検討する。

　事例研究にあたり、以下の点を考察する。

　・それぞれのユースカウンシルは、どんな参加の仕組みをもつか。

　・若者の多様な政治参加を、誰がどのように支援するのか。

　・非制度的政治参加から制度的政治参加への接続は、どのようになされるのか。

③多様な若者の政治参加を支えるのは、どのような民主主義か。

　　政治参加は若者政策への影響力の行使の実現のみならず、若者が民主主義とは何かを学ぶ機会となる。若者の意見聴取や意思決定の実現を促す民主主義を検討するために、以下の点を考察する。

　　・デンマークのガバナンス型の政治参加や対話による参加型民主主義には、どのような歴史的・思想的背景があるのか。

　　・先行研究で示された議会制民主主義の弊害への対抗として提示されるのは熟議民主主義や参加型民主主義だが、デンマークの事例からは、どのような民主主義観を示すことができるのか。

9.　分析枠組み

　本書の事例の分析にあたり、「政治参加」における課題と、ユースカウンシルに代表される議会制民主主義の制度に依拠した「子ども・若者の参加」の課題の2つの視点に着目する。

　まず「政治参加」に関する先行研究では、若者の制度的政治への不参加や政治不信の背景として、議会制民主主義の機能不全や、後期近代社会の特徴として若者のライフコースの多様化や不安定化が挙げられている。そして若者は政党活動や選挙への参加に替わり、シングルイシュー型、アドホック型の政治参加には積極的であることが見出されてきた。一方、「子ども・若者の参加」では、意思決定過程でのヒエラルキーや、子ども・若者と大人の非対称的なコミュニケーション、そして形骸化した意見聴取が克服すべき課題として挙げられた。また、ユースカウンシルへの参加はエリート層に限定され、幅広い若者の代表制が確保できないこと、支援者の大人が若者の意思決定を尊重し、影響力をもたせることができていないことが明らかにされている。

　そこで本書では「新しい政治参加」の様相と、エリートに限定されない幅広い参加、そして大人に管理されるのではなく、若者の意思決定を実現する参加の様相を検討するために、以下の2つの分析枠組みを設定する。

　第1に、「新しい政治参加」をデンマークの文脈で分析したバングらの「新

しい政治的アイデンティティ」の理論である。バングらは「新しい政治的アイデンティティ」はアドホック型のアイデンティティをもつ EM（Everyday Maker）と、社会運動とは異なり権力と協働するリーダーである EC（Expert Citizen）が、対話と交渉による民主的ガバナンスによって地域課題を解決する政治参加を実現することを見出した。このガバナンスにおいてはエリートも非エリートも含まれ、多様性や対立する価値の扱いを重視する（詳しくは第5章を参照）。

　第2に、北欧閣僚理事会が提示した「参加」の過程を参照する。北欧閣僚理事会は、「参加」とは意思決定以上の意味をもつとし、参加の過程で以下の要素が実現される必要があるとした。

　　・必要な情報へのアクセスの可能性
　　・自発的で自由な意見形成
　　・尊重され安心な状況での意見表明
　　・成熟度や年齢に応じた意見聴取と検討
　　・フィードバックと評価

この提言の背景にあるのは、若者の参加が謳われながら実質的な実現が困難なのは、「参加は複雑で多面的だが、本質的には民主主義の問題」[Nordic Council of Ministers 2016a:6]」であり、形骸化された参加にしないための様々な仕掛けが必要である、という視点である。

　本書では、若者の政治参加が実質的に実現されているのかどうかを検討するために、北欧閣僚理事会が提示したこの「参加」の過程の要素を参照する。

10. 本書の構成

　第1章では、若者の政治参加と主体形成を支える思想として、デンマークの民主主義や教育思想におけるグルントヴィやコックの思想を考察する。はじめに、今日もデンマーク社会の在り方に多大な影響力を及ぼすとされる、グル

ントヴィの民衆の概念や民衆教育、そしてそれがどのように実践へつながったかを整理する。続いて、若者アンブレラ団体であるデンマーク若者連盟（Dansk Ungdoms Fællesråd: 以下、DUF）の初代代表を務めたコックの民主主義思想の形成や、その特徴、若者の政治教育との関連を論じる。最後に、議会制民主主義と対話型民主主義をめぐる論争と両者と関連する市民性から、対話型民主主義を考察する。

　第2章では、本書での議論の理解の前提として、デンマークの学校教育制度の概要を提示する。ユースカウンシルに参加する若者は、初等・前期中等教育を包括する義務教育段階である国民学校の高学年の生徒や、ギムナシウムをはじめとする高等教育進学希望者が多いが、職業訓練校通学者は少ない。しかしデンマークの教育課程は横の移動の柔軟性があり、また厳密な同一年齢同一学年ではない。このような現状がユースカウンシルの幅広い形態にも影響すると考えられる。

　第3章では、デンマークの若者団体について整理する。デンマークのユースカウンシルの大半は「全国ユースカウンシルネットワーク（Netværket af Ungdomsråd: 以下、NAU）」に所属し、全国のユースカウンシルと連携する組織構造をもつ。さらに NAU は、若者アンブレラ団体である DUF に所属する。若者団体においてユースカウンシルはどのように位置づけられるのか、また若者団体の組織構造や組織活動における学びの在り方を論じる。次に、デンマークのユースカウンシルの調査から、回答があったユースカウンシルの基本情報、具体的な活動内容、メンバーの選出方法などを提示する。また、事例研究では扱えなかったユースカウンシルについても一部紹介する。

　第4章では地方自治体のユースカウンシルの設立と歴史的展開を論じ、活発に継続するユースカウンシルの継続の要件と、廃止されたユースカウンシルの原因を検討する。

　なお、デンマークでは、1980年代の世界青年年、若者の失業率の上昇や子どもの権利条約を背景に、包括的な若者政策提言が1984年と1997年になされている。そこで第4章では、2つの政策文書の内容や、地方自治体の広報、雑誌記事を検討しながら、1980年代から2000年代までの各時代のユースカウ

ンシルの事例を取り上げる。

　第5章以降は、事例研究を扱う。まず、事例研究の分析枠組みを提示し、その後、3つのユースカウンシルの事例研究を論じる。

　第5章では、第6章から第8章まで事例として取り上げるユースカウンシルの分析枠組みと抽出方法を示す。政治学の分野では、従来とは異なるシングルイシュー型・アドホック型の「新しい政治参加」論が登場している。事例研究では、「新しい政治参加」論の論客の一人であるデンマークの政治学者バングと、英国の大学で教鞭をとる中国人社会学者ヤオジュン・リー（Yaojun Li）と政治学者デビッド・マーシュ（David Marsh）が付け加えた「新しい政治的アイデンティティ」を分析枠組みとして用いるが、特にバングの理論が軸となるため、その概容を中心に整理する。そのうえで、事例の抽出について、パイロット調査の結果から導き出された条件を示し、該当する3つのユースカウンシルを提示する。筆者は、3つのユースカウンシルをそれぞれの特性から、グルントヴィとコックの伝統である直接的な対話に基づく「生活形式」を体現する「伝統型（バレロップ市）」、「生活形式」をデジタルメディアを介した現代型に変換した「ソーシャルメディア型（グロストロップ市）」、議会制民主主義を踏襲しながら「生活形式」を折衷させる「議会型（オーフス市）」に分類する。

　第6章では、1985年から継続するデンマークで最も古いバレロップ市のユースカウンシルの事例を分析する。バレロップ市では若者の居場所としてのユースハウスがある。そのユースハウスを拠点とした「新しい政治的アイデンティティ」の参加の在り方、また創設時から支援する地方議員や、20年以上勤務する専従職員の役割を考察する。

　第7章は、デジタル型ユースカウンシルの事例としてグロストロップ市のユースカウンシルを取り上げる。グロストロップ市にはユースハウスはないが、フェイスブック（facebook）を効果的に活用している。フェイスブック公式ページや非公式ページでのメンバーのチャットは、それぞれの「新しい政治的アイデンティティ」をもつ若者の関係をどのように形成するのか、またフェイスブックがもたらす地方自治体と若者のコミュニケーションの変容を考察する。

　第8章は、オーフス市の議会型ユースカウンシルである、「子ども・若者議

会」を事例として取り上げる。オーフス市では、選挙活動や選挙方法、議会への参加、政策提言と一連の議会政治の手続きを子どもたちが体験できるように、地方自治体が市長を含む担当部門、青年学校、若者余暇部門、若者アンブレラ団体、国民学校と連携をとっており、その仕組みを明らかにする。そして、様々な「新しい政治的アイデンティティ」が代表制の仕組みにおいてどのように見られ、また相互作用が成り立つのか考察する。

　終章では、各章で明らかになったことを整理したうえで、バレロップ、グロストロップ、オーフスの 3 事例を、本章 8 節で示した 3 つの問いと照らし合わせ、比較検討する。3 事例とも幅広い若者層を巻き込むことをめざし、代表制の確保を重視する点は共通する一方で、その方法にはそれぞれの特徴がある。

　最後に、第 1 章の歴史や思想と事例研究を踏まえて総合考察を行う。

注
1　ほかに、制度化された北欧の子ども・若者の参加の先駆けとして、デンマークでの 1969 年の全国生徒会（Landsorganisationen af Elever: 現在の全国生徒会である Danske Skoleelever の前身）の結成や、ノルウェーで 1981 年に設置された子どもオンブズマン制度がある。https://skoleelever.dk/skoleelever/historien-om-dse（2019 年 2 月 19 日最終閲覧）。https://www.regjeringen.no/no/dep/bld/org/etater-og-virksomheter-under-barne-og-likestillingsdepartementet/barneombudet/id418030/（2019 年 2 月 19 日最終閲覧）。
2　北欧閣僚理事会は「北欧は子どもや若者にとって最も良い場所でなければならない」というスローガンのもと、2016 年に子ども・若者の参加に関する政策文書を次々と提示した［Nordic Council of Ministers (2016a). *Do Rights!- Nordic perspective on child and youth participation.*］［Nordic Council of Ministers (2016b). *Children and Young People in the Nordic Region- a cross-sectoral Strategy for the Nordic Council of Ministers 2016-2022.*］。
3　総務省・文部科学省「私たちが拓く日本の未来――有権者として求められる力を身に付けるために」https://www.soumu.go.jp/main_content/000690326.pdf（2021 年 8 月 6 日最終閲覧）。
4　文部科学省「高等学校等における政治的教養の教育と高等学校等の生徒による政治的活動等について（通知）」https://warp.ndl.go.jp/info:ndljp/pid/11373293/www.mext.go.jp/b_menu/hakusho/nc/1363082.htm（2021 年 8 月 6 日最終閲覧）。
5　毎日新聞「参院選投票率：初の 18 歳選挙権　全体下回り 20 代上回る」2019 年 9 月 9 日。https://mainichi.jp/articles/20160910/k00/00m/010/058000c.amp（2022 年 1 月 30 日最終閲覧）。
6　国政選挙の投票率は、先進国において日本の 53.68 ％（2017 年）、アメリカ 65.44 ％（2016 年）、イギリス 68.93 ％（2017 年）フランスに至っては 42.64 ％（2017 年）と低迷

する国々が少なくない。特に若者の投票率は平均的に低く、未来の社会を担う世代の政治参加は各国が取り組む課題となっている。International Institute for Democracy and Electoral Assistance: IDEA. https://www.idea.int/sites/default/files/publications/voter-turnout-trends-around-the-world.pdf（2018 年 5 月 4 日最終取得）。

先進諸国の投票率低下が目立つ昨今において、デンマークの選挙の投票率は平均して80％台を維持している。2019 年の国政選挙の投票率は全体で 84.5％、若者の投票率は、18 歳で 84.1％、19 ～ 21 歳で 77.8％、22 ～ 29 歳で 77.9％だった。European Commission, Youth Wiki. https://national-policies.eacea.ec.europa.eu/youthwiki/chapters/denmark/52-youth-participation-in-representative-democracy（2022 年 1 月 30 日最終閲覧）。

また、ICCS（International Civic and Citizenship Study）では、デンマークは 2009 年と2016 年の両年で、14 歳の生徒の高いレベルの市民的知識（民主主義・政治・社会問題に関する知識）と理解を示した。国際平均は 500 ポイントに設定されており、2016 年にはデンマークのポイントは 586 で、ヨーロッパの平均を 51 ポイント、国際平均を 67 ポイント上回り、24 か国中最高レベルだった［Lieberkind 2021］。

7 若者が参加する組織のひとつに「ユースパーラメント（Youth Parliament）」がある。英国のユースパーラメントはイングランド、スコットランド、ウェールズの各地域から代表が選出され、メンバー向けの年に 1 度の会合や下院でのディベートといった構造化・正式化された議会制を採用する。http://www.ukyouthparliament.org.uk/（2019 年 2 月 27 日最終閲覧）。

ユースパーラメントとは異なり、「ユースカウンシル」は、多数の若者アソシエーションを統括する全国規模のアンブレラ団体の名称としても用いられる。若者アンブレラ団体は北欧、英国、ドイツなどに存在するが、それらは「ナショナル・ユースカウンシル（National Youth Council）と呼ばれる。

8 米国では若者の市民意識の形成や政治的知識の欠如への問題意識から、ボランティアやサービスラーニングを通して若者の参加を促すプログラムやカリキュラムが開発されている。しかしボランティアやサービスラーニングは、必ずしも政治知識を広げる、あるいは投票行為へとはつながらないことも明らかになっている［Taft and Gordon 2013］。

9 筆者は、米国ではとりわけ自由主義国家の伝統から、社会問題の解決において、公的部門の役割より当事者運動が力をもってきたという背景も、Taft らの議論に反映されていると想定している。

10 川崎市教育委員会のホームページでは、子ども会議の活動として、世界の子どもたちのワクチン接種の支援のためのペットボトルキャップの回収方法や、たばこの分煙スペースなど、川崎市をよりよい町にすることを議論する、といった内容が挙げられている。http://www.city.kawasaki.jp/880/page/0000032689.html（2019 年 2 月 27 日最終閲覧）。

11 産経新聞 2017 年 1 月 1 日、新城市若者議会ホームページ http://wakamono-gikai.jp/（2019 年 3 月 10 日最終閲覧）。

12 民衆教育（folkeoplysning）は「民衆（folke)」を「光で照らす（oplysning)」という意味から「民衆啓蒙」とも訳される（本書第 1 章参照）。

13 北欧諸国では、アソシエーションが政治家や官僚と接触し見解を述べたり、あるいは

官僚機構に直接代表を送り込む場合もあり、政治過程に大きな影響を与える可能性をもつ。北欧の行政省庁では、官僚だけに組織の統治を任せるのではなく、一般市民や関係するアソシエーションを参加させようとする。こうした市民参加型統治には、市民にとっては、官僚主義の監視とチェックができ、官僚にとっては、市民やアソシエーションから必要とする知識を得て、つながりをもつことができる、という意義がある [Petersson 1995=2003]。

　デンマークの若者アソシエーションに関しても、DUF や生徒会には政治家や官僚から意見聴取や提言の場がある。

14　議会制民主主義、そして代表制民主主義の揺らぎや形骸化が生じ、国会が政治的機能不全に陥る一方、「アラブの春」や「オキュパイ・ウォールストリート」といったグローバル・ジャスティス運動や、日本での脱原発デモといった直接民主主義、あるいは非制度的な政治への参加が大きなうねりを見せている。政治学者の土佐弘之は、制度の外で異議申し立てを行う直接行動による政治行動を「野生のデモクラシー」と呼ぶ [土佐 2012]。一方で、代表制はいまだに正統性をもつ制度として存続しており、デモや占拠が代表制に代わる新たな民主主義としての政治的共同体であるとはみなせない状況である [山崎・山本 2015]。

15　日本の主権者教育における、シティズンシップの学習や模擬投票といった実践では、こうした民主主義の課題の検討や配慮が十分に議論されているとはいえない。若者の政治への不信感や無関心は、学校で学ぶ民主主義や政治制度の知識と現実社会とのギャップに起因するとも考えられる。

16　アソシエーティブ・デモクラシー（associative democracy）は日本語に翻訳すると「結社民主主義」だが、ボランタリーアソシエーションを理論と実践の双方から研究した社会学者の佐藤慶幸や、政治学者の田村哲樹は、「結社民主主義」ではなく「アソシエーティブ・デモクラシー」を訳語として用いている。本書も佐藤慶幸 [1982, 2007]、田村 [2008, 2011] に倣い、「アソシエーティブ・デモクラシー」を用いる。

17　ハーストは、できるだけ多くのアソシエーションが社会活動に参加することで、古典的な代表制民主主義がよりよく機能することや、医療提供、教育、福祉などの多くの重要な公的機能のために、アソシエーションがそのサービスを提供し、そのための公的資金を受け取るべきである、といったアソシエーティブ・デモクラシーの命題を示した [Hirst 2002]。

18　1980 年代の「公共部門の近代化」により、保育、初等・中等教育、高齢者福祉の公共サービスにおいて、サービス利用者の政策決定・実施過程に直接参加が促され、法制化された [朝野 2005]。

19　北欧の民主主義の特徴は「参加型民主主義」とされる。米国の政治学者キャロル・ペイトマン（Carole Pateman）が政治参加により市民が民主主義を学ぶ、参加型民主主義の概念を提示したように [Pateman 1970=1977]、現代の民主主義には、政治参加による教育的機能がある [五野井 2015]。

20　英国の社会学者、ジェラード・デランティ（Gerard Delanty）もまた、近代シティズンシップを構成する要素として、権利・義務・参加・アイデンティティを挙げ、前者 2 つを「形式的」、後者 2 つを「実質的」シティズンシップとして捉える。デランティは、ハ

ーバーマスらの「コミュニケーション・コミュニティ」論を踏まえ、多元化する社会で人々が討議により結びつく、ポストナショナルなシティズンシップの可能性を構想した [Delanty 2000=2004]。

21　デンマークの社会学者イェスタ・エスピン・アンデルセン（Gøsta Esping-Andersen）は、社会政策における「脱商品化」という概念を提唱した。市場が社会全体を方向づける時代になると、労働契約のみが社会的な再生産となり、人々は商品化される。のちに、社会権が導入されると、労働力は純粋な商品という性格が薄まり、社会サービスが人々の権利とみなされるようになる。個人が市場に依存せず生活を維持すると、労働力の脱商品化が生じる [Andersen, G.E. 1990=2001]。また、社会学者の竹内真澄は、脱商品化は市場による人間のアトム化を防止し、連帯へと切り替えようとする、と指摘する。

22　ノルウェーの教育学者アンネ・トリーネ・キュアホルト（Anne Trine Kjørholt）は、北欧では個人の自由を無条件だとしたが、デンマークにおいては、グルントヴィやコックは自由を無条件とは捉えていなかった。グルントヴィの哲学は自由の概念の上に構築されるが、個人の自由なら何でも擁護するわけでなく、自己の自由は自由意志により制限されると考えた [Korsgaard 2014=2016]。また、コックは、絶対的で無制限の自由は有害であるし、自由は彼が考える「正義」の枠組みの中で生きると捉えていた [小池 2017]。

23　「生の政治」は「再帰的に秩序化された環境での自己実現の政治」[Giddens 1991=2005: 243] である。後期近代社会においては、従来の社会的秩序と結びついた「解放の政治」よりも「生の政治」が重視される。

24　Expert Citizen は、直訳すれば「専門的市民」だが、日本語でのインターネット上の 2 チャンネルなどで使用される「プロ市民」と意味が混同される可能性を想定し、様々なネットワークとつながるリーダー、というバングらの込めた意味から意訳した。

25　たとえば、学校で生徒を権利主体としてみなすならば、生徒は学校運営について意見を表明でき、学校は生徒に影響力をもたせる必要がある。しかし、2021 年に国立青少年教育振興機構が行った「高校生の社会参加に関する意識調査報告書——日本・米国・中国・韓国の比較」調査では、学校の運営や今後の方針などについて、学校が生徒の意見を求める必要があると考えている生徒は、全参加国で 8 ～ 9 割を超えたにもかかわらず、校則が生徒の意見を反映しているとした回答は、中国 49.1 ％、韓国 33.0 ％、米国 32.8 ％、日本 16.6 ％となっており、特に日本の回答が際立って低かった。また、近年では、生徒の人権を無視する理不尽な校則を「ブラック校則」と呼び、その見直しを求める署名運動や校則改革の動きが展開している [河﨑・斉藤・内田 2021]。

第Ⅰ部　デンマークの歴史・思想・教育と ユースカウンシルの概要

　第Ⅰ部では、第1章において、ユースカウンシルの実践を支える民主主義やシティズンシップ概念について、歴史や思想の見地から考察する。まず、民衆教育を構想したグルントヴィが生きた時代の歴史的背景と、彼の「民衆」概念やホイスコーレの構想に焦点を当て、次にグルントヴィ学徒であったコックが、ナチスのデンマーク占領の経験から独自の民主主義観を形成する過程を論じる。最後に、コックの「生活形式の民主主義」や、同時代の法学者アルフ・ロスとの論争から「人間形成」の概念を考察する。

　第2章は、本書を理解する前提として、デンマークの学校教育について概観する。ユースカウンシルの活動は学外活動でありインフォーマル教育といえるが、フォーマル教育である学校教育の制度や「生涯学習社会」を実現する学びの制度を職業訓練教育も含めて提示する。また、グローバリゼーションや新自由主義の影響についてもふれる。

　第3章では、全国のユースカウンシルを統括する全国ユースカウンシルネットワークが所属する、若者アンブレラ団体 DUF の組織構造や理念、活動を整理する。次に、全国のユースカウンシルへのパイロット調査の内容から、回答を得たユースカウンシルの設立年や対象年齢、予算、活動内容、政策提言内容といった基礎情報を提示する。そして、事例研究で扱うユースカウンシル以外のユースカウンシルの職員やメンバーから得た情報に基づき、2011年以降に設立された新しいユースカウンシルや、以前に頓挫したが再度設立を試み活動中のユースカウンシルの状況を概説する。

　第4章では、ユースカウンシルがいつ頃、どのような経緯で設立され、どのように展開したのか、その歴史的経緯を明らかにする。ユースカウンシルの設立が始まるのは1980年代からである。1980年代と1990年代の政府の若者政策を軸に、当時の若者をめぐる状況、ユースカウンシルでは何が課題とされたのか、そして2000年代以降も増え続けるユースカウンシルの中で、長期的に若者の意見聴取や政策提言の実現を継続するユースカウンシルには、どのような継続の条件があるのかを検討する。

第1章　デンマークの民主主義を支える思想
——グルントヴィとハル・コック

はじめに

　本章では、ユースカウンシルへの参加を支える民主主義思想を明らかにするために、デンマークの近代化や国民形成、さらに今日までもデンマーク社会において影響を与えるニコライ・フレデリック・セヴェリン・グルントヴィ（Nikolaj Frederik Severin Grundtvig: 1783-1872. 以下、グルントヴィ）の思想と、彼の思想の継承者である20世紀の神学者、ハル・コック（Hal Koch: 1904-1963. 以下、コック）の思想を、「民主主義の学習」と「主体形成」といった政治教育の観点から考察する。

　グルントヴィはデンマークや北欧諸国、東欧や北米、さらにはアジアやアフリカの発展途上国にも波及した民衆教育の構想者として知られる[1]。

　一方コックは、グルントヴィの思想を「生活形式の民主主義」という独自の民主主義思想に発展させ、民主主義の本質は議会や政党政治だけではなく、日常生活で市民が多様な他者と対話し、内在する能力を伸ばし、政治主体として覚醒させることであると論じた。コックの思想は、戦後デンマークの民主主義思想の支柱となり、福祉国家形成に影響を及ぼした。

　グルントヴィが構想した民衆教育は、19世紀の絶対王政から民主主義社会へと移行する過程で、若い農民のための学校「フォルケホイスコーレ（folkehøjskole）」として実現した[2]。グルントヴィの思想の実践の研究には一定の蓄積があり、グルントヴィの民衆啓蒙やフォルケホイスコーレの構想、フォ

ルケホイスコーレの成立過程や拡大と変容、そしてフォルケホイスコーレの構想の今日的意義が民衆教育の観点から論じられている［清水 1996、佐々木 1999］。またスウェーデンについては社会学者の太田美幸が、民衆教育、成人教育政策と実践の歴史的発展を明らかにしている［太田 2011］。

　グルントヴィとコックの思想に関しては、日本においては、哲学・社会思想の研究者である小池直人が、グルントヴィやコックの著作の翻訳やその解題と共に、デンマークの市民性や福祉国家モデル、今日の知識社会への影響などを体系的に分析した［小池・西 2007、小池 2011、2017］。デンマークにおいては、教育学者のオヴェ・コースゴー（Ove Korsgaard）を中心としたグルントヴィとコックの研究がある。コースゴーの研究は、教育学とシティズンシップ形成の観点から、デンマークの歴史や思想、実践を考察する歴史研究［Korsgaard 1997=1999］や、現代の生涯教育や学校教育、そして政治へのグルントヴィの影響［Korsgaard and Wiborg 2006, Korsgaard 2004, 2006, 2014=2016］まで幅広い。

　先行研究では、グルントヴィの思想における「民衆の主体形成」の側面に焦点を当て、コックがそれをどのように独自に継承し、生活や社会とのつながりの中で学ぶ「民主主義の学校」を構想したのか、そしてそれがどう実践として体現されたか、は明らかにされていない。

　本書第Ⅱ部の第6章から第8章では、デンマークのユースカウンシルにおける政治参加や民主主義の実践の部分を検討するが、本章ではそれらの実践を支える民主主義思想を考察する。具体的にはまず、グルントヴィの思想における主体形成に関わる「民衆（folk）」思想と「民衆教育」に焦点を当て、その思想がフォルケホイスコーレとフリースクール（friskole）の設立につながった道筋を提示する。そしてコックの思想がグルントヴィの民衆啓蒙をどのように継承し、コック独自の民主主義思想へと転換したのか、歴史的な経緯を踏まえて明示し、コックの「生活形式の民主主義」の概念を整理する。最後に、コックと同時期の民主主義の論者であった法学者のアルフ・ロス（Alf Ross: 1899-1979）との論争と「市民性」概念の二重性から、デンマークの対話型民主主義を考察したい。

1. グルントヴィの民衆啓蒙：19 世紀半ば以降

グルントヴィは、1783 年に南シェラン島ウルビュ (Udby) で生まれ、牧師、詩人、教育者、政治家であった (図 1-1)。彼は、歴史的な人物でありながら今日も活発に取り上げられ議論され、数多くの研究がある。彼がいなければ、デンマークの平等、社会的連帯、民主主義の思想、そして地方分権、政党政治、教会、教育についての思想や制度は、今とは異なる様相となっていた、ともいわれる [Korsgaard and Wiborg 2006,

図 1-1　グルントヴィセンター（コペンハーゲン）のグルントヴィ像

Winther-Jansen, 2004]。一方、彼の人生、思想、影響については驚くほど多様な解釈が存在し、「グルントヴィ主義者」は右派と左派に分かれ、対立が今日まで続いている [Korsgaard 2014=2016]。

グルントヴィは聖職者でありながら国教会を批判し、世俗化を推進し、学校論を展開した [小池 2011]。本節では、彼のナショナリズム形成、とりわけ「民衆」概念の形成や啓蒙と教育について整理する。

1.1　近代化とナショナリズム

19 世紀のデンマークは、2 度の対独戦と自由憲法の制定を経験しており、封建社会から近代社会への移行期にあった。ユラン島のドイツ国境に近いスレスヴィ・ホルステン（Slesvig-Holsten）地域には、中世以来「スレスヴィ公国」と「ホルステン公国」の 2 つの公国が存在し、ドイツ人とデンマーク人が混在していた。1848 年に両公国の議会の代表が「シュレスヴッヒ・ホルシュタイン（Schleswig-Holstein）公国」とし、ドイツへの編入を政府に要求した。それをきっかけに、デンマークでは自由主義憲法を制定し、立憲君主制に移行する市民革命が起きた。当時のヨーロッパでの国民意識の高揚の中、シュレスヴッヒ・ホルシュタイン公国も独立憲法を要求し、デンマーク憲法を強制するデンマークへの反発が高まった。1848 年に起こったシュレスヴッヒ・ホルシュ

タイン公国独立をめぐる戦争が第一次スレスヴィ戦争である。

　この戦争にはプロイセン、英国、フランス、ロシアが介入し、国境は現状維持された。しかし1864年には第二次スレスヴィ戦争が起き、デンマークは敗北、両公国を失って国境線の変更を余儀なくされた[3]。これらの戦争はデンマーク国民に熱狂的なナショナリズムを呼び起こした。最初のフォルケホイスコーレは、ドイツの侵略に対する精神的抵抗の拠点として、1844年に国境線付近のレディン（Rødding）につくられた［清水 1996］。

　1848年から49年の自由憲法の制定と立憲主義への革命を導いたのは、リベラル・ブルジョワジー政党の「国民自由党（nationalliberalisme）」であった。国民自由党は、ドイツの哲学者ゲオルグ・W・F・ヘーゲル（Georg Wilhelm Friedrich Hegel）の国家ナショナリズムと、エリートによる国民の代表を支持する立場に立ち、ブルジョワジーが自由と民主主義を担うことを想定していた。これに対しグルントヴィは、ドイツの哲学者ヨハン・ゴットフリート・ヘルダー（Johann Gottfried von Herder）の「民衆」によるナショナリズムに啓発され、ブルジョワジーへの対抗軸として、農民や女性といった近代民主主義への参加から排除された幅広い層を含むデンマークの「民衆」を構想した。グルントヴィは議会において、選挙権を富裕層に制限しようとする保守層や、それと妥協した国民自由党と戦った［清水 2016］。

　グルントヴィは英国への4度にわたる長い旅を経験し、ジョン・ロック（John Locke）やアダム・スミス（Adam Smith）、ジョン・スチュアート・ミル（John Stuart Mill）の思想や英国のリベラリズムから影響を受けている。そのため個人の自由や市場の自由、宗教の自由に価値を置いた。

　封建社会から近代社会への移行期にあった当時のデンマークでは、都市ではドイツ人が支配階層を占め、国民の大多数を占める農民はブルジョワジーに支配されていた。グルントヴィは、身分社会を厳しく批判し、自らが編集者となった雑誌『デンマーク人』（*Danskeren*: 1848〜1851年刊行）において、農民は「他の身分のために飼い慣らされた家畜のように存在する」と、民衆の立場を表現した。首都の知識人や学者はフランスの啓蒙思想やドイツ文化を重視し、デンマーク語や農民文化を軽蔑していた。グルントヴィはこれに抗い、農民が

継承してきた地域文化こそが美しく尊いと考え、数多くの詩でそれを表現した。またグルントヴィは牧師であったが、「まずは人間、しかるのちにキリスト者」と詩で表現し、人間性はキリスト教徒であることに先立つと考えていた［Koch 1959=2008］。農村部の教会を支配する保守的・権威主義的なデンマーク国教会の牧師たちは、まじめに働かないと来世の幸福はない、と農民を脅したが、グルントヴィはこれに対し、キリスト教の真理は、地方の小さな教会に集まり、祈り、語り合う貧しき信徒の間にこそある、と主張したのである［清水1996］。

　グルントヴィは英国のリベラリズムから影響を受けていたものの、代議制民主主義や多数決原理に懐疑的であった［Korsgaard 2014=2016］。彼は、1849年に制定された自由主義憲法はあまりにドイツやフランスの影響を受けておりデンマーク的ではないと反対し、真のデンマーク人は「生活を制度の上位に置く」べきであり、制度や憲法は下位的なものと捉えていた。

　グルントヴィは、民主主義の発展には自由憲法の制定や政治体制の転換よりも庶民の精神の育成が重要と捉え、庶民の大半を占めた農民を中心とした国民国家を理想とした。グルントヴィの啓蒙思想は「生の啓蒙（liv-oplysning）」といい、学者が夜に灯りのもとで学ぶことでなく、農民が昼間に太陽の下での労働や自然から学び、日々の生活や経験の知恵から見出されるもので、理性の光ではなく、あたたかく人間性を解放する太陽の光に照らされるものと考えられた。

　グルントヴィは絶対主義の擁護者であり、デンマークの王政が他の統治形態よりも優れていると認識していた。その点においてはグルントヴィの思想は民主主義とは相いれない。一方で、グルントヴィが重要と考えた「対話」のルーツは、古代の北欧の民衆集会（ting）に遡る。こでは立法、司法、国王の選出が住民により実施された。グルントヴィは『ホイスコーレ』において、北欧の王の権威は民衆の権威に由来し、王は民衆の意見を聴き、それを考慮せずには統治できないことを論じた。古代北欧の王は、民主的な話し合いにより選ばれたリーダーであり、集会に参加した者の同意がその権力の起源であった。この制度的慣習は、対等な立場での対話を重視する価値の基礎となるが、デンマー

クの民主主義の方向性を近代化の過程で決定的に方向づけたのが、グルントヴィであったといえる［小池 2015、清水 2016］。

1.2 「民衆（folk）」概念の形成

　グルントヴィは、議会でブルジョワジーと対等に討論できる庶民の陶冶形成（dannelse）を急務とし、民主化を進展させその制度がよく機能するには、庶民が国家運営の主体へと成長しなければならないと考えていた。また身分の時代から庶民の時代への変革には、教育がこれまで以上に重要な役割を担うことを認識し、学校教育の促進[4]はいかなる政府にとっても国家の最重要課題である、と未刊行の書物『国家の啓蒙（*Statsmæssing Oplysning*）』（1834）において述べている［Korsgaard 2014=2016］。

　グルントヴィは、聖職者と学者のための学校は十分にあるが、よき社会を支える市民のための学校がないと考え、「民衆（folk）」を育成する学校を構想した［清水 1996］。グルントヴィやホイスコーレ、グルントヴィ派の農民運動は、国民自由党が政権を握るデンマーク国家とは距離を置いており、国家と結びついた国民ではなく、国家に対して相対的な関係をもつ「民衆」という独自の概念になった［清水 2016］。ここでいう「民衆」は、デンマーク人としてのナショナリズム形成と政治的主体形成の2つの側面を包含する。

　グルントヴィの民衆啓蒙はヘルダーの哲学の受容に基づき、彼の「民衆」概念は、ドイツ語の「フォルク（volk: 民族）」とも「ナツィオン（nation: 国民）」とも異なる。ヘルダーはカントの理性主義を批判し、民族の歴史や風土は人間の創造の精神の基盤になると考えた。18世紀末から19世紀初めにかけて、民衆文化がヨーロッパの知識人の大きな関心事となった。当時、フォークソング、民話、伝承などに光が当てられるようになり、民衆は稚拙な存在ではなく、インスピレーションの源であるという認識が生まれた。とりわけヘルダーは「民衆」概念に新しい意味を与えた。彼は民衆の言語や詩歌は民衆の真の精神を表現し、また民衆の創造力の根源であり、国民のアイデンティティ形成における基盤的要素と捉えた。

　グルントヴィは、ヘルダーの「民衆」概念とともに、ヘルダーの教育思想に

おいて中心となる「人間形成（bildung）」の概念から影響を受けた。bildung 思想の中核は、人間に内在する潜在能力を実現化することである。この bildung 概念は、ドイツ文化圏、北欧、ロシアで普及し、デンマークではグルントヴィを通してもたらされた。スウェーデンではドイツ語の bildung を借りて bildning としたのに対し、デンマークでは dannelse または folkeoplysning（民衆啓蒙）の概念に変換された［Korsgaard 1997=1999］。

「教育」を表す言葉は dannelse とならび、uddannelse があるが、uddannelse は個人が獲得する知識やスキルの習得、dannelse は人間形成を意味し、市民性の育成は、dannelse によると考えられる。グルントヴィが表現する「生の啓蒙」という概念には、人間形成（dannelse）が不可欠に伴うからである。dannelse は、一方向の情報伝達ではなく、話し言葉による「相互作用」によりなされ、相互作用による人間的成長を目的とする［小池 2017］。

グルントヴィ研究者であったコックは、グルントヴィの「民衆」の概念を以下のようにまとめている。「民衆」概念の中心は「人間であること」であり、人間的なものは、自身の歴史とそれ自身の言語をもつ一定の民属[5]の中にある。「民衆的なもの」は語りにおいて表現され、人間的生、人間精神を形成する生きる力が人間の中に宿る。「人間的なもの」をその生、その状況の認識のために目覚めさせる唯一のものは人間の声であり、生ける言葉である。しかしこの言葉は人間すべてに共通する言語で語られるのではなく、母語によってのみ語られるのである［Koch 1959=2008］。

コックによれば、「民衆」は 19 世紀中葉の土地の改良運動、協同組合運動、農民学校に見出される。当時の一連の民衆運動は、農民協会、協同組合協会、女性組織、その他政治的、経済的、文化的団体を形成し、地方の学校教師らが推進者と関わり、彼らが農民出身の政治家とつながりをもち、発言力を強めるという動きにつながったのである［Koch 1945=2004、清水 1996］。

1.3　民衆教育のための学校

グルントヴィは、身分社会で受動的な存在であった庶民（almue）を政治参加する主体としての「民衆（folk）」へ陶冶形成する学校、「フォルケリ・ホイ

スコーレ（den folkelige højskole）」を構想した。グルントヴィは従来のラテン語による学校教育を痛烈に批判し、これを「死のための学校」あるいは「学問的建物のコレクション」と称している [Nellemann 1964]。

　コックは、グルントヴィの民衆教育のための学校の構想について、以下のように述べている。「グルントヴィの関心は、デンマークの市民的生と民属・民衆的生のための学校に集約されている。その学校は満18歳以上の本来の青年期を念頭においている。その時期に、人々は意識的で自立的な個人として目覚め、生活と社会のなかで自分たちの場を見出すようになる。この青年の学校では、あれこれの専門的な教育形成が問題ではない」[Koch 1959=2008: 176]。

　グルントヴィが構想した民衆啓蒙の学校であるフォルケリ・ホイスコーレは、教養市民層と一般市民の亀裂を埋めることを主眼とした。ラテン語による教育が中心の中等教育や高等教育とは異なり、書物や一方的な講義形式による学習ではなく、宿泊しながら聖職者や官吏、農民といった立場の違いを超えて対話し、討論する学びが構想された[6]。グルントヴィの政治哲学には、官史や学者、聖職者が公僕として「共通の最善（det fælles bedste）」、または「公共の福祉」に貢献しなければならないという強い主張があった [小池 2015]。フォルケリ・ホイスコーレは、支配階級、被支配階級を問わず参加者が寝食を共にしながらお互いを知り、ラテン語でも書き言葉でもなく、母語であるデンマーク語で、話し言葉である「生きた言葉」による相互作用で学び合う、人格形成を目的としたものだった。

　他者との生きた言葉によるコミュニケーションを、グルントヴィは「相互作用」と呼んだ。これはドイツの哲学者ヨハン・ゴットリーブ・フィヒテ（Johann Gottlieb Fichte）の思想の根本概念のひとつである。グルントヴィは、国中から集まった若者たちの相互作用が可能な限り実現される場がフォルケリ・ホイスコーレであるとした。また対話は、同輩や同じ階級内だけでは相互作用の力が半減するものであり、生きた言葉は、対立や溝があるところでこそ語られ聞かれる必要があると考えた [清水 1996]。

　グルントヴィの構想した高等教育機関としての「フォルケリ・ホイスコーレ」構想は、政権の中枢にあった教養市民派の抵抗により挫折した。しかしこ

の構想は、その後「グルントヴィ派」により、小規模で複数の民間の成人教育学校「フォルケホイスコーレ」として各地に設立されて具現化した。「フォルケホイスコーレ」は、国の助成を受けながら自由な活動を展開し、19世紀後半以降広く普及していった［小池 2017］。「フォルケリ・ホイスコーレ」構想は実現しなかったが、民衆のための成人学校は「フォルケホイスコーレ」として実現した。フォルケホイスコーレは対独戦での国民意識の高揚の中で、敗戦においても精神は自立するという意志の育成機関として展開した。フォルケホイスコーレは寝食を共にする全寮制の学校であり、農閑期を利用し若者をたばこや酒・けんかなどの世俗的悪習から切り離すという役割も担った［清水 2016］。卒業生たちは自主的に勉強会を継続し、のちの農業組合の結成や民衆運動へと発展した。

　グルントヴィは啓蒙と教育においては、教え―教えられる関係にあっても権威的ではなく対等な関係を基本とした。また参加者の身分が支配階層・被支配階層であっても、権威構造が排除された状態での相互の学び合いを構想した。

　義務教育段階の学校へのグルントヴィの影響としては、フリースクール（friskole）の設立が挙げられる。フリースクールは、フォルケホイスコーレと呼応してデンマークの農民運動、民衆教育運動の潮流において登場した。グルントヴィは、初等教育では読み書き算術だけではなく、子どもたちは生きた言葉や歌を通して精神を涵養するべきと考えた[7]。彼の教育思想は教師のクリスティン・ミケルセン・コル（Christen Mikkelsen Kold）[8]に引き継がれた。1852年には、ラテン語ではなく母語で教育する最初のフリースクールが創設された［Nellemann 1964］。1885年にはフリースクール（friskoleloven）が成立し、保護者が子どもを公立学校へ通学させることが義務ではなくなり、学校選択の権利が保障された。また、フリースクールの教育水準は公立学校と同程度であることが義務とされ、フリースクールは公教育と並ぶ私立学校システムとして位置づけられた[9]。

2. コックの民主主義思想：「生活形式の民主主義」

　本節からは、グルントヴィ研究者であった 20 世紀の神学者コックの思想を
論じる。コックは、1904 年にコペンハーゲン近郊のヘレロップ（Hellerup）の
牧師の家に生まれ、コペンハーゲン大学で神学の博士号を取得した教会史の研
究者である（図 1-2）。本節では、彼がどのようにグルントヴィの思想を継承し
独自の思想へと至ったのか、その形成過程を考察する。またコックの民主主義
思想である「生活形式の民主主義」を整理し、それが若者アンブレラ団体
DUF（Dansk Ungdoms Fællesråd: デンマーク若者連盟）にどのように生かされた
のかに言及する。
　コックの戦時中の著作では、グルントヴィと同様に、デンマークの民主主義
はヴァイキング時代の民衆集会や古代ユラン法（den jyske lov）にルーツが求め
られ、それを北欧的特殊性とした［Koch 1942］。しかし戦後はその民主主義を
19 世紀以来のデンマークの民衆啓蒙の伝統に位置づけながら、古代北欧以上
に古代ギリシャのポリスに遡る民主主義思想へと変化した［小池 2017］。
　コックはグルントヴィから多大な影響を受けながら、政治的には社会民主主
義に近い。著作『民主主義とは何か（*Hvad er Demokrati?*　邦題：生活形式の民主
主義)』では、デンマークの政治文化を、19 世紀以来の民衆啓蒙の伝統を評価
し継承しながら、それをヨーロッパ的なギリシャ・キリスト教的ヒューマニズ
ムにおいて据え直している。

2.1　青年問題と「政治的なもの」への転換

　コックの思想は、英国に代表される代議制民主主義が抱える階層の問題や、
大衆民主主義が破綻したイタリアやドイツ、全体主義体制が確立した旧ソ連の
経験、そして第二次世界大戦とナチスのデンマーク占領時代からの教訓が汲ま
れる［コック／小池訳 2004］。本項では、コースゴーの研究［Korsgarrd
1997=1999］に基づき、コックの思想形成の背景を整理する。

図 1-2　コックが校長を務めたクロウロップ・ホイスコーレの標識（左）と、現在も使われている校舎（右）

(1) ファシズムへの危機感

　1940 年にナチスに占領されたデンマークでは、国民の結束は文化的な意味での国民を基盤とすべきか、政治的な意味、つまり民主主義を基盤とすべきかという大きな 2 つの見解が見られた。その中心人物に、体操教育者でフォルケホイスコーレの校長であったニルス・エブセン・ブック[10]（Niels Ebbesen Bukh: 1880-1950. 以下、ブック）とコックがいた。

　当時のデンマークでは、ナチスのイデオロギーである「フォルク（volk）」とグルントヴィを結びつけ、グルントヴィの思想に賛同し、農民や労働者の立場に立って社会的影響力をもち続けてきた「グルントヴィ派」と呼ばれるグループが、ナチズムに追従していった。

　ナチスのイデオロギーを象徴する民族の再生、国民、国民精神といった表現は、民衆啓蒙のモデルであったフォルケホイスコーレの中心概念と類似しており、デンマークの民衆啓蒙とナチズムとの相違を明確にすることが課題となった。グルントヴィの思想には、デンマークの文化や歴史を重視するという意味での国民主義的側面と、対話による合意形成と民衆の主体形成という民主主義的側面があった。この両者の関係は、その後ドイツ占領下で、国民がどのような価値観で結束するのか、という問題に直面して本格的に問われたのである。

　体操教育者でありフォルケホイスコーレ校長でもあったブックは、国民の再生者として自らを位置づけ、ナチスとの協力関係を強化した。さらにこの頃ブックは、すべてのデンマークの若者組織を統括するアンブレラ組織を創設し、

若者組織を独占することを構想した。この組織はドイツのモデルに倣い、身体的な訓練を重視し、愛国心と軍隊形式の訓練の早期教育が意図されていた。ブックの国民再生構想は、国民新聞（Nationaltidende）から熱狂的な支持を表明され、ブックに青年担当大臣を望む声も上がっていた。

　一方コックは、隣国ドイツでの労働者層のファシズムへの動員や、ソ連でのスターリン独裁の進行を周知しており、グルントヴィの「民衆」概念がファシズムに傾倒し、青年の動員に利用されることに強い危機感をもっていた。

　またコックは、民主主義の危機は制度の危機ではなく、市民の育成の危機であると捉え、具体的には以下のような問題意識をもっていた。まず民主主義が困難に直面しているのは、青年の育成の問題を成り行きに任せている[11]ためである。多くの青年は、堅信式ののちに継続教育を受けず、受けたとしても職業教育であり、人間的、政治的な市民の育成が行われていない。そして、「政治」という言葉は青年育成に不適切とみなされ、代わりに「文化」が使用され、いかなる人間を育成するのか、という視点が欠落している。そこで、育成の対象となる人間を政治的人間、市民として生きる人間とするべきだ、と考えたのである。コックは、市民とは何もしなくとも市民になるものではなく、市民とは育成により「なる」ものであるとしたのである。

　コックは、あいまいな「文化」により集結した青年がファシズムに傾倒することに危機感を抱き、青年にとって重要なのは政治参加であり、青年団体は民族主義ではなく人類共通の普遍的なものに依拠し、民主主義によって結束するべきと訴えた。

(2) DU の設立

　ブックによるドイツ型の愛国心と規律訓練を早期教育とする若者アンブレラ団体構想が登場した頃、現在の DUF の前身である DU（Dansk Ungdomssamvirke: デンマーク青年協力連合）もまた設立の構想と準備を進めていた。ブックの構想が現実味を帯び、またブックへの熱狂的な支持を見て危機意識をもった DU 準備グループは、ブックの計画を阻止するために DU 計画の公開を早めた。DU の後ろ盾は、教育大臣を先頭とするグルントヴィ派グループと社会民主党

と保守党の 2 人の国会議員を中核とする政治的青年組織が担っていた。

　DU は、国内のすべての若者組織の結集をめざしていた。その初代代表が、コペンハーゲン大学でグルントヴィの思想についての講義を行い、圧倒的な支持を得ていたコックであった。コックは、グルントヴィから平和主義者として知られる急進自由党（Det Radikale Venstre）の指導者ピーター・ムンク（Peter Munch）を経て引き継がれた、平和主義の立場をとっていた。グルントヴィは国家武装や徴兵制は民衆抑圧的だとみなし、中立と民衆自身の自主防衛路線の立場を表明し、これがムンクによって非軍事中立路線に練りあげられた。ムンクは、たとえ国が他国に占領され国家機能が停止しても、国民的結束が維持できれば祖国は必ず復興すると主張し、この中立主義がコックによって非軍事的抵抗路線として継承された。1940 年のナチス占領直後は、ドイツはデンマークに政治的中立を保障していたため、当初コックは、非軍事的抵抗路線に希望を見出していたと考えられる［小池 2017］。

　DU 設立グループは長い議論の末、その目的と理念を、青年の文化や歴史意識の強化とした。コックが DU の代表に選ばれたのは、彼のコペンハーゲン大学での講義が、DU の理念に合致すると考えられたためであった。しかしコックは DU の代表就任時に、DU の目的に真っ向から反対した。コックは DU の理念であるデンマーク精神や文化の追求は人々を離反させ、ナチズムの温床となること、そして人々を深層において結びつけるのは政治的なものだと主張したのである。コックは若者の国民感情や身体感覚、スポーツ感覚の強化は若者をナチス化させる、という危惧を表明し、DU の仕事はむしろ若者の政治参加とその責任感を自覚させることだと訴えた。その背景には、ナチス占領下でグルントヴィの太陽の光の「あたたかさ」が、国粋主義的な文化的アイデンティティの熱狂へとつながることへのコックの危機意識があった。DU は、所属団体に加え多数の若者組織も支援し、数十万人にも及ぶデンマークの若者を包摂しており、若者への多大な影響力をもっていた。その DU が民族意識に熱狂した際には、ヒトラーユーゲントに追従した組織となりかねない、という危惧があったのである。

(3) ナショナリズムから民主主義的結束へ

コックの主張にはほとんどの関係者が反対し、DU は政治的なものの代わり
にホイスコーレの国民的な活動の上に立つべきという意見が支配的だった。コ
ックは、彼がナチス的とみなすホイスコーレ教師の名を挙げてそれに応えた。
いくつかの困難な交渉の末に、最後にはコックの主張が受け入れられた
[Korsgaard 1997=1999]。

もともとはグルントヴィ学徒であったコックだが、ナチスの占領下のナショ
ナリズムの高揚と熱狂に若者が取り込まれる危機意識と、先述の平和的抵抗路
線が、1943 年のナチスによる戒厳令の発令によって決定的に敗北したこと、
さらにコック自身も逮捕・拘束された事実を経て、グルントヴィから距離をと
るようになった。彼の思想は、民主主義や「政治的なもの」をより前面に押し
出すことになり、1945 年の著作 *Hvad er Demokati?*（民主主義とは何か：邦題
『生活形式の民主主義』）へとつながっていった。

グルントヴィ派によって爆発的に拡大したフォルケホイスコーレは、神話や
歴史などデンマークないし北欧の文化的アイデンティティが中心となり、グル
ントヴィがもともと構想していた民衆の覚醒や主体形成のための教育は忘れら
れつつあった。コックはこの関係を戦時下に逆転して捉え、民衆の覚醒や主体
形成を前面に押し出したのである[12]。つまり、19 世紀のグルントヴィの時代の
対独戦の頃の危機とは異なる、20 世紀の大衆民主主義や全体主義の危機、そ
して自国で見られたファシズムの萌芽に対する危機から、コックはグルントヴ
ィの思想を再政治化したともいえる。

2.2　コックの「生活形式の民主主義」

1945 年に出版された彼の民主主義思想に関する主著『民主主義とは何か』
はデンマークの戦後民主主義の支柱とされている。本項では、コックの民主主
義思想である「生活形式の民主主義」の概念と、その思想を DU の活動にお
いてどのように実践しようと構想したのかを整理する。

(1) 生活形式の民主主義

「生活形式の民主主義」の特徴は 3 つある。

第 1 に「生活形式」の概念は、民主主義は形式の中に閉じ込めることができず、民衆に内在する力に焦点を当て、権威構造を排した関係における対話を中心とした人間形成が基盤となる、というグルントヴィの民衆啓蒙を継承している点である。グルントヴィは、1849 年に制定されたデンマークの自由憲法が、フランスやドイツに多大な影響を受けたことに批判的で、制度・憲法は下位的なものであり、真のデンマーク人は「生活を制度の上位」に置くべきとした [Korsgaard 1997=1999]。コックもまた統治形式や制度よりも「生活形式」を民主主義の本質とし、この点においてもコックはグルントヴィの思想を継承しているといえる。

第 2 に、対話を中心とした人間形成がなされる共同体は、血縁や言語、文化習慣などのつながりであるエトノスに限定されず、古代ギリシャのデモス的な政治体といえる。コックの「対話」の概念はグルントヴィの思想を継承し、古代ギリシャのポリスの生活や、ヴァイキング時代の北欧の民衆集会 (ting) における対話の伝統に端を発する。民衆集会では、正義について語るときは王であっても特権をもつ者はおらず、誰も真理の主人ではない、とされる。また古代のユラン法では、民衆は子どもではなく、大人の人間と捉えられており [Koch 1942]、民衆への基本的信頼があった。

コックは、ナチスの「フォルク」はナショナリズムへの迎合や親ナチ派の台頭を助長する危険を孕み、デンマーク市民のつながりはもはや北欧神話やルター派キリスト教などの伝統に依拠できないと考えた。コックはグルントヴィの「フォルケリ（民衆的）」を踏まえながらも、人々をつなぐものは「フォルケリ」を発展させた「メレムフォルケリ（mellemfolkelig: 間民属的）」である、という独特の認識を示した。「フォルケリの間」という意味のこの概念は、様々な文化や宗教的差異を踏まえながら、それらに共通する場となる「生活形式」としての政治空間を通じてのつながりをめざすものであった [小池・西 2007]。ここにグルントヴィとコックの分岐点が見られる。

コックはグルントヴィの歴史―詩的な理念に基づきながらも共和制モデルか

ら触発され、市民の積極的な参加が社会を機能させる中核となる、といった市民観を擁護した［Milana and Sørensen 2009］。グルントヴィが19世紀の国民思想に依拠したのに対し、コックの思想は、民主主義を単に北欧的な伝統の上に意義づけるだけでなく、古代ギリシャ以来の西洋ヒューマニズムの伝統の中に据えた［コック／小池訳 2004］。コックは西欧の普遍主義的な民主主義観を国民啓蒙に導入し、デンマーク人の国民意識のファシズムへの転化を回避しようとしたのである。

第3に、血縁や言語、文化習慣に限定されない政治体の形式である「生活形式」において、政治教育や能力開発が重要なテーマとなる点である。コックは民主主義社会における最重要課題は、人間的な覚醒をめざす啓蒙と教育であるとした。民衆のはなはだしい政治的未成熟さは、ブルジョワジーにすら高い度合で見られること、そして20世紀のドイツでは、この未成熟は民主主義に著しい危険をもたらしたこと、それゆえに政治教育はかつてないほどに重要であることを指摘した［Koch 1945=2004］。

啓蒙と教育の場は、学校教育のみならず民衆組織も含まれる。コックは、19世紀以来のデンマークの政治的生活に多大な貢献をしたのが民衆組織であり、民衆組織は民主主義の実験的な学習の場だと意義づけた。そしてその中心が地方都市の教師、農民、労働者であった点において、ドイツやフランスとは異なると主張した。またコックはフランスやドイツでは、民衆組織に基づく民主主義の背景が欠けており、政治的生活を支配したのが弁護士や知識人、資本家、ジャーナリストらであったことを批判し、政党政治に強い不信感を示した［Koch 1945=2004］。

(2) DUの活動における「生活形式の民主主義」

民主主義のための啓蒙と教育には、若者の政治教育と能力開発が重要だとするコックの理念は、DUの基本理念となった。

以下、コックが「生活形式の民主主義」を組織活動においてどのように実践しようと考えたのか、コックの1942年の著作 *Dagen og Vejen* を手がかりに整理する。

　まず、リーダーのネットワーク作りと支援が挙げられる。コックは DU の
スタートは一連の青年リーダーに負っており、リーダーらは会合して議論を重
ね、議論を通じ協働の価値を見出すべきとした。そしてリーダーをできる限り
支援することを重視し、1941 年からは各組織のリーダーをつなぎ、若者の問
題を共有し論じる記事を掲載する『リーダー誌（*Ledersbladet*）』が月刊で発行
されるようになった。

　第 2 に、DU の役割の明確化である。コックは DU の仕事は現存する諸組織
を強化し、それらが競合しないための調整であるとした。さらに、コックは組
織活動が弱く青年への影響力が限定的である地域には、青年に効果的に働きか
ける組織活動を促すことも述べている。

　第 3 に、組織活動での能力開発の重視が挙げられる。コックは今日のリー
ダーたち、そして未来のリーダーたちは組織運営の技術に長け、人間的にも市
民としても有能でなければならない、とした。

　発足時の DU には、スポーツ団体、政党青年部、学生団体、女性団体など
14 団体が所属しており、事務局がサマーキャンプや講習会など様々な企画を
立て、提供するという組織の形態から出発した［Møller 2009］。戦後 DU はフ
ァシズムへの抵抗の役割を終え、「生の啓蒙（livs-oplysning）」[13]のための若者の
組織として DUF に再編成された。

　今日の DUF では、所属団体が縦横につながりをもち、多様な学びのコース
が用意される（第 3 章参照）。それらのコースでは、各団体やそのメンバーが
互いに教え―教えられるという権威構造を排した関係において、経験や知識を
共有し学び合い主体性を形成していく機会があり、組織、地域、国内外での多
元的な対話の場が「生活形式」としての空間を通じての「メレムフォルケリ」
の実践の場になっている。こうした学びのコースの有り様にも、コックがグル
ントヴィから独自の形で継承した民衆啓蒙の要素を見出すことができる。

3.　対話型民主主義と共同市民性

　コックと同時期の民主主義の論者として、法学者のアルフ・ロス（Alf Ross:

1899-1979）がいる。コックとロスの論争からは、議会制民主主義の認識の相違が明らかにされている。そしてコックの対話型民主主義や経済民主主義は、戦後デンマークの福祉国家形成に影響していることも見出される。本節ではまず、小池と西の論考［2007］を参照し、コックとロスの論争からコックの「生活形式」の原理を改めて整理する。さらに、議会制と関係する「国家市民性（statsborgerskab）」と討議や協議と関係する「共同市民性（medborgerskab）」の概念を取り上げ、グルントヴィとコックが「共同市民性」の育成は教育の課題であり、また民主主義の課題である、としたことを論じる。

3.1 コックとロスの民主主義論争

　コックの民主主義思想の特徴は、ロスとの民主主義論争において浮かび上がる。ロスは、1946 年の著作『なぜ民主主義か（*Hvorfor Democrati?*）』において、一方で議会制民主主義を、他方ではプロレタリア独裁の「人民民主主義」も包含する民主主義概念の曖昧さを指摘した。全体主義に対して民主主義を擁護し発展させるための判断基準として、ロスは「統治形式（styreform）」や「国家形式（statsform）」を挙げ、民主主義が法制化された正当な手続きを踏まえ、多数意見を政治的決定に反映する重要性を主張する。こうしたロスの主張は、第二次世界大戦時のドイツやイタリアのファシズム、ソ連のスターリンの独裁における議会の手続きの形骸化や廃止との対置によりなされた［小池・西 2007］。

　コックとロスは、共に 20 世紀のドイツ、ソ連での全体主義の台頭から民主主義を再考するという立場を共有していたが、それぞれの主張は異なる方向へ向かった。コックは代表制を中心とした「統治形式」を民主主義の要としなかった。コックは代表制システムだけではなく、福祉国家による富の再分配を「経済民主主義」と規定し、それを「社会形式（samfundsform）」と捉え民主主義の不可欠の要素とした。一方ロスは、民主主義はあくまで「統治形式」であり、富の再分配は経済問題で「社会主義的」であるとし、「民主主義」とは区別しようとした。

　ロスには、ヒトラーやスターリンも生活の保障や改善に一定の成果を収めて

いたものの、ファシズムが同時に進行したことへの危惧があった。ロスの議論
では格差から起こる問題や社会的排除があっても、議会制度が形式的に機能し
ていれば民主主義にかなうことになる、ともいえる。ロスは代表制民主主義の
厳密な手続き論に焦点を置き、自由主義的な立場をとっていた［小池・西
2007］。

　コックも議会民主主義が全体主義へと導かれた歴史的経緯に着目していたが、
19 世紀以来の自由民主主義とは立場を分かち経済的民主主義に価値を置き、
その意味では福祉国家を積極的に意義づけた。コックは民主主義の出発点とし
て、市民の生活が充足し人間らしく暮らせる社会において、生活保障や教育へ
の平等なアクセスができて初めて、政治参加も可能になると考えた。経済民主
主義は北欧諸国の普遍主義的な福祉国家政策としての民主主義の中核をなし、
社会的包摂の哲学の基本となった［小池・西 2007］。

　「生活形式」の原理は、民主主義の対話的形式であり、共通理解、相互理解
を志向する。この原理においてコックは、民主主義を議会制度に規定された多
数派の意思決定としてのみでは捉えなかった。コックの民主主義哲学の独自性
は、経済民主主義を共同・共生原理の中で捉え直したところにあった［小池・
西 2007］。コックは、政治的民主主義は経済的民主主義なしには継続しないと
考え、それは戦後の福祉国家形成の大きなイデオロギーのひとつとなった［小
池 2004、Korsgaard 2006］。具体的には、デンマークのコンセンサス会議や公
的サービスのユーザーデモクラシーといった制度にもコックの思想が現れてい
るといえる[14]。

　コックの概念では、代表制民主主義と経済民主主義は、「社会形式」の民主
主義である。この社会形式の民主主義はもちろん重要だが、その外部の生活習
慣や文化を取り残す。コックは、民主主義は社会の統治形式よりもはるかに包
括的な「生活形式」である、と定義した。コックは、民主主義は完成されるも
のではなく、自分のものにする「生活形式」であるとし、民衆啓蒙や教育が重
要な役割を果たすと主張した［Koch 1945=2004］。

3.2 市民性概念の二重性

　コックとロスの論争の焦点となった「統治形式」「国家形式」と「生活形式」の議論においては、一枚岩ではない市民性の概念が存在する。本項では、2 つの市民性概念について、小池［2017］の議論に基づき整理したい。

　デンマークで市民性を表す言葉には「国家市民性（statsborgerskab）」と「共同市民性（medborgerskab）の 2 つがある。borger は「市民」の意だが、国家市民性の stat は「国」「国家」（英語では state が該当）、共同市民性の med は、「〜と一緒に」「共に」（英語では with が該当）といった意味になる。19 世紀の国民国家形成期以来、福祉国家デンマークにおいて、市民の資格としての「国家市民性」はもちろん市民性の支柱であったが、通常デンマークで市民性は「共同市民性（medborgerskab）」と表現され、「共同市民性」は「国家市民性」の上位概念に位置づけられる。

　19 世紀の国民国家形成で規定された「国家市民性」は、身分制から解放された自由主義的市民権を基礎とする。「国家市民性」は議会制度と相関的で、政治は組織の代表者の決定に委ねられるため、必ずしも市民の主体的政治参加に至らず、参加が限定的になる。これに対し「共同市民性」は議会政治と並行しつつ、会合、対話、討議、協議による決定を重視する。市民の政治参加は直接的であり、議論や意思決定の主体となる。「共同市民性」は権利資格としての国家市民性に支えられつつも、福祉国家に関わる諸制度への参加へとつながる。

　「共同市民性」は、今日の公的決定や公共政策の形成に関する政治参加や対話、討議の機会といった様々な次元で存在する。「共同市民性」は自由で平等な個人としての自由主義的な市民性よりもむしろ、語頭に「共に」の med がつくように、他者との対話と関係において形成される市民性である。この「共同市民性」は直接民主主義とも関連し、代表制に見られるエリート主義ではなく、立場の違いを超えて互いの声に耳を傾け、尊重する「対話の原理」［Hjort 2006］が求められる。

　「共同市民性」には人間形成が常に問われるため、グルントヴィやコックは人間形成を民主主義の中心課題とした。人間形成は生涯を通じての教育、すな

わち就学前教育から初等中等・高等教育、フォルケホイスコーレやノンフォーマルスクール、生涯学習や職業訓練、さらには様々なアソシエーションでの活動において実現される。「共同市民性」は、地域、所属する学校や職場、組織などでの意見形成や協働での意思決定、そして対話のスキルを身につけながら政治参加する中で涵養される市民性である。デンマークでの政治参加においては、国家市民性と共同市民性が相互に関連し、議会主義の手続きと並行しつつ、マクロからミクロまで様々なレベルの対話による意思決定が実践される［小池 2017］[15]。

　グルントヴィやコックの時代に比べ、グローバル化が進んだ今日のデンマークでは、「共同市民性」が異なる階層に加え多様なルーツをもつ人々により形成されることになる。文化的・宗教的に異なる他者との「対話」による「共同市民性」が、今後どのようなものとなるのか、注視したい。

おわりに

　グルントヴィは、近代デンマークの民主主義国家への移行期に、支配層のドイツ人やブルジョワジーに蔑(さげす)まれた農民文化に価値を見出し、農民が継承する地域文化や言語、歴史に基づくナショナリズム形成に大きな役割を果たした。同時に議会制から排除された農民や女性の政治的主体化を重要な課題とした。その学びと主体形成の場がフォルケホイスコーレであり、民衆運動だった。デンマークの自由憲法がモデルとしたドイツやフランスとは異なる「デンマーク的」なものとは、「生活を制度の上位に置く」「統治形式より生活形式」という思想だった。

　グルントヴィの「フォルケリ・ホイスコーレ」構想は、教養市民層とその他の層の亀裂を埋めるために、寄宿制の学校で生活を共にし、話し言葉によって対話し学び合う教育を目的とした。そこでは同じ身分の同質性が高い若者たちではなく、国中から階級が違う若者が集うことが重要であり、対立や溝がある者たちにこそ、対話による相互作用に意味があると考えられた。対話により学び合う場は、今日では、本書でこれから取り上げるユースカウンシルや若者ア

ンブレラ団体 DUF、全国ユースカウンシルの NAU において見出される。DUF や NAU では、若者たちは参加に必要なスキルや教養を身につける様々なプログラムを、全国から来たメンバーたちと親睦や余暇の時間も含めた合宿形式で学んでおり、グルントヴィ以来の伝統を継承している。

　グルントヴィとコックは、青年期を、人々が個人として覚醒し生活や社会における自分の場所を得ようとする、民衆の主体形成にとって大事な時期と捉えていた。そのためグルントヴィは、フォルケホイスコーレの学生を 18 歳以上の若者とした。コックは、青年には職業教育しか与えられず市民性を育む教育がなされていないこと、さらに青年の育成に「文化」が用いられることで、青年が民主主義社会に政治主体として参加する視点が欠落することを指摘した。コックは「市民」は放置しても形成されず、「市民」は育成されるものだと主張した。

　若者アソシエーション、とりわけユースカウンシルは、身近な生活の中で社会そのものが「学校」となり、大人と若者、様々なルーツをもつ若者同士が対話により意思決定を行い、影響力を行使し、若者が民主主義に参加する主体として育成される場である。その背景にある「人間形成」の思想は、グルントヴィからコックに引き継がれた「民衆」概念に見出せる。それは、社会が若者に内在する力に注目し、その力を信頼し、政治参加する主体として若者を扱うと同時に、大人は、「意識的で自立的な個人として目覚める」重要な時期にある若者が市民になるための能力形成を支援する、という理念である。それを実現する仕組みが、デンマーク社会には様々な形で存在するのである。

注
1　グルントヴィの民衆教育は、諸外国における成人教育や民主主義教育、市民形成に大きな影響を与えた［佐藤 2013］。また、グルントヴィは、EU の生涯学習において重要な人物として位置づけられ、EU の生涯教育プログラムの成人教育分野の名称が「グルントヴィ」とされている［澤野 2010］。
2　フォルケホイスコーレは「国民高等学校」とも訳されるが、本書では「国民」と「高等学校」の組み合わせは、本来の学校の理念や教育内容と異なることを踏まえ、原語のカタカナ表記を用いる。現在のフォルケホイスコーレは、18 歳以上の成人であれば誰でも学べる、生涯教育の学校となっている。

3　第一次世界大戦でのドイツの敗戦により、スレスヴィの北半分はデンマークに戻った。

4　デンマークでは 1814 年には小学校の義務教育化が実現した。

5　小池は、「folkelige（民衆的な）」の概念と訳出について以下のように論じる。

　　「folkelige」は「folk」の形容詞で「民衆的な」の意味だが、語尾の〈lige〉には、「平等な」「一体的な」という意味を含み、身分制社会の解体と下からの民主主義の絆を実現する言葉として普及した。さらに、コックは「folkelige」と「national」の観念をはっきりと区別し、前者は一定のエトノス（民族）でありながら国境を越えて、他のエトノスと通底する普遍性を宿すが、後者は一国内で完結するエノトスである。そのため「folkelige」には「民族」ではなく「民属」「民衆的」の訳語を当てた［小池・西 2007］。本書においても小池の訳出に基づき、「folkelige」を「民族」ではなく「民属」と表記する。

6　この「フォルケリ・ホイスコーレ」は、大規模な寄宿型成人教育の国立学校で、シェラン島中央部のソーアの学術施設に付設するというものだった。フォルケリ・ホイスコーレは民衆と教養市民層が生活を共にし、同じ立場で対話や議論を通じて解決する政治文化を形成することを目的とした。

　　なお、グルントヴィは成人教育の学校を「フォルケリ・ホイスコーレ」と「学問的ホイスコーレ（videnskabeling højskole）」の 2 本立てで構想していた。「フォルケリ・ホイスコーレ」は民衆の陶冶形成、「学問的ホイスコーレ」は学術探求とその役割は区別された。学問的ホイスコーレは、デンマーク、ノルウェー、スウェーデンの北欧三か国の知を背景とし「人間性（menneskelighed）」の普遍史的解明をめざしていた［小池 2015］。

7　グルントヴィとコルは、人々をつなぎ、個人が個人として、また社会の一員としての真実を見出すのは詩や歌においてであると考え、フリースクールにも、フォルケホイスコーレと同様に、詩と歌を重視する教育を導入した［Nellemann 1964］。

8　コルの『子どもの学校論（Børneskolen）』は、現代のデンマークの教員養成大学において重要文献とされている［コル／清水訳 2007］。

9　1885 年の自由学校法は、1915 年に憲法の 83 条に導入された。フリースクールは 19 世紀から存続する「国家から自由」なオルタナティブ教育でありながら、公的資金の補助を受け、今日まで運営される。21 世紀において、グルントヴィとコルの伝統を直接に継承するフリースクールは、全学校（義務教育課程）の 12.4 ％（2007 年）である。今日のフリースクールは、マイノリティへの大いなる尊重に特徴づけられ、マイノリティが自らの文化や価値に基づく学校の設置の権利を保障する点に見出せる。他の北欧諸国にはこうした伝統はない［Korsgaard and Wiborg 2006］。

10　ブックはドイツ体操と、スウェーデン体操の影響を受けた「デンマーク体操」の完成者として世界的に知られている。彼は 1920 年にフュン島にオレロップ体操ホイスコーレ（Gymnastik Højskolen Ollerup）を設立し、校長となった。

11　20 世紀初頭のデンマークでは、青年期が生涯における独立した時期として区別され始め、青年の教育が政治的な課題とされるようになっていた。コックは、15 歳から 16 歳は、自立し社会における市民となる時期と考え、その大事な時期に青年が余暇の時間をもて余し、路上をぶらついていることを社会問題として認識していた［Koch 1949, Møller 2009］。

12　名古屋大学の小池直人准教授（当時）との 2016 年 11 月 30 日の議論からの示唆による。

13　「生の啓蒙」は、グルントヴィの思想を端的に表す概念である。たとえば民衆のための学校においては、学問と生きた言葉による学びの相互作用により、政治的市民や優れた公僕を輩出することや、啓蒙は学校教育に限定されず、成人教育、様々なアソシエーションでの討議や相互学習によりなされる、といったことが挙げられる［小池 2011］。

14　ユーザーデモクラシーについては、朝野・生田・西・原田・福島［2005］、Andersen and Hoff［2001］に詳しい。コンセンサス会議については、木場［2000］ほか、いくつかの論考がある。

15　グルントヴィは英国訪問時に、北欧の民衆集会を英国の政治文化のルーツとして再発見したと考えられる。つまり彼は、議会制の原型はヴァイキング時代の政治文化にあったと捉えたのである。コックとロスは、ナチスの占領とファシズムの経験から民主主義を問い、統治形式と生活形式といった焦点の当て方の違いはあったが、議会制と生活形式の双方の結合を主張していた。ユースカウンシルの活動からしても、デンマークの政治文化は、生活形式の延長に議会制民主主義が位置づけられ、両者は対立しているわけではない、という仮説が立てられる（2019 年 3 月 28 日、名古屋大学准教授（当時）小池直人氏との議論から示唆を得た）。

第2章　デンマークの学校教育

はじめに

　本書の主題であるユースカウンシルでの活動は、学校外での若者の実践による学びの場であり、インフォーマル教育の領域といえる。本章では、研究主題を包括的に捉えるために、そしてユースカウンシルでの議論の前提を理解するために、フォーマル教育である学校制度と、「生涯学習社会」とされる学びの保障の制度を概観したい。

　19世紀の農民運動と、グルントヴィによる知識注入型の公教育やラテン語による教育への批判や、母語による対話を重視する「生きた言葉」の考え方は、デンマークの教育システムが、民主主義の概念を中核とする起源となっている。グルントヴィの思想は、自由主義的な理念と民主主義思想と結びつき、ここ100年の教育制度の目的や組織化に影響を及ぼした。具体的には、インフォーマル教育[1]においては、農村の青年の政治的主体形成やナショナリズム形成に貢献したフォルケホイスコーレで実現され、フォーマル教育においては、教師のクリスティン・コルにより、フリースクール（friskole）で実現したといえる[Hjort 2006]。フリースクールは、フォルケホイスコーレと呼応して登場し、公教育と並ぶ私立学校システムとして確立された（第1章49頁参照）。

　デンマークの教育は、自由主義的市民権は社会権に補完されるという理念や、公的サービスの普遍主義的分配の理念により、規模の大きい公的支出に支えられてきた。そして教育の基本原理において、「対話型民主主義」が根づき、生

徒たちは「対話の原理」を学び、互いに話し合い、互いの声に耳を傾け、互いを尊重しなければならない、と教えられてきた［Hjort 2006］。

　教育の北欧モデルは、社会正義、平等、公平な機会、包摂、国家形成、そして民主的な参加が包括的な価値とされ、社会的・文化的な背景や能力にかかわらず、すべての生徒のための公立の総合制学校が基本である［Imsen et al. 2017］。総合制学校システムの始まりは、1903年までさかのぼり、ドイツや北欧の教育哲学において中核となる「人間形成」の理念に基づいてきた［Moos 2013］。今日の総合制学校では能力別クラス編成が存在せず、デンマークでは学校間やクラス内、学内での学力をめぐる競争が見られないことも特徴である[2]。

1. 現在の学校教育制度

　デンマークの義務教育期間は、就学前教育である0年生から、9年生までの10年間で、5歳から15歳までの子どもが通う。0年生から9年生、あるいは10年生まで通う[3]公立の学校は国民学校（基礎学校）（folkeskole）といい、私立の学校はフリースクールとプライベートスクール（private skole）がある（図2-1）。2019年から2020年の統計では、国民学校には78.5％、フリースクールとプライベートスクールを合わせた私立学校には18.1％が通っている[4]。フリースクールは、外国語教育に重きを置く学校、ラテン語学校を出自とする伝統校、宗派による教育を重視する宗教的な学校、インターナショナルスクールなど、特色のある学校が全国に158校ある。

　デンマークの教育制度の特徴は、複線的な進学ルートである。小中学校に当たる国民学校は1年生から9年生までで、10年生を希望し選択する生徒の割合は50％前後である[5]。2009年からは、就学前の1年間（0年生）が義務化されて、義務教育期間が10年間になった。

　後期中等教育段階では、高等教育進学をめざす普通科高等学校（gymnasium: ギムナシウム）教育、学校と職場を往復して職業資格の取得をめざす職業教育訓練教育（erhvervsuddannelser）とに複線化する[6]。

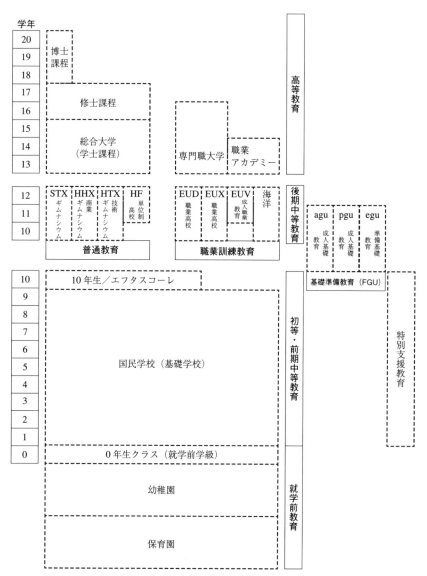

図 2-1　学校教育制度

出典：坂口緑明治学院大学教授提供の草案（2001）とデンマーク教育省ホームページ[7] をもとに訳出し、筆者作成。

　後期中等教育では、ギムナシウムは、①自然科学・テクノロジー分野と一般科目といった理系中心の工科高校（HTX: højere teknisk studentereksamen）、②ビジネス・社会経済分野と外国語・一般科目を学ぶ商業高校（HHX: højere handelseksamen）、③人文・自然科学・社会科学分野を学ぶ普通高校（STX: studentereksamen）、の 3 コースに分かれる。その他、科目履修のためのコース（HF: hf-eksamen）もある。科目履修コースは、高等教育への接続が可能で、生徒の状況に応じて 1 年、2 年制のコースが選択可能である。

　職業教育は、ドイツと同様に学校での学習と職場での職業訓練の組み合わせた「デュアルシステム」で、以下の 4 つの選択肢がある。①職業訓練教育（EUD: erhvervsuddannelsessystemet）：国民学校卒業直後〜卒業 2 年以内の者が進学し、大工、家具職人、電気工などの技術職に加え、ケア、貿易、食と農業などの領域まで学ぶ。②普通・職業教育折衷（EUX: erhvervsuddannelse og gymnasial eksamen）：一般後期中等教育と職業訓練教育の連結で、高等教育への進学を前提とする。③成人職業訓練教育（EUV: erhvervsuddannelse for voksne）：25 歳以上の職業訓練で、学習内容や職業訓練の時間は、個別の学習経験と職務経験により決定される。④個別職業訓練（EGU: forberedende grunduddannelse）：個人別の職業訓練プログラムで、30 歳以下で学業も就業もしていない若者が対象となる。④は 20 週から 40 週のプログラムである。

　このほか、「基礎準備教育」（FGU: forberedende grunduddannelse）は、25 歳以下で教育にも仕事にもつかず、中等教育を修了していない若者のために、初等前期中等教育以降の総合的な学習を提供する。FGU は、教育の継続、職業への接続、あるいは社会生活を送る力を身につける、といった多様なニーズに対応する。

　デンマークの後期中等教育では、学校教育になじまない、あるいは中退者のためのセイフティネットを幾重にも備えている。たとえば FGU は、通常の学校教育でうまくいかなかった生徒が再挑戦し、正式な学校教育修了資格を得る機会を提供している。後期中等教育という 10 代半ばでの進路分岐のシステムには、社会的選抜の強化になるという問題があるため、デンマークの職業訓練教育改革では、熟練労働者をめざす訓練だけでなく、職業教育から高等教育へ

の直接的なアクセスを開くことを目標とし、制度設計がなされた［豊泉 2018］。

　教育機会については、制度的に平等主義が採用され機会の均等が保障される。デンマークの公立学校の授業料は無料であり、そしてほとんどの私立教育機関での授業料は低額である。EU / EEA[8] の学生、および交換プログラムに参加している学生も学費の扱いはデンマーク人と同じである。

　無償の教育費に加え、18 歳以上の学生には、世帯所得に関係なく教育のための公的支援を受ける権利があり、社会的地位にかかわらず教育が受けられる環境が整っている。具体的には、すべての学生に返還不要の教育援助資金が供与され、学生は、受け取った資金は生活費や住居費にも充てることができる。資金のサポートとしては、デンマークの教育研究機関（Uddannelses-og Forskningsstyrelsen）の管轄で、政府教育支援基金（Statens Uddannelsesstøtte: 以下、SU）により供与される。

　SU は、フルタイムの学生であれば、高等教育入学者のみならず、18 歳以上で、高校や職業訓練校に通う生徒も対象となる。年間予算は 244 億デンマーククローネ（1 クローネ＝ 17.3 円、2021 年現在）であり、GDP の約 1％に相当する。SU の受給額は、一人暮らしか、保護者と同居かなどで受け取る金額が異なってくる。たとえば、一人暮らしの学生は 1 か月 6,321 クローネ、保護者と同居の学生は、3,143 クローネの SU が受給できる[9]。低所得世帯で子どもの数が多くても、移民や難民のルーツにあっても、経済的な理由で学業を断念しなくてもよいところに、社会権としての教育権の保障や、社会的経済的格差の是正といった福祉国家の制度設計の特徴が見られる[10]。

　後期中等教育への進学の際には、学校ごとの個別の入学試験はない。希望する学校への入学は、本人の希望と、国民学校の 9 年生（あるいは 10 年生）時に受ける修了試験と通知表の成績で決定される。学校の成績は科目担当者による絶対評価、オンラインで受験する修了試験は全国で同一の基準で採点される。学校の成績評価は 7 段階評価（7-trins-skalaen）で、現在、デンマークではこの 7 段階評価が初等中等教育から高等教育まで、あらゆる教育機関で用いられている。

　高等教育制度についても、教育機関ごとの試験はない。進学先は、生徒の後

期中等教育修了時試験の結果と高校の成績により決まる。後期中等教育修了試
験は、学年の最後に教科ごとに実施されるもので、これらの試験の成績をもと
に7段階評価で成績がつけられる。成績が進学希望先の水準に満たない場合
は、履修科目コース（HF）などで必要な科目のみ履修したり、あるいは再受
験が可能である。

　大学進学は、高等教育・科学研究省（Uddannelses- og Forskningsministeriet）
が運営する入学調整機関（KOT: Den koodinerede Tilmelding）に申請する[11]。生徒
は高校時の成績と志望に基づき、KOT の情報から合格ラインの進学先を探し、
第1から第8までの志望を決め申請する。申請した年か、次の年には進学先
が見つかる仕組みになっている（坂口 2022 予定）。

2. 伝統と変化の間で

　デンマークにおける民主主義の教育は、国民学校法（folkeskoleloven）によっ
て、初等中等教育の主たる目的として規定され、民主主義社会での社会的連帯、
協働での意思決定（co-decision-making）と、共通の課題に対する共同の責任を
重視してきた [Lieberkind 2015]。国民学校法は、参加型民主主義の準備のた
めに、学校自体が民主主義のモデルとなるべきことを強調し、カリキュラムの
みならず学校の気風においてもその目的を反映したものとなっている[12]。

　一方、デンマークにも 1980 年代以降、新自由主義の改革の波が押し寄せ、
教育や福祉などの自治体の公共部門に、ニューパブリックマネージメント
（New Public Management: NPM）やグローバリゼーションの影響が見られるよう
になる。

2.1　国際学力調査の影響

　教育制度においては、2000 年代以降、その変化が顕著に現れた。第二次世
界大戦後から 1990 年代までは、政治家は学校で民主主義を育成することで、
次の戦争を防ぎたいと考えていたため、民主的な参加は学校における重要な価
値だった [Moos 2013]。1993 年の国民学校法は、初等・前期中等教育を地方

自治体の管轄とし、地方自治体や学校の自律性を保ち、社会民主主義の理念の伝統に基づいていた。しかし 2002 年に、これまで行われてこなかったナショナルテストとアセスメントが導入された。2007 年には、公的部門の構造改革を通して地方自治体の権限が縮小され[13]、教育の中央集権的管理への移行が進んだといわれる。

　大半の政党から支持されて施行された 2006 年の国民学校法は、高度で資質に富んだ労働力の育成を学校教育の主要な目標として強調した。学校教育の成果を比較する、トランスナショナル機関による学力調査である、国際読書力調査（Progress in International Reading Literacy Study: PIRLS）、国際数学・理科教育動向調査（Trends in International Mathematics and Science Study: TIMSS）、生徒の学習到達度調査（Programme for International Student Assesment: PISA）への参加が、教育目標の進展に多大な影響をもたらした。政府は、2010 年からの労働プログラムである政策文書「デンマーク 2020（Regjeringen 2020）」の教育関連領域の目標として、デンマークの生徒は世界でも最も能力がなければならず、少なくともひとつの大学はヨーロッパの大学のベスト 10 に入らなければならないことを挙げている［Moos 2013］。

　デンマークの学力は OECD 諸国で平均よりやや低く、高い教育財政支出にもかかわらず教育支出が大幅に少ない国々と同レベルであったことから、2011 年に、当時の社会民主党党首で首相だったヘレ・トーニング・シュミット（Helle Thorning-Schmidt）は「子どもたちは学校で十分に学んでいない」と主張した。

　1990 年代前半までは、取り決めはあったものの法的拘束力がなかった学習指導要領は、1993 年になって法的拘束力をもつようになり、以降、教科ごとの詳細な能力目標の設定、学年ごとの到達目標や身につけるべき能力が規定されるようになった（坂口 2022 予定）。ナショナルレベルでの教育政策が中央集権化・標準化し、また 2014 年の教育改革以降は、子どもの学校滞在時間や教師の労働時間が長くなった。

2.2 新自由主義における現場の対応

　デンマークの教育学者カトリン・ヒョート（Katrin Hjort）は、デンマークの民主主義の伝統と、競争原理を導入する「新しい」民主主義の緊張の中で、民主的な意思決定とは何か、民主主義をどのように定義したらよいのか、生徒も教員も問い直す姿が見られるという［Hjort 2006］。

　英米と比較すると、北欧諸国では新自由主義の影響は異なった形で現れ、さらに北欧諸国の中でも違いが見られる。最も社会民主主義国家であるスウェーデンが、政治的リベラリズムの伝統をもつデンマークよりも、より新自由主義的な政策に乗り出した。一方デンマークでは、新自由主義の影響を受けながらも、従来の伝統が維持される側面がある。

　2003 年にデンマークでは学校選択制が導入され、すべての学校に Web ページを用意し、成績や最終試験の結果など、学校の方針と成績に関する幅広い特定のデータと情報を提供することが義務づけられた。しかし、Web サイトを使用する保護者はほとんどおらず、9 割近い生徒が地元の学校に進学し、残りの大半の生徒はプライベートスクールに進学した［Wandall 2013］。学校選択制が導入されたのちも大きな変化がなかったことについて、デンマークの教育学者スザンヌ・ヴィボー（Susanne Wiborg）は、伝統的に存在していたデンマークのフリースクールが、学校の多様性と選択肢を既に実現していたためだと指摘している［Wiborg 2013］[14]。

　また、デンマークの教育学者ヤコブ・ワンダル（Jakob Wandall）によれば、デンマークの保護者は一般的に、認知的なスキルの発達よりも、子どものウェルビーイングを優先順位の上位に置く。学力の達成の結果が低くても、子どもにとって、学校が安心できる居場所として前向きに過ごすことに高い満足感を見出しているのである。高度に分権化されたデンマークの教育システムにおいて、保護者との協働は大変重要である。このことが、学校や教師が学力向上のエビデンスに焦点を当ててこなかった理由や、デンマークの学校では強い評価文化が育たず、非認知スキルと個人の特性を重視する理由と考えられる［Wandall 2013］。

　国際学力調査の影響を受け、デンマーク政府は国際競争の中での学力向上や

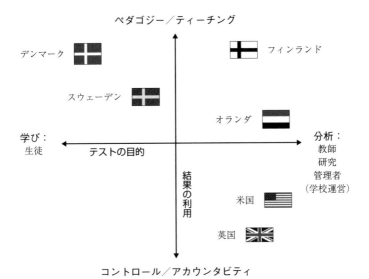

図 2-2　テストの目的と利用：各国の主要な特徴
出典：Wandall［2013: 15］を筆者訳出。

中央集権化へと政策転換を図っている。一方、英国や米国がナショナルレベル
の教育目標や評価可能な成果を強調するのに対し、北欧では民主的な人間形成、
参加、そして平等に焦点を当てているともいわれる［Blossing et al. 2014］。実
際、デンマークでは教育関係者の強い反対によりナショナルテストの結果を教
育省が全国的に公表することをやめた［Moos 2013］。また、地方自治体が学校
に課す目標設定や評価を、学校長らが生徒や教師、保護者のニーズに転換しよ
うと奮闘してきた［Moos 2005］。こうした動きの中で、テストの結果は保護者
に伝え、子どもの学びの進捗を確認し、各学校での教育改善に生かす形になっ
ていき、ナショナルテストの活用は学校の序列化につながらなかった。コント
ロールとアカウンタビリティを学力テストの結果の使途とし、教員評価に結び
つける米国や、学校の序列化につながる英国とは対照的である［市川 2019］。
　ワンダルはナショナルテストの目的や利用について、北欧（デンマーク、ス
ウェーデン、フィンランド）、オランダ、米国・英国の位置づけを図 2-2 のよう
に示している。

　この図からは、北欧諸国の中でも、デンマークは最も生徒や学びに焦点を当て、一方フィンランドは分析に焦点を当てているなどの違いが見られる。また、もともとは北欧諸国に近かったオランダが、近年は分析において英米型にシフトしていることが見てとれる［Wandall 2013］。

2.3　民主主義の教育

　「民主主義教育」の観点からは、デンマークの教育は PISA とは違った側面が見えてくる。PISA の学力は平均よりやや劣るものの、デンマークの 8 年生の民主主義、政治、社会問題の知識のレベルは高い。生徒たちは民主主義や政治的社会的問題を理解し、議論し、さらに民主的態度や意思決定や参加を学校制度の中で学ぶ［Lieberkind 2015］。国際的な教育到達度評価団体である IEA（The International Association for the Evaluation of Educational Achievement）による国際公民・シティズンシップ教育調査、ICCS（International Civic and Citizenship Education Study）の調査に参加した 24 か国と比べても、デンマークの生徒は教室の雰囲気に対して最も肯定的な態度を示した。教師は生徒が発言しやすい環境をつくり、生徒は、教師に対して反対意見を述べることも含め、自由に政治的・批判的な議論ができると考えていた。この開かれた教室の雰囲気が、生徒の市民性の学習にポジティブな効果を与えていることが明らかになった［Lieberkind 2015］。

　中等教育段階では、テストや評価の文化が支配的になる場合、民主主義や人権といったテーマを学ぶ雰囲気をつくることが難しいとされる［Marshall 2007］。進学の際の熾烈な受験競争がなく、ナショナルテストが能力別編成や学校の序列化につながらないという側面もまた、学校を民主的な場にする要素であると考えられる。一方、21 世紀になると、デンマークが知識基盤型社会、知識経済に舵を切るには、民主的なコンピテンシー、すなわち協働の力、他者と協働する創造性、などは決定的な競争的パラメーターだと繰り返し論じられる。伝統的な対話や協働に関する価値が、競争国家の在り方と関連して再定義されているともいえる。

おわりに

　デンマークの学校教育制度は、グルントヴィの対話を重視する教育や、学校や教師の自律性の重視といった伝統を維持しながらも、20 世紀末から 21 世紀以降のグローバリゼーションの流れを受け変容してきた。こうした流れの中で、国際学力調査での成果を求め、競争社会で生き残る人材の育成に注力する政府の教育政策と、伝統を継承し変化を現場の改善に生かそうする学校の奮闘が見てとれる。

　2001 年以降の中道右派政権は、学校教育におけるより強い規制を 7 年間の政権下で実現した。その一環として、歴史とデンマーク語の授業を増加するカリキュラムと、新たな教師教育の科目としてのキリスト教研究と「生の啓蒙」がある。2000 年代に、極右政党であるデンマーク国民党 (Danske Folkeparti) が国政・地方選挙で支持を拡大し、かつてはスウェーデンと同様に移民受け入れに寛容な姿勢をとっていたデンマークは、EU 諸国で最も移民・難民受け入れに厳しい政策を展開するようになった。デンマークでは「シティズンシップ教育」という言葉を使わないが、グローバリゼーションの進展によりデンマーク人のアイデンティティの強化や、移民の統合が重要なテーマとなってきている。そうした文脈において、「シティズンシップ」の育成の重要性が増している。今後はますます、多文化教育や移民の子どもの包摂がデンマークの民主主義教育において重要なテーマとなると思われるが、本書では扱えなかったため、また別稿で論じたい。

注

1　P・H・クームスは、教育をフォーマル、ノンフォーマル、インフォーマルの 3 つに分類した。フォーマル教育は、制度化され年齢別に構造化・階層的に構成され、小学校から大学までの教育制度を指す。インフォーマル教育は、日常的経験や環境とのふれあいから、知識、技術、態度などを獲得する。ノンフォーマル教育は、学習者や地域、状況に対応し、多様に柔軟に組織される。プログラムは多様多種で、教育者の資格要件は厳密ではなく、地域の様々な専門家を活用する［丸山・太田 2013］。

2　今日の学校システムにおける「平等」の概念は、グルントヴィの「民衆」概念の変容であるという議論［Winther-Jansen 2004］や、グルントヴィの思想は政府が管理する学校への対抗や、学校における地域コミュニティの強い関与へと変容したという議論がある［Korsgaard and Wiborg 2006］。

3　10 年生まで通う生徒の事情としては、保護者の転居に伴い学校が変わったためもう 1 年やり直したい、など必ずしも学力不振によるわけではない。

4　デンマーク子ども・教育省ホームページ　https://www.uvm.dk/statistik/grundskolen/elever/elevtal-i-grundskolen（2021 年 8 月 13 日最終閲覧）。

5　デンマーク子ども・教育省ホームページ　https://uddannelsesstatistik.dk/Pages/Reports/1683.aspx（2021 年 8 月 13 日最終閲覧）。

6　ユースカウンシルのメンバーはギムナシウム通学者が多く、職業訓練校や生産学校の生徒を巻き込むのが今後の課題である。

7　デンマーク子ども・教育省ホームページ　https://uvm.dk/uddannelsessystemet/overblik-over-det-danske-uddannelsessystem/det-ordinaere-uddannelsessystem（2021 年 8 月 13 日最終閲覧）。

8　EEA（European Economic Area: 欧州経済領域）は 1994 年に発足。EU に EFTA（European Free Trade Association: 欧州自由貿易連合）を含めた共同市場。

9　デンマーク教育研究省ホームページ　https://www.su.dk/satser/（2021 年 8 月 14 日最終閲覧）。

10　学生手当は 1952 年に最初に導入されたが、当時はミーンズテスト（資力調査）に基づいていた。高等教育のマス化が進む過程で、1979 年には若者の教育を受ける権利としての制度設計に移行し、1995 年の法改正で、現在の普遍主義的な制度を社会的流動性を高めるために採用するようになった［Clausen 2020］。

11　デンマーク高等教育・科学研究省ホームページ　https://ufm.dk/uddannelse/statistik-og-analyser/sogning-og-optag-pa-videregaende-uddannelser/grundtal-om-sogning-og-optag/kot-hovedtal（2021 年 11 月 1 日最終閲覧）。

12　米国の教育学者キャロル・ハーン（Carol L. Hahn）は、1986 年から 1996 年の間にドイツ、英国、オランダ、デンマーク、米国の 5 か国 50 校にシティズンシップ教育の調査を実施した。その結果として、デンマークの学校では、生徒はクラス内で問題行動に対する対処法、自転車置き場の修繕などを話し合い予算を決定し、さらに学校全体に関わる問題に関しては、学校評議会で提言することなどを挙げた。授業や口頭・筆記試験は、生徒に社会科学の分析的な手法を身につけることを目的とし構成され、グループ研究での調査のプロジェクト、与えられた資料についてのクラス討論が実践された［Hahn 1998］。

13　デンマークでは 2007 年の行政改革により、従来の 14 のアムト（amt: 県）が全廃され、より広域な行政体である 5 つのレギオン（region: 地域）に再編された。同時にコムーネ（kommune: 地方自治体）は統合され、274 から 98 となった。

14　中央政府よりも地方自治体のほうに学校への影響力の強い歴史的伝統が継承され、政権が絶対的な多数派を形成せず、左派と教員組合が並はずれた力をもっていた［Wiborg 2013］。

第3章　デンマークの若者団体と
　　　　ユースカウンシル

はじめに

　本章では、デンマークの若者団体とユースカウンシルの概要を示す。デンマークには様々な若者団体があり、ユースカウンシルもそのひとつである。他国のユースカウンシル、たとえば英国のユースカウンシルは、環境保護団体などもともと存在するアソシエーションの転用であったり、フランスでは政党が支持基盤にあったりと多様である。デンマークのユースカウンシルは、地方自治体が設置する若者政策提言組織であり、デンマーク全土に分布する。過半数のユースカウンシルは、全国ユースカウンシルネットワーク（Netværk af Ungdomsråd: 以下 NAU）に所属する。NAU のメンバーとなっているユースカウンシルの代表は年に1度の総会で集まり、代表や執行部のメンバーを選出するほか、NAU が実施する様々なセミナーに参加することができる[1]。

　NAU はさらに、若者アンブレラ団体であるデンマーク若者連盟（Dansk Ungdoms Fællesråd: 以下、DUF）のメンバー団体である。DUF は、2021 年現在 72 の若者団体を束ねるアンブレラ団体であり、全国生徒会やユースカウンシルも同様の組織構造や学びの構造をもつ（図 3-1）。こうした構造は、対話し共に学び合うという民衆教育の伝統に基づく。

　本章ではまず、国民形成における民衆教育とアソシエーションについて簡潔に示す。次に DUF の理念や組織構造、活動内容を提示する。そして、2016 年のデンマークのユースカウンシルのパイロット調査に基づき、現存するユース

図 3-1　DUF の入り口

カウンシルに関する基本情報を整理していく。

1. 民衆教育の誕生から DUF へ

　近代化におけるデンマークの国民形成は、教養市民層による「上から」の動きと、グルントヴィの思想を中心とする「下から」の動きの双方からなされた（詳しくは第 1 章を参照）。19 世紀のデンマークは 2 度の対独戦を経験しドイツ国境付近の領土を失い、また都市の支配層はドイツ人が占めていた。ナショナリズムの高まりの中、グルントヴィは、社会の大多数を占め抑圧に苦しむ農民を、デンマーク語とデンマーク人の歴史や日常生活に根ざす「民衆 (folk)」に育成し、ブルジョワジーと対等に議論し社会を主体的に形成する存在にすることをめざした。

　グルントヴィは、教養市民層と庶民、ラテン語と母語に分岐した世界を、庶民と母語を軸として架橋しようとした。この姿勢は 19 世紀に民主化を主導した教養市民層の「国民自由主義 (nationalliberalisme)」と対立した。後期中等教育に該当するギムナシウム (gymnasium) や大学での学問による国民統合や市民教育を組織した「国民自由主義」に対し、グルントヴィは「民衆的国民」の知的拠点としての、民衆教育の学校を構想した［小池 2017］。それは農村部の青年のための「フォルケホイスコーレ (folkehøjskole)」として実現する。フォルケホイスコーレの卒業生たちは、次々と民衆運動を展開し、1866 年にはデンマークで最初の消費協同組合を結成し［白石 1992］、土地改良運動、農民学校といった民衆運動へ、そして農民協会、協同組合協会、女性団体、その他多様な領域での団体形成へと展開した。

　グルントヴィの思想を継承したコックは、「民衆運動で形成された団体（アソシエーション）は民主主義の実践的な学習の場である」と論じた。さらに、アソシエーションでは、人々は「正しいことのために協議し合うことを学び、他者の立場を理解してそれを我慢して受け入れ、自分流の狭い見方によらず、

ある程度は全体利益の観点から見る協力の技能を学んだのである」[Koch 1945=2004: 47-48] としている。農民による民衆運動の伝統は、都市労働者や女性運動へと波及していった。

　20世紀には、ボーイスカウト・ガールスカウトをはじめ、子ども・若者のアソシエーションが次々と設立される [Danish Youth Council 1962]。今日、多数の子ども・若者アソシエーションが所属する若者アンブレラ団体 DUF は、ナチス占領下のデンマークで 1940 年代にファシズムへの対抗として設立された「デンマーク青年協力連合（Dansk Ungdomssamvirke: 以下、DU）」が起源である。当時、デンマークでは、ナチスに協力する体操ホイスコーレ校長のニルス・ブック（Niels Bukh: 1880-1950）が圧倒的支持を得、ドイツに倣った身体訓練・規律型の若者団体を組織しようとしていた。グルントヴィは、もともとは信仰や意見の相違に関係なく、全国の若者のために民衆的、政治的な学校をつくろうとしていたが、ナチス占領下では、グルントヴィの「民衆」概念はドイツ的な民族主義との間で揺らいでいた。ニルス・ブックが主張するドイツ型青年組織やその熱狂的支持者に対し、コックは、国民感情や身体感覚を基盤とする青年団体はデンマークの青年のナチス化に直接つながる、という危機意識をもち、強く反論した。デンマークの青年団体の仕事は、若者に社会への関心と見識を喚起し、責任感を起こし、政治参加させることだと主張したのである。

　コックは、デンマークの民主主義の危機は若者の育成を成り行きに任せているからであり、デンマークは職業訓練に関しては他国よりも多く提供しているものの、人間的な、市民的な政治教育は行っていない、と認識していた。コックは政治的であることと民主主義の関連を強調した。政治参加は、国民の啓蒙を通して民主主義を強化することでもあった [Korsgaard 1997=1999]。

　DU は戦後、ファシズムへの対抗という役割を終え、民衆教育の場としての子ども・若者アソシエーションである DUF となった。DUF は基本価値として、①参加、②対話、③ボランティア、④影響力、の4つを挙げ、これらの価値はコックの思想によるとされている[2]。DUF のローカルデモクラシー・政策担当コンサルタントは、DUF とコックについて「ハル・コックは今だ多大な影響力をもっています。私たちはオンライン上でのやりとりに終始する"フェイ

スブック・デモクラシー"には懐疑的です。直接話す対話は民主主義の中核であり、民主主義は「生活形式」なのです」と述べ、今日も創設時のコックの思想が DUF に生きていることを主張する[3]。

　民衆教育は、現代のデンマークの生涯教育、各種のアソシエーションの活動、コーポラティズムと様々な領域に普及した。グルントヴィやコックにとっての「啓蒙」とは、フォルケホイスコーレや各種のアソシエーションが、人々が日常生活において民主主義を実践し学ぶための情報提供やプログラムの提供を行い、多様な方法で学びを促し支援することを指す。さらに、諸団体に参加することそのものが「民主主義の学校」であり、政治的主体形成やシティズンシップのスキルの育成に貢献する、と考えられている。「民主主義の学校」は、具体的には、労使、および国家の三者、公的機関と市民団体による討議、相互学習、合意形成の形で実践され、それらが北欧型ネオコーポラティズムを形成したといえる［小池 2011］。

2. DUF の理念、組織構造、活動

　DUF のように子ども・若者組織を束ねるアンブレラ団体は、「ナショナル・ユースカウンシル」ともいわれ、世界各国に存在する。ナショナル・ユースカウンシルは、国の起源や形態により多様である。たとえば英国のブリティッシュ・ユースカウンシル（British Youth Coucil）は、世界青年会議（World Assembly of Youth）のために 1948 年に政府が設置し、その目的は共産主義への対抗として英国の若者を団結させることにあった。またドイツのドイツ連邦ユースカウンシル（Deutscher Bundesjugendring）は、ナチズムへの反省から、1949 年にカトリック青年連合と社会主義青年連合が中核となり設立された。

　DUF の特徴は、創立時の代表であったコックの民主主義の思想を活動理念とし、若者の社会参加と民主主義の発展を目的とすることである。また DUF は政府から資金援助を受けながらも、意思決定や活動においては独立して運営されている点も特徴的である。

　DUF の所属組織は 1940 年設立時から増え続け、2022 年現在で 80 の全国団

体、5,000 の地域団体、60 万人以上のメンバーと 10 万人のボランティアを抱えている[4]。

　DUF は政策提言活動や多様な若者組織の連携や協働を促す。DUF の所属団体は、各団体のメンバーの参加を確実にするために、地方支部をもつ全国組織を形成し、個人、地方支部、政府間のネットワークを形成している。こうした形態は北欧の民衆運動の系譜上にあり、アソシエーションは慈善団体や趣味の団体にとどまらず、所属団体のメンバーが影響力を行使し、民主主義を学ぶ重要な学校であるという伝統に基づく［Rothstein 2004=2013］。

　DUF の活動内容は、イベントの開催、政府や地方自治体との協働、組織運営のためのプログラムの提供など多岐にわたる。DUF の執行部は議院内委員会にも招かれ、若者政策の諮問機関としての役割を担っている。組織の基本構造は、年に 1 度、各組織の代表者が参加する代表者会議で選出される執行部と職員であるコンサルタントからなる。1940 年の創立以降、徐々にその形態が整えられ、1962 年に様々な自治体や組織間の協働、コースの運営を行うコンサルタントが採用されるという現在の組織構造（図 3-2）が確立された［Danish Youth Council 1962］。

　また、DUF に所属する組織は、大きく分けると表 3-1 のようになる。

　DUF の所属組織には、映画クラブや音楽クラブ、自然愛好クラブのように、放課後や仕事のあとに趣味を通じて集まる若者の居場所としての組織と、政党青年部や生徒会組織のような政治的な活動を行う組織が混在する。DUF では双方の領域がネットワークをつくることで、様々な若者の参加を促進することを意図している。

　コックの意味する政治教育とは、知識の教授や特定のイデオロギーの注入ではなく、主体的に意見を形成し、相手を尊重しながら対話や議論を行い、妥協を通じて共通の利益につながる意思決定を行う習慣の習得を指す。こうした学びの場として、DUF が企画する学びのプログラムがある。DUF は組織内、地方自治体、政府、国際機関での多元的な対話の場で若者が対話し協働を学ぶ実践を積む仕組みと、大人のコンサルタントのコンサルティングといったプログラムの設定など、若者が自立して組織運営し意思決定ができる能力形成を支援

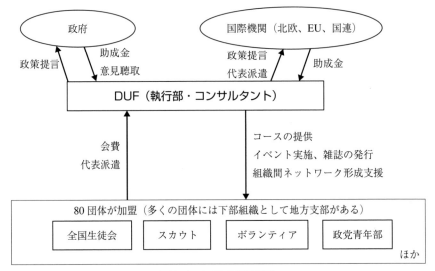

図 3-2　DUF の組織構造

出典：Danish Youth Council（1962）、DUF ホームページなど[5] を参考に筆者作成。

表 3-1　DUF のメンバー組織

組織の分類	組織数	内容
学生	7	高校生協会（全国生徒会）、学生議会、など
ボランティア	8	難民支援若者ネットワーク、若者赤十字など
障がい者	4	視聴覚障がいの若者、若い障がい者協会、聴覚障がい者協会など
文化・趣味	7	映画クラブ、音楽と若者、南スレイスビィ若者団体など
自然・環境保全	4	自然と若者、農村の若者など
政治	11	政党青年部、ヨーロッパの若者、国際フォーラムなど
宗教・異文化	19	キリスト教（各宗派）、ニューダンスカー（移民）など
スカウト	6	バプティストスカウト、緑の女子スカウトなど
国際交流	5	国際文化交流、CISV（平和教育・異文化交流）デンマークなど
その他	9	ユースカウンシルネットワーク、自然科学協会など

出典：DUF ホームページ　http://duf.dk/om-duf/dufs-medlemmer/（2022 年 1 月 3 日最終閲覧）より筆者作成。

する。

　DUF のプログラムは目的に応じて多彩に用意され、能力開発に関するものが多い。プログラムによっては、1 年近い長期のもの、1 日、2 日から 2 週

表 3-2　DUF のプログラム

A. 教育：組織活動に必要な目的別の知識・能力の習得		
若者リーダー教育	活動の振り返り	職員の再教育プログラム
海外の組織との交流プログラム参加のための、英語でのリーダーシップ講習など	ボランティアやプロジェクト、チームのマネージメントなど	理論と実践をつなげるための事例検討や、他の参加者との知見の共有など

B. アドバイス：DUF 職員のコンサルティングとコーチング
・組織の発展や戦略・地方自治体内の組織の横の連携・政策決定者や公共サービスと障がい者について
・地域組織と地方行政との効果的な対話
・国際的な連携など

C. ネットワーク：組織間での知識、問題解決方法、成功事例の共有		
コミュニケーションネットワーク	職員向けネットワーク①	職員向けネットワーク②
コミュニケーションの知識や、他組織との経験の共有・ワークショップなど	ボランティアのマネージメント、IT の利用法、問題解決方法など	発表スキルの習得、即興芸術や身体言語のエクササイズなど

D. セミナー：日常的な組織活動、国際プロジェクトなどの知識の習得
・対話の概念、実践、価値の学習
・国際プロジェクトでの他者との関係構築や協働の強化のための対話

E. インスピレーションプレゼンテーション：組織と自治体の協働のための講演
・国民学校改革への組織活動の貢献
・地方自治体の宗教団体の受け入れのルールの検討
・地方自治体でのロビー活動
・地域組織と全国組織の協働　など

F. アフターワークミーティング：午後の短時間のミーティング
・コンフリクト・マネージメント能力の育成
・国際プロジェクトでの不正行為の予防・財源に関する助言
・公募プロジェクトへの募集、予算、報告書作成の支援　　など

出典：Kursuskatalog2. Halvår2015Uddannelser, Netværk, seminarer og fyraftensmøder から筆者訳出のうえ作成。

間程度の短期のもの、仕事や学校のあとの数時間、また無料・有料のものがあり、メンバーの状況に応じて選択の幅がある（内容は表 3-2 参照）。

　これらのプログラムの特徴は以下の 3 点である。

　第 1 に、組織間のネットワークにより、それぞれの経験の共有を通して問題解決の方法を学ぶことである。具体的には、月に 3 回配信されるニュースレターによる情報共有や、若者リーダーと大人の職員が組織運営について学ぶコースの設置、誰でも参加できるという参加形態である。さらに、地域、世代、

立場を超えて対話し合意形成を図る場が、組織内での日々の活動、DUFで年に1回行われる代表者会議、地方自治体と組織の協働、海外の若者組織との連携と多元的に存在する。

　第2に、若者に内在する力を引き出し、若者自身で組織を動かすための、様々なレベルでの個人の能力開発である。そのためのプログラムは、「活動の振り返り」のマネージメントや、「職員向けネットワーク」のIT利用法や問題解決方法、即興芸術や身体言語エクササイズなど、様々なレベルで設置されている。

　第3に、若者組織がスキルを獲得し自立するための支援体制である。DUFには地方自治、国際分野、移民分野などの専門分野に分かれた40人のコンサルタントがおり、プログラムでの「アドバイス」において、各組織のニーズに合わせてコンサルティングとコーチングを行っている。

　このように、組織が縦横につながり共に学び合い能力開発をするという構造は、グルントヴィとコックの民衆教育の伝統を継承している。DUFの所属団体はボーイスカウト・ガールスカウト、スポーツクラブ、生徒会、NGO、宗教団体、政党青年部、趣味の団体と幅広い。コックはDU設立当時に、DUの目的は若者の政治教育と政治参加であると定義した [Korsgaard 1997=1999]。DUFでは、様々な団体が相互に交流する場を設け、お互いに影響を及ぼすことを目標としている。特にユースカウンシルは、数ある団体の中で、コックが目標とした若者の政治教育や政治参加を実現する団体として最もふさわしい組織とDUFは捉えており、ユースカウンシルの調査、設置や継続の支援を積極的に行っている。

3. ユースカウンシルの基本情報

　次に、デンマークのユースカウンシルの概要を提示する。過半数のユースカウンシルがNAU（全国ユースカウンシルネットワーク）に所属し、NAUはさらにDUFに所属する。NAUは各自治体のユースカウンシルを束ねるアンブレラ団体である。図3-3はDUFとNAUの関係を示す。

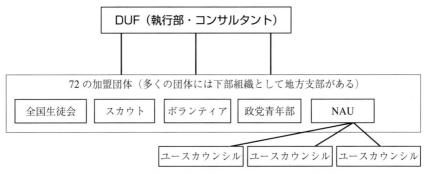

図 3-3　DUF における NAU とユースカウンシルの関係

　ユースカウンシルの活動拠点は、地方自治体の管轄にあるユースセンターや図書館、あるいは市庁舎など様々である。多くの場合、参加者がくつろいだ雰囲気で自由に議論をしやすいような場所が選ばれ、またユースカウンシルの職員が飲み物や軽食を用意する。25 の地方自治体には、若者の居場所であるユースハウスがある。ユースハウスがない地方自治体のユースカウンシルでは、若者が自由に使えるユースハウスの確保は重要な課題だが、若者が管理しきれずに閉鎖になる場合もある。そのため、ユースハウスの確保をめぐり、地方自治体側とユースカウンシル側の間で対立や議論がしばしば起こっている。

　DUF では、ユースカウンシルをさらに普及させるために、モデル化することを考えている。しかし、地方自治体によって対象年齢が 13 〜 17 歳、あるいは 15 〜 25 歳までなど様々であり、またユースカウンシルの職員も常勤・非常勤といった勤務形態、教育歴や経験などの背景に至るまで多様なため、モデル化が難しいという。また対象年齢でユースカウンシルを 2 つに分けるもの、あるいはコンサートやフェスティバルなど文化イベントに特化したもの、政策提言や地方選に関連する政治ディベートなど政治イベントに特化したものといった、同じ地方自治体内で、活動内容で 2 つに分けているところもある。多くのユースカウンシルの活動には、文化イベントと政治イベントの両方が含まれるが、その割合はユースカウンシルによって異なる。こうした多様性の背景として、デンマークは北欧諸国の中でもグルントヴィの影響で自由主義的で

かつ地方分権が最も強い［Telhaug et al. 2006］[6] ことが考えられ、ユースカウンシルの形態にもその影響が見られるといえる。

　ユースカウンシルは、政党青年部と並んで政治参加が活発な若者組織としてしばしば位置づけられるが、思想的中立が前提であり、広く地域課題や余暇、住宅、教育など若者課題に取り組む。その点において、ユースカウンシルは、めざす政治的目標や思想的方向性が定まっている政党青年部とは異なっている。

4．パイロット調査の概要

　デンマークには 2021 年現在、98 の地方自治体がある。NAU が各地域のユースカウンシルの情報を収集しているものの、設置したが活動していない、あるいは廃止となった、など活動状況に変化が多く、その全体像は明らかではない。ユースカウンシルの数を統計的に調査した資料や、起源を明確にした先行研究はなく、また地方自治体においても、ユースカウンシルの記録は地方紙に掲載された情報程度に限定され、設立や停滞、廃止を繰り返すケースが散見される。長期的に継続するユースカウンシル、短期で廃止されたユースカウンシル、または年齢層や活動内容で 2 つに分けて設置されているユースカウンシルなどその実態は多様で、都市・近郊・地方の地域課題や行政との関係も個々に異なっている。

　そこで筆者はまず、2016 年 1 月に NAU や自治体のホームページで確認された 47 のユースカウンシルに、郵送と Web 回答の併用による質問紙調査を実施し、21 の回答を得た。

　ユースカウンシルは、首都コペンハーゲンがあるシェラン（Sjælland）島、アンデルセン生誕の地であるオーデンセのあるフュン（Fyn）島、さらにドイツから陸続きのユラン（Jylland）半島の自治体ごとに広く分布する（分布については第 5 章の図 5-2 を参照）。

4.1　質問項目
　質問項目は、1．名称、2．設立年、3．継続年、4．対象年齢、5．メンバー

の選出方法、6．活動内容、7．職員の有無、8．地方議員との年間の会議の回数、9．政策提言内容、10．年間予算、11．うまくいっていること、課題となっていること、の 11 項目である。

　表 3-3 は、名称、設立年、対象年齢、年間予算、地方議員との会議（年間）の回数と、各項目についての回答をまとめたものである。

　対象年齢は自治体により幅が広い。選挙権がない若者の声を聴く（Århus: オーフス）という視点から、18 歳未満を対象にする場合や、「若者の地方自治への関心を高めたい」という理由から、20 代までを対象とする場合がある[7]。メンバーの選出方法は、大半が選挙によるが、複数の若者文化を包摂するために「国民学校、フリースクール、ギムナシウム、生産学校[8]、アソシエーションからそれぞれ選出」（Frederikshavn: フレデリクスハウン）、「自治体内の学校の生徒会から指名のほか、30 の議席のうち 7 議席は、自治体内の学校に通学していないが、居住者あるいは就労者である若者のために確保」（Hosens: ホーセンス）、「生徒会、アソシエーション所属者、アソシエーション非所属者から選出」（Ballerup: バレロップ）といった手段をとる場合もある。大人の支援者としての職員はエーロ 1（Ærø1）のみが不在であり、残りのすべてのユースカウンシルでは、職員が配置されている。地方議員との会議は、回数のみの回答にしたが、回数が少なくてもインフォーマルに接触する機会を作る場合もあるため、正確な状況を把握するにはインタビューや、より詳細な質問項目が必要であろう。

　その他の質問項目である、活動内容、政策提言、うまくいっていること、課題は表 3-4 にまとめた。

　インタビューが実現したユースカウンシルでは、オーフス以外はメンバーの選出は選挙によるとされるが、候補者が定数に満たず実質的には立候補者がそのままメンバーになっていた地域もあった（Herlev: ヘーレウ、Glostrup: グロストロップ、Haderslev: ハダースレウ、Frederiksberg: フレデリクスベア）。またバレロップでは、選挙では人気投票となり声が大きく目立つ若者ばかりが選出されるため、選挙をやめ様々な若者集団から選ぶ方法に変更した。エーロでは年齢で区分した 2 つのユースカウンシル（Ærø1, Ærø2）があるが、職員を配置していない。残りの自治体では常勤、非常勤の職員がいる。

表3-3　ユースカウンシルの地方自治体別状況

自治体名	名称	設立年	対象年齢 （歳）	予算 （Kr.）	地方議員との 会議（年間）
バレロップ　Ballerup	ungdomsråd	1985	15 〜 25	180,000	1 〜 2 回
ヘーレウ　Herlev	ungdomsråd	1995	15 〜 25	100,000	1 回（市長のみ）
グロストロップ　Glostrup	ungdomsråd	2006	15 〜 25	75,000	不定期
フレデリクスン　Frederikssund	ungdomsråd	2006	15 〜 21	50,000	2 回
エーロ 1[9]　Ærø1	ÆUR	2006	13 〜 15	20,000	複数回
エーロ 2　Ærø2	ungdomsråd	2008	17 〜 24	20,000	複数回
オーフス　Århus	Børn og Unge-byrådet	2007	13 〜 17	100,000	7 回
スラーエルセ　Slagelse	ungeråd	2009	16 〜 24	30,000	複数回
ヴァーデ　Varde	ungeråd	2011	15 〜 25	180,000	20 回程度
ハダースレウ　Haderslev	ungdomsråd	2011	13 〜 25	95,000	複数回
リュンビュー・ターベア Lyngby-Taarbær	ungeråd	2012	14 〜 20	100,000	1 〜 2 回
ホースホルム　Hørsholm	ungdomsråd	2012	13 〜 18	25,000	2 回
レビルド　Rebild	ungeråd	2012 (2015)[10]	14 〜 19	25,000	複数回
シュジュアス　Syddjurs	demo-råd[11]	2013	14 〜 25	50,000	複数回
ホーセンス　Horsens	ungeråd	2014	15 〜 29	100,000	1 回
フレデリクスベア　Frederiksberg	ungeråd	2014	14 〜 18	140,000	1 回
ヴェスティマーランズ Vesthimmerlands	ungeråd	2014	13 〜 21	15,000	複数回
フレデリクスハウン Frederikshavn	ungebyråd	2015	15 〜 20	0	2 回
シルケボー　Silkeborg	ungebyråd	2015	13 〜 18	50,000	5 回
イェリング　Hjorring	ungeforum	2015	14 〜 23	50,000	1 〜 2 回
スキーベ　Skive	ungdomsråd	不明	18 〜 22	50,000	複数回

　活動や組織構造などのより詳しい実態を知るために、第 6 章から第 8 章の事例研究のユースカウンシル以外の、質問紙から回答を得た 21 のユースカウンシルから、都市・近郊・地方という地理的な視点と、「活発（ミーティングや活動が定期的に実施され、地方自治体とコミュニケーションがある）」、「停滞（ミーティングも活動もあまり行っていない）」、「設立準備」といった活動の視点から

表 3-4　ユースカウンシルの活動内容、政策提言、うまくいっていること、課題

活動内容
・政治家との対話（demo-råd）、政治家とのディベート（Slagelse, Glostrup, Århus, Ballerup）
・ボーンホルム島での「国民の会議」への参加・青年学校での会議への参加（Vestimmerlands）
・若者のためのコンサートなどイベントの実施（Lyngby, Ballerup, Glostup, Herlev, Frederikssund）
・留学生と地元の若者のプロジェクト（Horsens）
・国政選挙・地方選挙に向けての討論イベント（Hjorring, Glostrup, Haderslev, Ballerup）
・国政選挙に向け政治について考えるイベント（Rebild）
・デモクラシーパイロットプロジェクトへの参加（Hjorring）
・国民学校へのアウトリーチ（Haderslev）
・海外のユースカウンシルや若者団体との交流（Ballerup, Århus）
・アムネスティや LGBT 団体の若者との交流（Slagelse）
・フリーマーケットやビンゴなどのイベント（Æro1）

政策提言内容
・国民学校での職業教育（Frederikshavn）
・失読症の生徒のインクルーシブ教育の推進（Århus）
・公共交通の充実（運行時間の延長、小学生の運賃の無料化：Æro1, Haderslev, Skive）
・若者住宅を増やす（中心市街地への若者住宅の供給、財政支出 Varde）
・文化的な余暇の機会の提供（Frederikssund, Ballerup, Glostrup, Skive）
・野外のトレーニングセンター、スケートリンクの設営（Frederikssund, Århus, Glostrup）
・ユースハウスの確保（Frederikssun, Varde, Ballerup, Glostrup）
・ユースカフェの実現（Frederiksberg, Glostrup）
・スケートボードのためのジャンプ台の設置（Hørsholm）
・自治体が若者にもっと関心をもち、余暇活動を充実させる必要性（Lyngby, Skive）

うまくいっていること、課題

うまくいっていること	課題
・地方議員と対話（demo-råd）	・長期にわたり若者の関心をひくのが難しい
・イベントの開催がスムーズにできており、若者	（demo-råd, Horsens）
の関心を失わないですむ（Horsens）	・参加のプロセスを保障し、メンバーの継続を促
・スタディツアー（Hjorring）	すこと、熱意を引き出すこと（Hjorring）
・行政職員や地方議員と信頼関係を築き、現在は	・職業訓練教育、高等教育在籍者、エスニックマ
ほとんど若者で運営している長期メンバーもい	イノリティのメンバー確保が難しい（Haderslev）
る（Haderslev）。	・新規メンバーのリクルート（Frederiksberg,
・シティズンシップのスキルが身につく	Glostrup, Rebild）
（Frederiksberg, Århus）	・コミュニケーションはもっとうまくいくはず
・学校や地域との協働（Æro1）	（Æro1）
・多くの若者が主導権を握ることができる（Æro2）	・物事を実現するリソースや人材が不足している
・メンバーの協働や雰囲気がとてもよい（Skive）	（Æro2）
・自治体とよく協働し、地方議員との対話がある	・何をしたらよいかわからないことがある（Skive）
（Slagelse）	
・スケジュールの決まったミーティングへのメン	
バーの集まりがとてもよい（Rebild）	

表3-5　インタビュー先の自治体とインタビュー協力者

自治体名	インタビュー時期	インタビュー協力者
バレロップ (Ballerup)	2015年8月 2017年3月	専従職員（40代男性）、メンバー（19歳男性） 地方議員（60代男性）、専従職員（40代男性）
グロストロップ (Glostrup)	2016年2月 2016年8月 2017年8月	専従職員（40代男性）、メンバー（19歳男性） 専従職員（40代男性） 専従職員（40代男性）、メンバー2人（21歳男性・19歳女性）
オーフス (Aarhus)	2016年2月 2017年8月 2018年2月 2018年8月	学生非常勤職員（子ども・若者議会、21歳女性） 学生非常勤職員（バックグラウンドグループ、20代女性2人） 行政職員（40代女性）、学生非常勤職員（バックグラウンドグループ、20代女性2人、20代男性1人）、メンバー（15歳男性・16歳女性） 非常勤職員（青年学校職員・40代女性）
フレデリクスベア (Frederiksberg)	2016年1月 2016年8月	非常勤職員2人（行政職員、30代男性・30代女性） 非常勤職員1人（図書館司書・30代女性）、メンバー（15歳・女性）
ヘーレウ (Herlev)	2016年1月	非常勤職員（行政職員・40代女性）
ヘルシングア (Helsingør)	2016年1月 2016年8月	非常勤職員（青年学校職員・30代女性、行政職員・50代女性） 同上非常勤職員2名、暫定メンバー（19歳・男性）
ハダースレウ (Haderslev)	2016年1月 2016年8月	メンバー（19歳・男性） 同上メンバー、非常勤職員（行政職員・50代男性）

複数を抽出し、インタビューを依頼した。依頼に応じたのは、表3-5のユースカウンシルである（本書第6〜8章のバレロップ、グロストロップ、オーフスも含まれる）。

4.2　ユースカウンシルの4分類

インタビューに応じたユースカウンシルは以下に分類できる。

1. 活発に長期継続するユースカウンシル：バレロップ・グロストロップ・オーフス
2. 長期継続だが停滞するユースカウンシル：ヘーレウ
3. 新しい（2011年以降設立）ユースカウンシル：フレデリクスベア・ハダースレウ
4. 一度廃止し・現在再設立準備：ヘルシングア

　上記分類 1 の 3 事例は、事例研究とし
て第 6 章から第 8 章において検討し、分
類 2 は第 4 章の一部で取り上げる。分類 3
の新しいユースカウンシルは、それぞれ以
下の特徴を備える。

　まず、フレデリクスベア（図 3-4）はデ
ンマークで最も地価が高い地域だが、近年
若い家族の移住が増加しているため、若者
政策に力を入れることをめざして、2014
〜 2016 年を「トライアルの期間」として

図 3-4　フレデリクスベアの高校

ユースカウンシルを設置した。対象年齢が 14 〜 18 歳と若いため、市庁舎よ
りも子どもが入りやすい場所という理由で、図書館を拠点とする。行政職員、
図書館司書と法律コンサルタントが、非常勤でユースカウンシルの仕事を担当
する。法律コンサルタントは、会議録や提言などの文章を専門家の視点でチェ
ックする。フレデリクスベアにはエスニック・マイノリティが多く、ユースカ
ウンシルのメンバーにもいる。メンバーは生徒会との兼任者もおり、資質の高
い若者が多い。ユースカウンシルは、国民学校でユースカウンシルの活動内容
の紹介やメンバー選出の選挙のキャンペーンを行っているが、選挙での投票率
は 5％程度で、まだ認知度は低い。一方、現在のメンバーは、ミーティングを
重ねるにつれて議論や合意形成のスキルを伸ばし、活動に意欲的である。

　ハダースレウでは、ユースカウンシルの代表を務める 19 歳のメンバーが、
14 歳のときに地方自治体にユースカウンシル設立を訴え、地方自治体もそれ
に賛同し設立された（図 3-5）。メンバーには政治に関心がある若者もいるが、
大半のメンバーは大きなプロジェクトの成功や個人的な達成感をモチベーショ
ンに、活動している。地域でのフェスティバルを実施するときには多くのボラ
ンティアも参加し、地方選に関するイベントのときには政党青年部と協働する。

　発足時は、非常勤の行政職員が予算作成や交渉など大半の仕事を行ったが、
現在はほとんど若者だけで運営している。これまでの政策提言の実現例として、
国民学校に通う子どもたちのための公共交通（バス）の無料化がある。通常の

図3-5　ハダースレウのユースカウ
ンシルの代表（左）と地方自治体職員

図3-6　アートマガジン作成について話し合うヘル
シングアの若者たち
提供：ヘルシングアの青年学校より。

活動としては、地方自治体のフェスティバルの企画・運営や、地方選のための
討論ディベートなどを行う。最初はイベント時のボランティアの確保が難しか
ったが、徐々に安定してボランティアを確保できるようになったという。今後
の課題として、高等教育進学課程のギムナシウムなどに通う若者がメンバーの
中心であるため、職業訓練校の生徒やエスニック・マイノリティを巻き込むこ
とが挙げられた。

　分類4の、再設立準備中に該当するヘルシングアには、以前ユースカウン
シルがあった。しかし、メンバーは社会民主党青年部の若者が中心で、地域の
若者の環境をよくしたい、という姿勢は見られず、また行政からの支援が得ら
れなくて頓挫した。2013年からはユースカウンシルの再設置をめざし「若者
の声（Ungstemmer）」を企画している（図3-6）。「若者の声」は年に2回、地方
議員と議論するフォーラムである。ここに来るのは、いつも同じ若者というわ
けではない。「若者の声」に長期的にコミットしたい若者は5人程度と少数の
ため、どのような形がヘルシングアにとって適切なのか模索中である。代表制
の課題としては、ハダースレウと同様に、エスニック・マイノリティと職人層
の若者の包摂が挙げられる。

おわりに

　2011 年以降にユースカウンシルが増えた背景として、インタビューからは、1. 自治体内で高齢化が進み、若者の U ターンを促したい、2. 高齢化が進んだ地方自治体で高齢者層が亡くなったあとに、今度は若い世代が流入するようになり若者政策が必要となった、といった要因が挙げられた。コペンハーゲンやオーフスといった大都市以外の自治体には高等教育機関は少なく、若者は高校を卒業すると地元を離れる。したがって多数の地方自治体にとって、都市部に移住した若者の U ターンを促す魅力的なまちづくりが課題となっている。

　ユースカウンシルの職員については、バレロップ市では 20 年以上、グロストロップ市では 10 年以上勤務するユースカウンシル専従の職員を採用するが、その他の自治体では、ユースカウンシルの業務は、地方自治体の「余暇・文化（kultur, fritid）部門」担当や「青年学校（ungdomsskolen）」[12] 担当の行政職員が担う傾向が見られる。一方で、フレデリクスベアのように、人物として適任であるという判断から、図書館司書を採用する場合もある。オーフス市では、市全体から選挙によりメンバーを選出する「子ども・若者議会」とその下部組織で各地域にある「バックグラウンドグループ（baggrundgruppe）」に、それぞれ学生の非常勤職員を配置する。ただし移民地区であるゲレロップ（Gellerup）では、移民問題に詳しいベテランの青年学校職員が担当する。

　インタビューから明らかになったのは、職員にユースワーカーとしての専門的な資格は求められておらず、職員の経歴は様々という点である。バレロップ市で 20 年以上勤める職員は義務教育のみ、グロストロップの職員は前職がコミュニケーション・コンサルタント、オーフスの非常勤職員は政治学や教育学専攻の大学生や大学院生が中心と、地方自治体ごとに幅がある。ユースカウンシルの職員は特別な資格は求められず、「子ども・若者とコミュニケーションがとれ、うまくやっていける人」という基準で採用される点が共通している。

　以上のパイロット調査の結果を踏まえ、次の第 4 章では政府の政策文書、地方自治体の広報、ユースカウンシルの資料や DUF の資料を中心として、デ

ンマークのユースカウンシルが歴史的にどのように展開し、また挫折から学び
ながらその在り方を模索してきたのかを明らかにする。

注

1　NAU のセミナーには、ユースカウンシルをこれから設置する地方自治体のための講座
や、すでにユースカウンシルを設置している地方自治体が、ユースカウンシル継続のため
のメンバーやボランティアの集め方を学ぶ講座など様々である（2015 年 8 月 27 日にコペ
ンハーゲンの NAU のオフィスで実施した NAU コンサルタントへのインタビューと、
NAU ホームページ　https://www.nau.dk/om/　最終閲覧 2019 年 3 月 11 日、による）。

2　DUF ホームページ　http://duf.dk/om-duf/dufs-medlemmer（2016 年 12 月 8 日最終閲覧）。

3　2015 年 8 月 26 日に DUF においてコンサルタントへ行ったインタビューによる。

4　DUF ホームページ　https://duf.dk/medlemmer/（2022 年 1 月 8 日最終閲覧）。15 ～ 25 歳
の若者の人数は約 73 万人（デンマーク統計局のホームページによる）[Danmarks
Statistiks 2021] であり、延べ人数ではこの世代の約 82％が DUF に所属する。

5　その他、生徒会活動支援協会理事長である高橋亮平氏の講演時の配布資料「主権者教育
としての "新しい生徒会" 提言」（2016 年 9 月 17 日）を参照した。

6　北欧諸国では、デンマークやアイスランドは地方分権的で、スウェーデンやノルウェー
では中央政府の役割はより強く、中央集権的といえる [Telhaug et al. 2006]。

7　デンマークでは 9 年間の国民学校の義務教育期間に加えて、個々の事情により 10 年生
として在籍する道がある（第 2 章・図 2-1 参照）。また後期中等教育段階では、高等教育
進学コースと職業訓練コース間の移籍や、兵役による休学、高等教育進学前の「サバトオ
ー（sabbatår）」と呼ばれる、自主的なサバティカル期間をとることが一般的であるため、
子ども・若者の進学や就職年齢も一律ではない。こうした事情が多様な年齢設定に影響し
ているとも考えられる。

8　生産学校は中等教育段階の職業訓練校で、学校を中退した若者の受け皿にもなっている。

9　エーロ（Ærø）では、13 ～ 15 歳、17 ～ 24 歳と、年齢を基準に 2 つのユースカウンシ
ルを設置している。

10　レビルド（Rebild）では、2012 年にユースカウンシルを設置したが、その後 2015 年に
再設置した。

11　シュジュアス（Syddjurs）では、地方選に向けたイベントなど政治に関連する活動が中
心のユースカウンシルと、コンサートなど文化・余暇活動中心のユースカウンシルの 2
つがあり、demo-råd は政治に関する活動が中心のユースカウンシルである（文化・余暇
活動のユースカウンシルは未回答）。

12　「青年学校」は地方自治体の管轄にある 14 ～ 18 歳を対象としており、教育や余暇活動
を提供する。教育内容や余暇活動の内容は法律の範囲内で自治体が決定できるため、自治
体ごとに異なる。青年学校では 18 ～ 25 歳までの移民の若者へ、デンマークの国民学校
の 7 年生から 10 年生の授業内容を教えることもできる（デンマーク子ども・教育省ホー
ムページ　https://uvm.dk/ungdomsskolen　2019 年 3 月 11 日最終閲覧、による）。

第4章　ユースカウンシルの歴史的展開
──1980年代以降の政策提言と地方自治体の取り組み

はじめに

　本章では、デンマークの約半数の地方自治体が設置するユースカウンシルの設立と歴史的展開を明らかにし、若者が主体的に参加し、長期的に継続するユースカウンシルはどのような変容を遂げ、継続の要件を整備してきたのか、を考察する。

　先進諸国での若者をめぐる状況は、極めて不安定で複雑になっている。1970年代まである程度標準化されてきた学校教育から職業への移行が、1980年代以降、新自由主義やグローバリゼーションによる社会変容から、多様化・個別化して非直線的になっていった［平塚 2004、Furlong and Cartmal 1997=2009］。1990年代後半以降、EU諸国はこうした社会状況を踏まえ「若者政策」を新たな政策領域として創出した。欧州委員会（European Commission）は、若者の脆弱性や、既存の意思決定機関への若者の信頼の喪失、そして公共政策と現実の若者像とのずれを認識したうえで、若者を一人前の社会への参加者としてみなし、意見聴取の仕組みの強化を提案した［European Commision 2001］。ユースカウンシルはその仕組みの代表例である。

　ユースカウンシルは、若者、大人、地方自治体、その他諸団体の対話の場である。その標準的な組織の在り方は国が規定しないのが一般的で、地域の政治的、社会的、文化的な独自性を考慮に入れて、各地域が独自のルールを作っており、対象年齢も地域により異なっている［Hart 1997=2000］。

　デンマークでは、1980年代に政府が公表した若者政策文書が契機となり、多数の自治体が自発的にユースカウンシルを設置した。1980年代は、先進国で若者の失業率が上昇した時期であり、ポスト産業社会の労働市場の構造変化、知識社会の到来といった動向とともに、将来予測の不確実性や流動性が高まった[1]。若者たちは親世代が経験しなかった先行きの不透明さや閉塞感、不安定さに直面していた。欧州では1990年代後半以降、こうした社会変動に伴い若者の社会的排除が課題となり、従来はなかった「若者政策」という政策領域が創出された［平塚 2012］。また、欧州委員会の白書［European Commission 2001］では、若者は怠惰で自己中心的、他者に無関心で問題行動が多い、といった従来のネガティブな若者イメージが覆され、若者の社会参加が不活発な現実があるとしても、それは社会的無関心に起因するのではなく、既存の参加制度や社会システムへの不満と不信による、という認識が示された［平塚 2012］。

　さらに、若者の失業率上昇や、既存の若者施設には若者が集まらないため、新たに若者の意見聴取機関が必要であるという認識から、1980年代半ばに70以上のユースカウンシルが設置された。しかし多くのユースカウンシルは若者を巻き込めず頓挫した。失敗の要因として、大半のユースカウンシルは大人の代表制モデルを踏襲し、若者がそれになじめなかったことが挙げられる［Danske Kommuner 1984］。一方で長期的に継続し、活発に活動するユースカウンシルも、多くはないが存在する。

　デンマークは、北欧諸国の中でも最も分権化された社会であり、政策決定過程への市民参加が緻密に整備されている。たとえば、高齢者政策においては高齢者自身の声が反映される高齢者委員会（ældreråd）が、学校教育や保育の分野においても同様の委員会が設置されている［朝野 2005、福島 2005］。しかし成人の政策提言とは異なり、若者の場合には独自の課題がある。そこで本章では、生き残ってきたユースカウンシルは1980年代、90年代、2000年代とどのような背景の中、若者のユースカウンシルへの参加を促す挑戦を展開したのか、また、地方自治体の若者の包摂に対する姿勢はどのように変化したのかを明らかにする。具体的には、若者の意思決定を実現し活発に長期にわたり活動するユースカウンシルの事例、また継続しながらも停滞する事例を挙げながら、

政治参加を促す仕組みや大人の支援を考察する。

　デンマークは19世紀以来の民衆啓蒙運動の系譜にある組織活動が「民主主義の学校」として機能してきた伝統があり、多くの若者もスポーツや趣味、国際協力、ボーイスカウト・ガールスカウトなどのボランティア団体から政党青年部まで、様々な組織に所属し活動してきた。しかし伝統的な組織活動は若者の政治参加に直接的に結びつかないといった指摘もあり、ユースカウンシルは、若者が政治への影響力をもつ新しい形の若者組織として期待されている。

　日本では戦後、子ども・若者が民主主義を学ぶ場として、生徒会がその役割を担ってきた。たとえば京都の旭丘中学校では、図書館の運営や運動会実施の自主管理など、生徒会の学内での自治活動が活発であり、やがて学外での平和運動などに参加する生徒も出てきた[2]。しかし1969年、当時の高校紛争への対応を念頭に、文部省は「高等学校における政治的教養と政治的活動について」という通達を出し、高校生の政治活動が禁止された。子ども・若者は、政治的主体であることよりも、社会とは切り離された学校における教育の固有の原理の中に置かれることになったのである［小玉 2016］。

今日の日本の生徒・子ども・若者の参加

　一方、生徒・教職員・保護者で構成する三者協議会や、生徒会による校則の改定、学校環境の改善、鉄道存続運動などの実践が蓄積されている事例がある［武田 2005、宮下 2016］。学外では2000年前後から、子ども議会や子ども青少年会議が設置されている。2015年には愛知県新城市で若者議会が設置された。また、制度的政治参加に関しては近年、NPOや社団法人が若者の政治参加の仕組みとして投票教育などを実践している。欧州などの「ユースパーラメント（youth parliament）」をモデルとした一般社団法人「日本若者協議会」も設立された。

　ただし、子ども・若者文化を配慮した議会の在り方やアジェンダ設定、意見聴取にとどまらない提言実現の過程の構造化、そして会議に参加する一部の「意識が高い」若者以外を包摂する手法の検討は十分にはなされていない。

　文科省は主権者教育の目的を、政治に関する知識の習得のみならず、主権者

として社会で自立し、他者と連携・協働し、社会を生き抜く力を身につけ、地域の課題を解決することとしている（文部科学省、3月31日)[3]。これまで、学齢期の若者が民主主義を実践する場は生徒会が中心だった。しかし学校文化という限定された領域だけでなく、学外で異質な他者との協働やコンフリクト、そして地域課題の解決や提言実現のプロセスを経験することは、若者の政治参加や主体形成へのより大きな貢献が期待される。若者の地方自治への参加を30年以上にわたって実践し、若者を主体とする活動を多くの失敗を繰り返しながら展開してきたデンマークのユースカウンシルの経験は、学校内に若者の学びや活動が集約されがちな日本にとって、学外での政治参加の仕組みを検討するうえで深い示唆を含むと考えられる。

1. 研究の方法と先行研究の検討

　本章では、政府の若者政策文書（Ungdomspolitik）、デンマークの80の若者組織を統括し、組織活動のコンサルティングやネットワークづくりや研究調査も行うデンマーク若者連盟（DUF）の資料、地方自治体関連の雑誌や地方紙などの資料と、情報を補うためのインタビュー調査から、ユースカウンシルの実態を明らかにしていく。具体的には、1980年代から2000年代までの間の設立と展開を整理する。
　ユースカウンシルの活動は、「ユースワーク」と重なりながらも異なる性質をもつ。英国で19世紀の民間の青少年活動から始まったユースワークは、思春期以降の若者にかかわる活動や事業を意味し、1960年代には青少年施設や指導者の数や、それらにかかる予算が大きく増大した［田中 2015］。デンマークでも、すでに1920年代から青少年の活動・交流の場の提供や非行の予防を目的とした余暇クラブ（fritidsklub: 10～14歳対象）、およびユースクラブ（ungdomsklub: 14～18歳対象）が設置された［田口 1999］。余暇クラブやユースクラブには指導員としてユースワーカーが配置された。大半のユースカウンシルにも職員が配置されているが、その役割は指導員ではなく、若者の意思決定と提言実現を支援する「秘書（sekretær)」とされている。

　またユースカウンシルは、政党青年部と並んで政治参加が活発な若者組織としてしばしば捉えられるが、ユースカウンシルは思想的中立が前提であり、広く地域課題や余暇、住宅、教育などの若者政策における課題に取り組む。その点において、同じイデオロギーの者が集まる政党青年部とは異なっている。

　ヨーロッパのユースカウンシルに関する先行研究において、英国のユースカウンシルの特徴と課題を整理したマシューズとリンブは、ハートの子どもの参画概念モデルである「参画のはしご」（序章・図序 -1）を援用し、若者の主体的な参加の在り方を検討した。マシューズらはユースカウンシルをその成り立ちにより分類し、成功や失敗の要因や若者の特性、ユースカウンシルの参加のプロセスにおける必要条件を提示している［Matthews and Limb 1998］。

　デンマークのユースカウンシルについては、アソシエーションや生徒会、ユースカウンシルといった子ども・若者の組織のコンサルタントで、若者に関する複数の著作があるナンナ・ムースマン（Nanna Muusmann）によるグロストロップ（Glostrup）市とストゥルーア（Struer）市のユースカウンシルのインタビュー調査の報告がある。この 2 つのユースカウンシルの構造は異なるものの、どちらも地方自治体との協働により若者が影響力をもつ事例として扱われ、ユースカウンシル継続の要件が提示されている［Muusman 2008］。ほかには、1度はユースカウンシルを廃止したラナス（Randers）市でユースカウンシルを再設立する経緯を検証したボルディンとニールセンの研究がある［Bolding og Nielsen 2015］。ボルディンらは、ラナス市で 2015 年 8 月初旬のユースカウンシル設立に向け、5 月に行われたイベントを分析対象とし、行政、議会、教員、若者のコミュニケーションの質について考察した。ラナス市の例では、教員や若者への説明不足や、その後のユースカウンシルメンバー選出につながる構造が未完成であったことが明らかにされている。

　これらの先行研究では、ユースカウンシルの継続の要件として、代表制、地方自治体への提言から実現までのスピード、安定した財源の確保、大人の職員の支援などが共通して挙げられている。しかし実際のユースカウンシルの活動において、それらの要素がどのように関わりユースカウンシルの挫折や継続に至るのか、その原因や過程、帰結は不明である。また、ムースマンやボルディ

ンとニールセンの研究は定点的な事例分析が中心であり、ユースカウンシルの変遷を歴史的に検討していない［Muusman 2008, Bolding og Nielsen 2015］。そこで本章は、長期的な視点から、ユースカウンシルの設立と展開の過程について、若者に関する政策や地方自治体が設置するユースカウンシルの変容に着目し整理する。そしていくつかの事例から、継続するユースカウンシルの仕組みと参加の在り方の分析を試みる。

2. 1980 年代のユースカウンシルの設立と展開

デンマークの地方自治体におけるユースカウンシルの創成期は 1980 年代半ばだが、その契機は 1984 年の政策提言であった。本節では 1984 年の政策提言の内容と、ユースカウンシルの設立と展開、そして短期で廃止された挫折の要因を明らかにする。

2.1 1984 年の政府提言「未来の若者政策」

デンマークの若者政策は、長い伝統をもつものの、主としてアソシエーションの領域であるボランタリーセクターで実現されるとみなされてきた［Dansk Ungdoms Fællesråd 1994］。包括的な若者政策の議論は 1980 年代以降に活発になっていく。その背景には、欧米諸国での 1970 年代末からの若者の失業問題があり、デンマークでも 1979 〜 1981 年には若者の失業率は 18％にものぼった。

1985 年の国連の国際青年年には、若者の雇用問題と社会参加、そして影響力が着目されるようになった。デンマークにおいても 1980 年代以降、若者の雇用の創出や職業訓練、資格の習得に関する若者政策提言が次々になされた。その中で、政府の若者委員会が 4 年の検討ののちに発表した 1984 年の「未来の若者政策（En Fremtidig Ungdomspolitik）」は、これまでの提言を包括する若者政策提言といえる。

「未来の若者政策」は就労機会の増大に焦点を当てており、その特徴は 3 つある。第 1 に、国民学校での義務教育課程における職業教育の必修や学校で

の生産活動、インターンシップの導入など、職業訓練の重要性を強調している
点である。さらに後期中等教育においても、当時の職業訓練コースと高等教育
進学コースへの分化を不適切とし、高等教育進学コースであってもより柔軟に、
従来のカリキュラムに加え職業実習を導入することも提案している。第 2 に、
就労機会の増大に焦点を当てながらも、職業訓練教育費の増大、さらには若者
の余暇活動や障がいのある若者の支援、若者住宅の建設から若者のドラッグや
犯罪防止にも言及している点である。第 3 に、若者の社会への影響力の可能
性にも触れ、特に地方自治体に若者政策組織としてのユースカウンシルの設立
を提言している点である［Dansk Ungdoms Fællesråd 1985］。

　「未来の若者政策」での若者像は、地方自治体の若者政策の幅広い課題に意
見を反映する能力があり、自立し、大人のコントロールから自由な若者だった。
しかしながら、こうした先行世代がイメージした主体的に行動する若者像は、
現実の若者像とはギャップがあった。失業率の上昇により若者の依存状態は長
期化し、自立が遅れていた。政策文書ではその対応策として、職業訓練や若者
住宅の供給を挙げながらも、自立した若者像を前提にしている、という矛盾が
見られたのである。

2.2　ユースカウンシルの設立と挫折

　政府による若者委員会のユースカウンシル設立の提言は、1985 年に内務大
臣のブリッタ・シャル・ホルベア（Britta Schall Holberg）がデンマークのすべ
ての自治体に書簡を送り、ユースカウンシルの設立を促すことで実現したとさ
れる[4]。1985 年から 88 年には 270 以上あった地方自治体のうち、76 の自治体
でユースカウンシルが設立された。

　当時の様子を窺える資料として、1980 年代に開かれ、40 以上の地方自治体
から 200 人以上の若者が参加した集会の記録がある［Danske Kommuner 1984］。
集会では設立されたばかりのユースカウンシルについて、以下の指摘がなされ
ている。

　　・ユースカウンシルは設立しただけでは不十分で、若者に本当の影響力を

もたせる必要がある。

・ユースカウンシルの多くはフォーマルすぎて、若者にとっては息が詰まるものである。

・若者自身は地方自治での意思決定に意欲的だが、地方議会は若者に責任を付与することに躊躇している。

・多様な若者の参加のためには、ユースカウンシルが単に政治的であるだけでは、不十分である。

・若者が主体的に運営するユースカウンシルが望ましく、できるだけ若者に任せるべきである［Danske Kommuner 1984］。

　ここではユースカウンシルが直面する課題として、若者が参加しやすい形態・課題の設定、若者の主体性の尊重が挙げられた。現実には、ユースカウンシルのメンバーは政党青年部や組織活動に積極的に参加する若者で、地方自治体は、そうではない大多数の若者を巻き込むことに苦心していた。地方議会の鑑（かがみ）のような形で設立されたユースカウンシルにおいては、目的意識があり活発な政党青年部の若者が代表となり、その結果多くの若者が排除されたという報告もあった。地方議員がユースカウンシルに何を望むのかを明確にする必要性も指摘された。

　そして、1980年代半ばに設立された多くのユースカウンシルが短期間で廃止された。その理由は多数指摘されている。不明確な構造、本当の影響力や若者の関与の欠如、そしてユースカウンシルの提言実現のスピードが遅く、それが若者の欲求不満を招き、深い関与が妨げられる結果となったことである。若者から意見を聴取しても地方議会による実現や、効果的な議題設定は困難だった。そこで、いくつかの地方自治体では、「コンタクトパーソン」と呼ばれる若者と地方自治体をつなぐ役割を果たす職員の設置で、その問題を解決した。

　失敗したユースカウンシルの多くは、支援の基盤づくり、特に、ボーイスカウト・ガールスカウトや政党青年部非所属のメンバーの支援の基盤づくりが困難であった。また、ほぼすべてのユースカウンシルは、若者の間で知名度が低かった。さらに、ユースカウンシルのメンバーは、市内の該当年齢層の若者か

ら候補者を募り、選挙により選出されるのが一般的だが、選挙情報や日常的な活動が認知されておらず、選挙の投票率は平均して該当年齢層の 2％と低かった。そもそも若者の地方自治への関心が欠落していたことも、ユースカウンシルが人を集められなかった原因である［Dansk Ungdoms Fællesråd 1994］。

3.　1990 年代の若者の参加をめぐる状況

3.1　市民参加の進展と若者の参加の停滞

　1990 年代はデンマークにおいて市民参加が進展する時期だが、一方でユースカウンシルは激減し、若者の参加は停滞期にあった。

　1990 年に制定された民衆啓蒙法（Folkeoplysningsloven）は、組織活動への個人の積極的参加を目的とし、メンバーの影響力の保障を規定した。公的部門では、保育・初等・中等教育、福祉の各分野での公共サービスの利用者参加の委員会が法制化され、公共サービスの利用者が政策決定および実施過程に直接参加する仕組みが整備されていった［朝野 2005］。1990 年代は、市民参加がボランタリーセクターの活動と公的部門の双方で法制化され、その実現に向けて地方自治体レベルでの政策が展開した時期であった。

　一方、1990 年代初頭にデンマークが国連の「子どもの権利条約」を批准し、子どもや若者の参加の権利がより明確化されたものの、若者の参加は伝統的な組織活動に限定されていた。第 3 章で述べたように、国民の約 40％[5] が何らかの組織で活動するデンマークでは、若者も様々な組織に所属し、組織は「民主主義の学校」としての機能を担ってきた［Rothstein 2004＝2013, Koch 1945＝2004］。しかし、組織活動への参加は地域課題の幅広い理解を促すが、地方自治への直接的参加には至らないともいわれていた。そして、当時の若者の地方自治参加への関心は低かった。DUF が 1993 年 11 月に 255 の地方自治体へ行った質問紙調査では、地方自治体の 40％は若者の参加に関して何も取り組まず、残りのほとんどの地方自治体が、若者の参加は組織活動、クラブ、学校、学校評議会を通じてなされていると捉え、地方自治体としては何もしていなかった［Dansk Ungdoms Fællersård 1994］。1995 年の段階で、独自の若者政策

があったのは 8 自治体のみだった［Muusman 2008］。

3.2 1990 年代のユースカウンシルの活動

1980 年代半ばには 76 設立されたユースカウンシルは、1988 年には 27 に、1993 年には 8 にまで減ってしまった［Dansk Ungdoms Fællesråd 1994］。1990 年代は、その意味ではユースカウンシルの停滞期にあたる。しかしこの時期にも、設立当時から活動を継続しているユースカウンシルがあった。

1985 年設立のバレロップ（Ballerup）市とヴィボー（Viborg）市のユースカウンシルの 1990 年代の様子は雑誌『デンマークの若者と体育（*Dansk ungdom & idræt*)』の 1993 年の記事に掲載されている。1980 年代に設立され、現在も継続し活発に活動しているのは両ユースカウンシルのみである。両者は 1990 年代にはどのような仕組みを備えていたのか。

まず、バレロップでは、メンバーを選ぶ選挙を 2 年に 1 度実施し、政党青年部、生徒会、スポーツや余暇クラブ、ボーイスカウト・ガールスカウト、そしてどこのアソシエーションにも所属しない若者を含む 13 人を選出するという形で、ある程度構造化されていた。アソシエーション非所属のメンバーの包摂は今日にまで至る課題だが、当初からそうした若者を包摂していた点は注目に値する。

地方議会との関係は、大人との協働において正式化されたものに限定され、ユースカウンシルの提言を実現する仕組みは発展途上だった。バレロップ・ユースカウンシルは地方議会で発言権を認められていたが、大人ばかりの地方議会で、少数派のユースカウンシルメンバーが発言し政策決定に関与することは、実際には困難だった。ヴィボーでも、若者は地方自治体から意見聴取の権利を保障されていたが、最終決定に影響力を及ぼすのは稀だった。当時ユースカウンシルが政治的決断を下した事例は、ヴィボーの職員の記憶ではたった 1 度だったという。地方自治体は大人の意思決定の枠組みの中で若者の意見聴取を試みたため、若者と大人の自由な意見交換は困難であり、また双方の知識やコミュニケーションスキルの溝を埋める配慮も少なかった。

一方で、ユースカウンシルの職員との関係は地方議会との関係よりも近く、

職員は若者の主体性を尊重し自らは会議の組織化など事務局に徹する、という役割分担がなされている。バレロップでは予算の使途や活動内容を若者が自由に決定できた。そのため、メンバーの活動へのモチベーションが高く、ユースカウンシルの定例会議には毎回ほぼ全員のメンバーが参加した。

　当時の2つのユースカウンシルは、地方議会との双方向のコミュニケーションが不十分なため、政策決定への影響力をもつまでには至っていない。しかし職員との協働においては、どちらも既に分業化が明確で、若者主体の運営形態の基礎が出来上がっていた。

3.3　1997年の政策提言と地方自治体の動き

　1980年代からの経験により、若者の意思決定と影響力の実現のための若者と地方自治体の対話には、若者政策が不可欠であることが明らかになっていた[Nielsen 2001]。90年代半ばには、若者政策の導入は一部の自治体に限定されていたが、2000年代には約半数の自治体まで拡大する。その契機は1997年の政府の政策提言「未来における現在の若者のための若者政策（Ungdomspolitik for nutidens unge i fremtidens samfund）」である。1984年の政策提言は雇用問題に焦点化されていたが、教育・訓練への参加のみでは必ずしも雇用とは結びつかず、さらに雇用は必ずしも若者の社会統合に至るとは限らないことが明らかになってきた。この政策提言では、成人への移行過程を雇用に限定せず広く理解し、幅広い政策の統合による構想が提起された。

　1997年の政策提言の特徴は、教育・訓練・労働市場政策・社会保障政策などにおける政策介入と、ガイダンス・カウンセリングなど個々人の力量形成を目的とした支援、移民や難民の若者への配慮、そして社会変容の最中にある若者を捉えるために、研究機関や参加の仕組みの整備を提言していることである[6]。若者の社会参加支援には、政策介入と個別支援の双方のバランスが必要であり、また当事者である若者の主体的視点の考慮が求められる。これまでの若者政策は、当事者の人生経験に依拠した主体的内在的視点を欠いたため、若者自身の意欲や能動性を引き出すことに失敗し、結果的には政策は多大な浪費を生み出した。若者政策は当事者の意欲を削ぐことで、公的支援そのものから

若者を遠ざける効果すらあった［平塚 2012］ともいえよう。

　1997 年の政策提言ではこうした状況を踏まえ、市議会、教育機関、ユース カウンシル、組織活動、ローカルメディア、住宅部門、公共・学校図書館など で若者が影響力を高めることが提起され、若者の市民としての参加が明確化さ れた。そして政府が提言で掲げた目標を実現する「若者自治体（ungdomskommuner）」 の、3 年間の試験的な実践が奨励された［Undervisningsministeriet 1997］。

　1997 年の政府の若者政策提言は、多くの地方自治体に若者政策の導入を促 し、2000 年の DUF の調査では、48％の地方自治体が独自の若者政策を導入し た［Muusman 2008］。さらに、2000 年代後半には再び、新しくユースカウンシ ルを設立する動きが見られ、自治体が積極的に若者を地方自治に巻き込み、影 響力をもたせようとする実践が出てきた。2000 年代後半は、デンマークは EU 諸国よりも若者の失業率が低いものの、財政危機や知識基盤社会へのニーズへ の不適応に起因する失業率が上昇し、若者領域への政治的関心が高まった時期 であった［European Commision 2014］。

4. 継続するユースカウンシルの仕組みを探る

　1980 年代のユースカウンシルの設立から 90 年代の停滞期を経て、ユースカ ウンシルに若者が活発に参加し地域で影響力をもつには、今日的な若者像の理 解や若者と地方自治体の対話、ミニ議会とは異なる形でのユースカウンシルの 形態の明確化、そして幅広い若者の包摂の必要性が明らかになってきた。では、 長期間継続するユースカウンシルはそれらの機能をどのように備えているのか。 本節では、ユースカウンシルの職員・メンバー・コンサルタントへのインタビ ューをもとに、2000 年代後半以降に設立され、現在も活発に活動するオーフ スとグロストロップの各自治体のユースカウンシルの事例を中心に検討する[7]。 その際に、80 年代から継続するバレロップや、90 年代から継続しているが停 滞気味のヘーレウの今日的状況も比較したい。

　オーフス市は、ユラン島に位置する人口約 32 万人のデンマーク第 2 の都市 で、高等教育への進学や就職のため、多くの若者が集まる活気のある町である。

オーフスのユースカウンシルにあたる「子ども・若者議会」は、2007 年に設立された。対象年齢が 13 〜 17 歳であり、他のユースカウンシルに比べると対象幅が狭い。

コペンハーゲン中心部から西へ、市電で 15 分ほどの場所に位置するグロストロップ市は、人口約 2 万 2,000 人の自治体である。行政主導の若者関連施設に人が集まらないことから、地方自治体が若者政策への若者の声の反映を目標とし、2006 年にユースカウンシルを設立した。対象年齢は 15 〜 25 歳だが、中核メンバーは 16 〜 18 歳である。

先行研究とインタビュー調査の事例を検証し、若者主体で活発に活動するユースカウンシルの要件として、大人と若者のコミュニケーションのあり方、ユースカウンシルの活動を明確にするための構造化、政党青年部やアソシエーションに所属する若者に限定されない参加、提言を実現する影響力を行使できる、といったことが浮かび上がった。次項からは、それらを 1．コミュニケーションの質、2．参加の構造化、3．メンバーシップと代表制、4．影響力、という枠組みとして捉え、考察する。

4.1　コミュニケーションの質

ユースカウンシルへの若者の参加のプロセスには、若者の意見の尊重と真剣な受容、価値の承認、若者が確信をもてるコミュニケーションが必要であり、それらが保障されない場合、若者は失望し簡単に参加をやめてしまう。グロストロップ・ユースカウンシルの職員はこの点を考慮し、若者の提案を「絶対に否定しない」という。そして自治体への文書作成や予算交渉の際には、大人と若者の語彙やスキルの差を配慮し、職員が若者の言葉を行政向けに翻訳し関係調整することで、従来より意思疎通がスムーズになり、政策提言実現までのスピードを早めているという。

オーフス市のように、地方自治体の強力なトップダウンで作られたユースカウンシルは若者が離れていく危険もはらむが、オーフスでは非常勤の大学生職員の 2 人が、大人との橋渡しを行う。2016 年 2 月に、オーフスの公共図書館「Dokk1」[8] で 開 催 さ れ た 若 者 の 討 論 イ ベ ン ト「民 主 主 義 の バ ト ン

図 4-1　Dokk1 で行われたイベントの様子

（Demokratistafetten）」[9] では、登壇した「子ども・若者議会」のメンバーの活発
な議論と、一般聴衆からの多数の質問で盛況となった（図 4-1）。オーフスのよ
うに年齢層が低いユースカウンシルでは、メンバーの自発性を促すことが難し
く、大人のファシリテーションがより重視される。このときは、ユースカウン
シルのメンバーをよく知っており彼らと年齢が近い非常勤職員が司会を担当し
たことが、多数の一般聴衆の前でもメンバーが活発に発言し、質疑応答するこ
とを可能にしたと考えられる。さらにもう一人の非常勤職員は、会場設営や本
番中にも常にメンバーのそばに待機して、いつでもサポートできる体制を作っ
ていた。

　1980 年代設立のバレロップ・ユースカウンシルでも、過去とは違うコミュ
ニケーションの手法がとられている。近年では地方議員との会議に加え、市長
と地方議員、地方自治体職員、ユースカウンシルメンバーでの食事会が市庁舎
で毎年開催される。リラックスして自由に歓談できる夕食会は若者も大人もと
ても楽しみにしており、相互理解のための良い場になっているという（バレロ
ップについては第 6 章を参照）。

　コミュニケーションの質は、大人の姿勢が大きく関わる。若者の地方自治へ
の参加の失敗例として、若者を会議室に招き、大人の言語、習慣、実践への適
応を期待した結果、若者が去った例が挙げられている。構造的な非対称性や、

大人と若者文化の相違への理解が欠如している限り、双方の協働は機能しない
[Matthews 2001]。

4.2　参加の構造化

　ユースカウンシルの組織構造や参加のルート、議会や行政との連携といった
構造があいまいな場合、若者や関係者にとってユースカウンシルの実態がわか
りづらく、参加につながらない。地方議会の模倣のような意見聴取の形の構造
化は若者の実態にそぐわない一方で、ユースカウンシルの目的や議題、自治体
との連携が不明確な場合は、ユースカウンシルの活動が停滞する。

　コペンハーゲンから北西へ市電で 15 分ほどの、人口約 2 万 8,000 人のヘー
レウ市のユースカウンシルは、1995 年から継続しているものの中核メンバー
は 6 ～ 7 人（2016 年 2 月）で、メンバーを選ぶ選挙では定員を割る。以前はコ
ンサートの開催や、地方議員とまちづくりを議論する機会もあった。しかし現
在は人数不足のため、こうした活動はなされていない。月に 1 度のメンバー
会議はスケジュール化されておらず、年に 1 度市長との対話の機会のほかは、
地方議会との連携や若者の意見聴取の機会がないため、目的や活動内容が不明
瞭となっている。一方、現市長はユースカウンシルの元メンバーであり、現在
のメンバーは少ないものの、大学進学で引っ越したあともミーティングに通う
長期メンバーもいる。こうしたメンバーは、細々とではあっても地域と長くつ
ながる伝統を継承している。また、このユースカウンシルは、育った地域も同
じで、以前からお互いを知るメンバー同士が安心できる人間関係を形成する場
になっている。

　最も構造化が明確なユースカウンシルは、オーフスの「子ども・若者議会」
である。「子ども・若者議会」のメンバーと地方議員の会議は 8 か月の活動期
間に 4 回開かれ、議員とメンバーが少人数のグループを形成して話し合う
「ダイアローグミーティング」もある。「子ども・若者議会」の選挙時には、市
内すべての国民学校にいるコンタクトティーチャーと連携し、60 ％を超える
高い投票率を獲得している。しかしながら、DUF のコンサルタントは、大人
主導の強力な構造化は、大人の視点の体現に親和性の高い若者の集まりになる

可能性もあり、その点は検討の余地があると指摘する[10]。

4.3 メンバーシップと代表制

　多くのユースカウンシルは、メンバー集めに苦心している。その理由はユースカウンシルの地域での認知度の低さに加え、若者の生活が留学、保護者の転職や進学による転居、就職、といった変化の多いことや、学事や他の組織活動との両立の困難さも起因する。また、ユースカウンシルのメンバーは社会的・政治的な組織で活発に活動する若者が中心になりがちで、年齢、階層、エスニシティ、コミュニケーションスキルなどの社会性を含めた幅広い層を巻き込むことも課題である。

　オーフス市では選挙の仕組みにおいて、階層やエスニシティへの配慮がなされている。選挙では、市内を 4 つの地域に分け、全域に候補者数が配分されるため、移民や低所得者が多い地域からも必ずメンバーが選出される。バレロップでも、メンバーの獲得に工夫がなされている。1996 年に現在の職員が採用されてからは、選挙では内向的な若者は選出されないことを問題視し「誰にでも居場所があるユースカウンシル」という理念から、在籍期間、地域、男女比、エスニシティを考慮したうえで 17 名のメンバーを確定する、という方法をとっている。

4.4 若者による地方自治への影響力

　1980 年代から今日まで、若者が地方自治への「影響力」をもつ仕組みが模索されている。地方自治体の議題設定による意見聴取の場や、コーヒーやピザを片手に歓談する居場所の確保のみでは「影響力」には至らない[11]。また会議参加者の大多数が大人の場合、若者が委縮し意見表明できないことも指摘されてきた。アジェンダ設定が若者の問題意識からではなく、ユースワークの専門家によってなされる場合、その後のユースカウンシル運営での葛藤や、若者の無関心につながる。したがって若者自身による適切な課題設定が、ユースカウンシルの継続や活動成果に必要となる。

　DUF のコンサルタントは、「影響力」には、長期的な視点から考えられたユ

ースカウンシルの定義と構造化が必要だという。現在のユースカウンシルは各
自治体で定義や構造が異なり、認知度が低い地域もある。定義や共通の構造化
には、DUF と NAU が現在協働し取り組んでいるが、地方自治体へのインタビ
ューからは、地域固有の課題や自治体独自の活動の必要性も浮かび上がってい
る。今後のユースカウンシルの在り方として、多様性を包摂しながらも一定の
スタンダードを形成することが要請される。

おわりに

　デンマークのユースカウンシルの展開のエポックは、以下のようになる。
　第 1 に、1984 年の政策提言である。若者が影響力を及ぼす場としてのユー
スカウンシルの設立を提起し、内務大臣の呼びかけにより自治体でのユースカ
ウンシル設立が実現した。提言での若者像と現実の若者像のミスマッチは、ユ
ースカウンシルでの大人と若者の協働関係の構築に影響し、若者を大人と同様
の水準で捉えた地方議会の模倣のようなユースカウンシルや、実像が摑みにく
く構造化されていないユースカウンシルは淘汰された。
　第 2 に 1997 年の政策提言である。1984 年の雇用中心の提言と比べ、領域横
断的で包括的になり、若者政策に個人の力量形成と政策介入の双方からアプロ
ーチするものとなった。先行世代の設計した若者政策は、後期近代社会の不確
実で流動性が高いライフコースに生きる若者を社会に包摂せず、むしろ排除の
方向に向かった。こうして若者が支援から排除された現状を踏まえ、1997 年
の政策提言は、当事者である若者の視点と主体性を前提とした。この提言は、
地方自治体の半数近くが 2000 年代に若者政策に取り組む推進力となった。こ
の提言における若者像は、市民として社会参加し影響力をもつ存在でありなが
ら、社会変容に伴うリスクへの配慮が必要な存在へと変容した。こうした内容
は 2001 年の欧州委員会白書に先駆けるものである。
　第 3 に、新たな仕組みを備えたユースカウンシルの誕生である。2000 年代
後半には、大人が主導する若者政策の失敗から、1980 年代のユースカウンシ
ルのように若者の意見表明権の保障にとどまらず、若者政策の当事者としての

若者の声を政策に積極的に反映させる仕組みを備えたユースカウンシルが、設立されていった。長期的に活発に活動するユースカウンシルでは、意思決定の主体という点では若者を「市民」として捉え、意思決定実現のプロセスでは、移行期にある若者の特性を配慮した支援を職員が行っていた。インタビュー調査では、ユースカウンシルに高齢者委員会のような影響力をもたせたい、という声が複数聞かれた。しかし、ホームヘルプや高齢者施設など自治体が管轄する行政サービスが直接的に自身の生活の質に関わり、安定して地域に居住する高齢者と若者を同水準で捉え、組織を構造化するのは困難である。進路や居住地域も未知数な若者の意見聴取機関には、成人とは異なる柔軟さや、若者の脆弱さ、成長過程への配慮が必要であろう。

　本章で示したユースカウンシルの歴史や実践からの示唆として、地域で若者の政治参加を促し継続させるためには以下の要件が挙げられる。第 1 に地方自治体が若者の意見表明の機会を保障しかつ実現させるための、大人の役割を明確化することである。具体的には、地方自治体による若者政策実現のための意見聴取や提言実現プロセスの仕組み作りと財源の確保、大人と若者の語彙や文化の違いを翻訳し橋渡しをする支援者としての職員が必要である。第 2 に、地方議会、行政、学校、地域住民、地域の若者のネットワーク形成が挙げられる。若者が地域課題を把握し解決する能力の育成や、若者の提言するイベントの実現、さらに若者の主体性を引き出すには、若者への理解が基礎となり、そのためには学校や若者施設の職員も含めた多分野連携が不可欠である。第 3 に、若者の主体性を引き出すアジェンダ設定である。日本の若者の参加は「まちづくり」をテーマとし商品開発や地域振興の活動が中心となっている。若者を民主主義に参加する政治的主体として育成することを見据えた場合、それらに加え、若者自身が主体となるアジェンダ設定も必要となる。

　デンマークのユースカウンシルは自治体規模や地域課題、人口構成によって多様であり、若者の「影響力」の考察には、地域、年齢層、活動内容も含めた多様なユースカウンシルの事例研究が必要である。第 II 部では、ユースカウンシルのパイロット調査から抽出したバレロップ、グロストロップ、オーフスの

各市のユースカウンシルを類型化し、分析枠組みに基づき、各事例を検討する。

注

1　ポーランドの社会学者ジークムンド・バウマン（Zygmunt Bauman）や、ドイツの社会学者ウルリッヒ・ベック（Ulrich Beck）は、近代社会は社会の構成員に個人としての形態を与えたが、「個人化」には終わりがなく、日々形が変わる未完成のプロセスであると論じた［Bauman 2000=2001, Beck　1986=1998］。

2　1954 年に教師の生徒会指導を「偏向教育」と批判する保護者や市教育委員会と、教師の指導を支持する保護者や生徒会、教職員組合との対立が激化した「旭丘中学校事件」をきっかけに、生徒の政治的主体化は抑制されていった［小玉　2016］。

3　文部科学省「主権者教育の推進に関する検討チーム」中間まとめ〜主権者として求められる力を育むために〜（平成 28 年 3 月 31 日）」http://www.mext.go.jp/a_menu/sports/ikusei/1369157.htm（2016 年 6 月 6 日最終閲覧）。

4　Netværk af Undonsråd　http://www.nau.dk/（2015 年 10 月 20 日最終閲覧）より。書簡の内容や法的拘束力に関する資料は管見の限り見当たらない。

5　デンマーク・ボランタリー社会活動センター（Center for frivilligt socialt arbejde）の 2019 年のデータによると、デンマーク全体で成人の 40％が、何らかのアソシエーション（組織）の活動に参加している（https://frivillighed.dk/guides/fakta-og-tal-om-danskernes-frivillige-engagement　2022 年 1 月 29 日最終閲覧）。

6　こうした内容は、欧州委員会が資金援助した調査（IRIS. 2001. *Misleading Trajectiories? An Evaluation of the Unintended Effects of Labour Market Integration Policies for Young Adults in Europe*.Tübingen）で指摘されたが、1997 年のデンマークの政策提言はこれを先取りした内容となっている。

　　領域横断的な政策はその後も引き継がれ、若者政策は子ども・教育省、社会・移民省その他複数の省を連携して組織されている［European Commision 2014］。また若者政策は国、地域（レギオン）、地方自治体の政策だけではなく、政府が財政支援する多くの若者組織もその責任を担うものとされている［Haarder 2008］）。

7　グロストロップとオーフスの事例は、第 7 章、第 8 章の事例研究で詳しく取り上げる。

8　Dokk1 は、国際図書館連盟（International Federation of Library Associations and Institutions: IFLA）の Public Library of the year 2016 を受賞し、地域住民のみならず観光客の人気スポットにもなっている。

9　「民主主義のバトン（Demokratistafetten）」は 15 〜 24 歳までの若者を対象とし、18 の図書館が協働する民主主義をテーマとした中央ユラン地域のイベントである。2015 年夏に始まり 2017 年までユラン島を巡回して開催された（http://demokratistafetten.dk/　2016 年 2 月 10 日最終閲覧）。

10　2015 年 8 月 26 日に DUF において、コンサルタントに行ったインタビューによる。

11　2016 年 1 月 29 日にフレデリクスベア市の図書館において、ユースカウンシルの非常勤職員（法律コンサルタントとしてアドバイスをする立場にある）へのインタビューによる。

第Ⅱ部　3市におけるユースカウンシルの調査から

　第Ⅱ部では、エリート主義に陥らず多様な若者を包摂し、意見聴取や政策提言を長期にわたり継続して実現するユースカウンシルを「成功する」ユースカウンシルと捉え、その事例研究としてバレロップ市、グロストロップ市、オーフス市の事例を取り上げる。

　第5章では、事例の分析枠組みを導き出すために、アソシエーションへの若者の参加の変容、そして「新しい政治参加」の議論に着目し整理する。続いて、ひとつ目の分析枠組みとしてデンマークの政治学者バングとソーレンセン、のちに中国の社会学者リーと英国の政治学者マーシュがさらに付け加えた「新しい政治的アイデンティティ」の概念を提示する。この「新しい政治的アイデンティティ」は、情報化社会やグローバリゼーションといった社会変容に呼応した新しい政治参加の文脈に位置づけられる、分析の中心的枠組みとなる。続いて2つの分析枠組みとして、先行研究で明らかになった「形骸化された参加」ではなく、権利主体としての若者の参加の仕組みの検討のために参照する、北欧閣僚理事会による「'参加'の過程」を示す。

　事例の抽出にあたり、パイロット調査と先行研究で示された課題から3つの基準を設定した。その基準を満たすバレロップ、グロストロップ、オーフスのユースカウンシルを、第6章「伝統型」、第7章「ソーシャルメディア型」、第8章「議会型」に分類し、それぞれ分析する。

第5章　事例研究の方法と分析枠組み

はじめに

　第6章から第8章は、ユースカウンシルの事例研究となる。そこで本章では、まず事例研究のための分析枠組みの設定の前提として、アソシエーションへの若者の参加の変容と課題を論じる。次に事例研究のための分析枠組みを、新しい政治参加論に基づき提示する。最後に、第6章から第8章までの3事例の抽出方法を提示する。

1.　アソシエーションへの若者の参加の変容

　ユースカウンシルは、若者アソシエーションのひとつである。同時に、1980年代の地方分権化の流れを受け、また後期近代における若者をめぐる社会の変容への対応として、さらには、子どもの権利条約の批准という背景から若者の声を聴く重要性が認識され、地方自治体が設置した政策提言組織である。

　アソシエーションは北欧諸国において、19世紀の民主主義の進展と20世紀の民主主義の安定化に貢献したと評価され、「民主主義の学校」と呼ばれた。しかし1990年代以降、デンマークにおいても新自由主義の流れから、これまでの政策過程への市民参加の伝統が消費者志向に移行している側面があることが、教育分野のみならず福祉領域でも指摘されている［Hvid and Kamp 2012］。

　20世紀末から21世紀は「民主主義の危機」の時代といわれ、「民主主義の

学校」としてのアソシエーションへの参加の変容が指摘される。アソシエーションでの主な活動は余暇活動であり、子どもや若者を含む市民は放課後や仕事の後、週末に好きな活動に好きなだけ参加する。しかしアソシエーションが組織され始めた 19 世紀後半に比べ、現代の社会では余暇の選択肢が、消費や個人の習い事、ゲームなど大幅に増加した。家族形態の変化としては、共働きが増え、余暇活動よりも家族の時間を優先する場合もある。150 年前の組織構造と後期近代社会の個人のニーズとのミスマッチが起こっているともいえる [Torpe 2003]。

　若者アソシエーションの動向を考察した教育学者のイェンス・クリスチャン・ニールセン（Jens Christian Nielsen）は、消費者志向の蔓延が、民主主義の学校としてのアソシエーションに若者を消費者として参加させていると論じる。また、デンマークの政治学者ラース・トーペ（Lars Torpe）は、集合的な運動やアイデンティティの脆弱化を指摘した。ニールセンもまた、若者のボランティア活動の動機が、何か新しく、人とは違うことをやりたい、という個人的な動機に変化したことを論じている。

　こうした動向を、単純に若者が個人主義化し、ボランティアへの動機が低下したとは解釈できない。世論調査やコンサルティングを行うギャラップ（Gallup）社の調査（2012 年）では、デンマークに多数あるアソシエーションの中で、若者アソシエーションは、1 年間に費やすボランティア時間が最も多いという結果が出ているという [Bay 2014]。さらに若者は、ボランティアは自身と他者の両方にとって意味があると捉えており、どちらかだけのために行っているのではなく、極めて個人主義的であると同時に強いコミュニティ志向も見出される [Nilesen 2008][1]。

2. 「新しい政治参加」と政治的アイデンティティ

　集合的なアイデンティティの衰退と個人化は、必ずしも社会や政治への関心の低下につながるとはいえない。若者たちはしばしば、政党政治を通さずに、政治的関心を表明、あるいは政治活動に参加し、自分の生活に意味がある個別

の政治的問題への関心は高い［Furlong and Cartmal 1997］。政治学の分野では、若者の政治参加が「消費者」と「ライフスタイル」の政治に広がることで、動物実験をせずに生産した化粧品の購入、虐待を受けた女性のためのシェルターでのボランティア活動、森林の伐採現場での環境破壊への抗議運動といった「原因志向型活動（cause-oriented action）」である、身近な領域への活発な参加が指摘される［Norris 2004］。

　伝統的なシティズンシップによる活動は、国民国家の枠組みでの選挙、政府、政策決定過程に焦点を当てることで、政治参加を制度的参加に限定し、ガバナンス型政治への参加やシングルイシュー型参加など広義の「政治」を排除する。原因志向型活動は、議会や政府にも方向づけられると同時に、公的部門、非営利部門、民間部門での多様なアクターへと向かう特徴がある［Norris 2004］。グローバル市場を背景に、従来の集合的な活動としての政治参加が、アトム化された個人のライフスタイルやライフプランの実現へと変化し、様々なルートからの新しいミクロな政治参加（micro-political participation）となっている。

　デンマークの政治学者ヘンリック・バング（Henrik Bang）とエヴァ・ソーレンセン（Eva Sørensen）は、こうしたミクロな政治参加をデンマークの文脈で分析し、「新しい政治的アイデンティティ」を見出した［Bang and Sørensen 1999, Bang 2005］。

　バングらは、伝統的に左派政党が強く草の根運動が活発な地域である、コペンハーゲン都市圏のノアブロ（Nørrebro）地域での調査「下からの民主主義（demokrati fra neden）」から、若者は政治に無関心で不参加なのではなく、従来、非制度的と考えられてきた手法で積極的に政治参加しているが、それが見落とされていることを指摘する。調査の結果バングらは、ノアブロの住民は地域における日常的な問題での対立や葛藤を調整するという、非制度的な新しい形の政治参加の実践を見出した。それらは1960年代の社会運動とは異なり、制度と対立するのではなく制度と協働し、長期的な課題よりもシングルイシューの解決に注力する。バングらは、従来の集合的でシステムへ対抗する形の政治参加に代わる、プロジェクト志向の新たな政治的アイデンティティを日常創造者（Everyday Maker: 以下、EM）と協働的市民（Expert Citizen: 以下、EC）と定義し

た[2]。

バングらの提示した新しい政治的アイデンティティは、ロバート・パットナム（Robert David Putnam）のソーシャル・キャピタル概念への批判を起点とする。バングらは、EM と EC は共に、代表制民主主義はトップダウンの手法でも、また下からのソーシャル・キャピタルをより蓄積することでも、その弊害を乗り越えられない[3]と考え、パットナムの「強い政府」と「厚いコミュニティ」に代わる実践を提示する。

バングらは、パットナムが「社会的なもの」におけるポリティカル・キャピタルの存在を見落としていると指摘する。ポリティカル・キャピタルは、デンマークの民主主義の伝統であるフォルケホイスコーレや協同組合運動にその萌芽が見られ、対話と交渉によるガバナンスを包含する。このガバナンスにおいては、エリートも非エリートも含む様々な政治の層の構成員であり、統治が効果的か否か、ということよりも、ガバナンスのネットワークが多様性や対立する価値を扱っているか、ということを重視する。

対話と交渉によるガバナンスは、フォルケホイスコーレや協同組合運動の伝統に基づき、コミュニタリアニズムとコモナリティ（共通性: commonality）[4]を区別し、社会的コミュニティの共通の規範の形成と、政治的なコミュニティにおける共通の課題を解決する政治的コミュニティも区別する。エリート、サブエリート、「ふつう」の人を含むネットワークをもつ民主的ガバナンスは、複数性（pluralism）や葛藤する価値を民主的な方法で扱う。

ノアブロ地域で見出された EC は、もともとは 60 年代の草の根運動のリーダーだったが、その政治参加の形態はネットワークを活用しながら体制と協働する形に変化した。EC は、社会における増大する複雑性や再帰性に呼応して登場し、権威に対抗する草の根運動とは異なり、抵抗よりも交渉や対話を重視するものである。EC は政治家や公的機関と協力しネットワークを形成し、自身をシステムの外ではなくシステムの一部とみなす新しいタイプのリーダーであり、情報化社会の要請に応じ登場したリーダーでもある。情報化社会では、工業化社会の時代の直接的なトップダウンで人や環境を管理するリーダーシップは通用しない。情報化社会においては、システムはより開かれ、戦略的なコ

表 5-1　EM と EC の特徴

EM（Everyday Maker）	EC（Expert Citizen）
・流動的で衝動的 ・必要なときに楽しみながら参加する ・アドホック型・パートタイム型の参加 ・長期的目標や義務感がない	・議会や行政を含む様々なステークホルダーとネットワークを形成し、協働する ・協働のために戦略的コミュニケーションを行使する ・ネットワークや協働での対話や交渉でリーダーシップを発揮する
EM と EC の共通点	
・イデオロギーよりも具体的なテーマや対象に関心がある ・地域の身近な課題に取り組む ・政党政治や労働組合、また巨大化し専門化したアソシエーションに懐疑的である	

出典：Bang（2005）に基づき筆者作成。

ミュニケーションにより対話的で双方向にかつ水平に、組織される必要がある。

EM はこの新しいリーダーである EC に呼応して登場した。EM も EC も政党政治や労働組合、また巨大化し専門化したアソシエーションに懐疑的である。特に EM は、伝統的なアソシエーションは自身のための政治を追求し、メンバーはほとんど組織へ影響力が及ぼせず、組織内部での民主主義の維持は不可能だと考える。また EM も EC も、抽象的でイデオロギーに基づく活動ではなく、プロジェクト志向で、具体的かつ共通の関心事に個人的に取り組むことを好む。

EM と EC の特徴と共通点をまとめたのが、表 5-1 である。

EM と EC は方向性が共通し、一見して同じようにも見えるが、EC はネットワークを利用し様々な組織と協働する戦略的なコミュニケーションを駆使するリーダーである。一方 EM は、EC より流動的で計画性はなく衝動的である。EM らは長期的な目標をめざす義務感から動くのではなく、自分自身が必要と感じたときに、楽しみながらコミュニティでの活動に参加したいと考えている[5]。

若者の政治参加には、政党や労働組合で活動する伝統的な政治参加や、全く政治参加しないといった EC や EM 以外の形もある。英国を拠点とする中国人社会学者ヤオジュン・リー（Yaojun Li）と英国の政治学者デビッド・マーシュ（David Marsh）は、バングらの 2 つの新しい政治的アイデンティティに、政治

的活動家（Political Activist: 以下、PA）と政治不参加者（Non Participant: 以下、NP）を加え、また年齢、性別、エスニシティといった要因と政治参加の関係を計量調査により分析した［Li and Marsh 2008］。英国において 16 ～ 24 歳の政治参加は EM と NP が 4 割ずつ占め、この傾向は他世代でもさほど変わらないが、階層の差異が政治参加の在り方に関わっていた。一方、この研究は既存の市民性調査データを活用した分析であったため、EM が「楽しんで参加」「確信をもって行う」といった点は測ることはできず、独自の調査が必要だと結論づけた。

　以上から、第 6 章から第 8 章までの事例では、形骸化した参加ではなく、若者の声を聴き提言を実現する実質的な参加や、様々な若者を包摂するための政治参加の多様性を検討するために、バングらの EM、EC にリーとマーシュの PA と NP の概念を加えた 4 つの政治的アイデンティティを、分析枠組みとして援用する。

3. 権利主体としての「参加」の保障と、民主主義の学習

　「新しい政治的アイデンティティ」は、多様な若者をどのように巻き込むのか、という分析の視点から援用するが、その参加の過程で、形骸化された参加ではない実質的な参加を分析する視点も必要となる。序章 6 節で既述したように、欧米の先行研究では、子ども・若者の参加が形骸化され、政策や実践に政策提言がどう影響を与えたのかをフィードバックしなかったことが明らかになっている［Matthews 2001, Børhaug 2007, Taft and Gordon 2013, Andersson 2017］。こうした形骸化された参加は子ども・若者を無気力にし、政治的課題が自分たちの手の中にあるという感覚を欠落させる［Matthews 2001］。特に 18 歳以下の選挙権がない子どもたちには政治的、経済的、社会的な意思決定の場面はほとんどなく、参加が促される場合には大人の文脈に支配されているとも指摘される［Barber 2009］。

　実質的な参加につながる「意思決定」と「影響力の行使」がどのように実現されるかを分析するために、北欧閣僚理事会（Nordic Council of Ministers）[6] によ

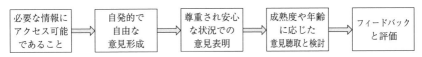

図 5-1　「参加」の過程

出典：Nordic Council of Ministers（2016a）に基づき筆者作成。

る参加のプロセスを提示する。北欧閣僚理事会の政策文書では、「参加」は、民主主義に関わり、単に意思決定を指すのではなく、子どもや若者に意思決定過程に必要な情報が与えられ、自発的で自由な意見形成や成熟度に応じた意見聴取やフィードバックがなされるという、「参加」の過程が示されている（図5-1）。

　第6章から第8章の事例の分析にあたっては、こうした情報提供からフィードバックまでの5つの過程が実現されているのか、という点も踏まえて考察する。

　ユースカウンシルは、子ども・若者政策の当事者であり自治体のサービスの受益者として意見を述べる公共サービスの利用者委員会[7]としての役割を担う。その特徴は、政策決定過程への参加が、NGO などの関係団体を通してではなく、個人として参加する点である。

　こうしたミクロな利用者参加の仕組みの形成と、新しい政治的アイデンティティには親和性があると考えられる。

4．事例の抽出にあたって

　第3章4節で結果を示した2016年のパイロット調査以降から2018年の間に、ユースカウンシルはさらに増え続け、NAU によれば、2018年11月には65の自治体でユースカウンシルが存在する。次頁の図5-2は2018年11月時点のユースカウンシルの分布を示す。

　第6章から第8章までの研究対象として抽出したユースカウンシルは、以下の3自治体のユースカウンシルである（表5-2）。

　抽出条件は、第3章で提示した質問紙調査と、先行研究で示された課題か

図 5-2　ユースカウンシルの分布図
　　　　　は事例研究対象の自治体。
出典：NAU のホームページをもとに筆者作成。

表 5-2　調査対象のユースカウンシル

自治体名	バレロップ	グロストロップ	オーフス
設立年	1985 年	2006 年	2007 年
対象年齢	15 〜 25 歳	15 〜 25 歳	13 〜 17 歳

ら以下の 3 つを設定した。

　〈条件〉

　1.　10 年以上の長期にわたり継続。

　2.　ミーティングやイベントを定期的に開催し、一定のメンバーを常に確
　　　保。

　3.　政策提言の実現例が複数あり、若者政策への影響力がある。

まず条件 1 と 2 については、各国で、参加型プロジェクトを数多く実施して
も長期的対話の場をもてず、また、若者の関心を維持し長期的にコミットする
ことが困難であることが繰り返し指摘されているためである。デンマークにお
いても、1980 年代から設置が始まったユースカウンシルが 90 年代にひと桁台
まで減少し、その後も設置しては廃止となり再設置する場合や、あるいは再設
置しようとしても人が集まらない、さらには休眠状態の場合があり、継続に苦
労している（第 4 章参照）。条件 3 については、ユースカウンシルやユースパ
ーラメントにおいては、若者が意見聴取や意思決定のフィードバックを得る機
会もなく、政策や実践に影響を及ぼしたかわからないと、各国で共通して批判
さ れ て い る た め で あ る ［Tisdall and Davis 2004, Børhaug 2007, Thomas 2007,
Ødegård 2007, Bolding og Nielsen 2015, Andersson 2017］。

　なお、ヴィボー市のユースカウンシルはバレロップと同時期の 1980 年代設
置で、今日も継続していることが Web 上でも確認された。しかし質問紙やイ
ンタビュー調査依頼に対する返答を得られなかった。そのため、調査可能とな
った 3 事例を取り上げる。

おわりに

　3 事例で最も古いのは、1985 年設置のバレロップ・ユースカウンシル（第 6
章で詳述）である。バレロップ・ユースカウンシルは、居場所であるユースハ
ウスでの直接的な対話により信頼と相互理解を築く、デンマークの対話型民主
主義の伝統を体現するユースカウンシルである。グロストロップ・ユースカウ

ンシル（第 7 章で詳述）は 2006 年から継続し、ユースハウスは所有しないが、フェイスブックの公式ページと非公式ページのプライベートグループでのチャットを効果的に利用して対話を実践する、SNS 時代のユースカウンシルである。オーフスの「子ども・若者議会」（第 8 章で詳述）は、バレロップやグロストロップよりも年齢層を引き下げ、また大人と同じ議会形式とその下位グループによる二重構造を構成する。バレロップとグロストロップのユースカウンシルは、議場で議論する「議会」よりも「居場所」から政策提言が生まれ、オーフスは構造化された議会制民主主義を踏襲する点で大きく異なる。

　次章から、各事例をバング、リー、マーシュが定義した EM、EC、PA、NP の 4 つの政治的アイデンティティの枠組みに依拠し、どのように広く若者を巻き込む実践を行っているのかを分析していく。

注
1　ボランティアへの参加と同様に、若者の政治への関心は決して低くなく、むしろ 1980 年代よりも高まっている。*European Values Study*（2008）では、デンマークの若者の政治意識のうち、「政治に関心がある」では 1990 年の 49％から 2008 年には 62％への増加が示されている［Torpe 2014］。
2　Expert Citizen は、日本でインターネット上で流通している言葉である「プロ市民」とは異なり、権威と対立せずネットワークを形成するリーダーの意味であるため、「協働的市民」と意訳した。
3　バングは、現代の代表制民主主義について、「大文字の政治（big politics）」へのコミュニケーションが、公共圏をトップの政治家やそのスピンドクター、特権的な人々による「専門家の見世物」にし、「ふつうの人々（laypeople）」を排除し、さらには「大文字の政治」や政策そのものからも、「ふつうの人々」を選挙以外のときには排除している点も論じている。そして、日常生活での政治的実践における EM のような「ふつうの人々」の豊かな潜在能力を見逃すことは、政治資本を切り崩すと捉えていた［Bang 2005］。
4　小池は、commonality を共通価値により運命的に結束した共同体ではなく、多様な背景からくる価値の多様性を前提とする共同体であると論じる。そうした共同体に居住する以上は、住民は教育、福祉など身近な生活において政治的に活動するようになる。
　　19 世紀からのデンマークの国民統合は、同質性の高い「民衆」概念を軸になされてきたが、エスニック・マイノリティも共存する現代の社会において、連帯の基軸がエスニシティの絆よりも政治的なつながりへと移りつつある。この連帯においては、伝統的共同体内での調整やシステムと市民とのイデオロギー的対抗よりも、commonality の形成と調整、そこに積極的に関与する「下から」の主体の政治的営みが重要になる［小池 2017］。

5　バングは、EC と EM の同質的な側面と対立的な側面を概念化したが、その定義には矛盾する部分もある。バングは、EC は EM とともに日常的な課題解決に注力し、議会制民主主義には懐疑的であるとする一方、EC を「専門的活動家（Expert Activist）」とも表現し、高度で戦略的なコミュニケーションをもつリーダーであり「エリートによる政治的ガバナンス」であると論じる。そして「EM は国家に対抗するのではなく、様々なガバナンスやネットワーク、パートナーシップに見られるこの新たな、コミュニケーションで駆動する権威へ対抗しているのだ」[Bang 2005: 173] とし、EC と EM は協働するのか対立するのかが不明瞭である。

6　北欧閣僚理事会は、1971 年にヘルシンキ条約（北欧協力条約）の改正で新設された。アイスランド、デンマーク、ノルウェー、スウェーデン、フィンランドの 5 か国で構成される。5 か国の協力は文化、法制、交通、環境のほか、北欧での労働力移動の自由や地方自治体のレベルでも行われている。

7　地方自治体が提供する公共サービスの利用者による委員会が「利用者委員会」であり、高齢者委員会、学校委員会、保育施設の保護者委員会、ホームヘルプに関する苦情委員会、など様々な利用者委員会が存在する［朝野 2005］。

第6章　伝統型：「生活形式」の伝統の継承
──バレロップ市のユースカウンシル

はじめに

　本章では、デンマークで現存するユースカウンシルの中で最も古く、30年以上継続するバレロップ市のユースカウンシルを事例として取り上げる。

　バレロップ市は人口約4万8,000人（2017年現在）の地方自治体で、1950年代から1960年代に造成されたニュータウンである。コペンハーゲンからの移住者に加え1970年代から1980年代には、トルコやユーゴスラビアからの移民も定住した。工場、保険会社、IT企業などでの雇用機会が多く、富裕層から労働者層まで階層は幅広い。市内にはスポーツクラブやボーイスカウト・ガールスカウトなどのアソシエーションが多数ある。進学や就職と共に地域を離れる人たちもいるが、その後戻ってくる人も多い[1]。

　先行研究では、若者の集合的なアイデンティティの弱体化や消費者的な参加の傾向、メンバーが政党青年部やアソシエーションのリーダーに限定される、若者による議題設定ではなく大人が意見聴取を主導する、提言を実現することができない、といった影響力の欠如などの課題が提示された。バレロップ・ユースカウンシルは、これらの課題をどのように乗り越えているのか。本章では、エリート主義的ではなく、多様な若者を包摂する参加の要素を「新しい若者の政治参加」という視点から検討する。さらに、大人の若者への視点や関わり、コミュニケーションからどのようにして若者の意見を聴き、政策や実践に影響力を及ぼす実質的な参加を促すのか、を考察する。

　デンマークの若者のアソシエーションへの参加人数は年々増加傾向にあり、2000 年から 2013 年の間に、個人参加が 2000 年の 27 万 7,683 人から 2013 年の 31 万 4,486 人となった [Bay 2014]。しかし、メンバーシップは増加しているものの、その参加の在り方は変化している。若者組織の動向を考察したニールセンは、若者のボランティアへの傾向として、無償のボランティアの義務を引き受ける若者が減少し、多数の若者が組織に入会するものの、組織の責任やボランティア活動の課題を引き受けない傾向があること、さらに、若者のボランティアへの参加の動機が集合的な目標よりも個人の自己実現に移行していることを指摘する [Nielsen 2008]。先進諸国では、政党や中間団体、社会運動を通じた制度的な、あるいは集合的な政治参加における活動やメンバーシップが衰退し個人化しており、アソシエーションへの参加の変容もこれに呼応する。さらに、後期近代の社会変容に伴う若者の学校から、職業への移行の多様化や長期化も、参加の在り方に変容をもたらしていると考えられる。

　北欧のアソシエーションは、19 世紀後半に農村地域で組織された農民協会、協同組合協会、経済的・政治的・文化的団体といった民衆組織の系譜にあり、こうした組織はデンマークの民衆の政治的主体形成に多大な貢献を果たした。20 世紀の神学者コックは、19 世紀の牧師・詩人・政治家でありフォルケホイスコーレを構想したグルントヴィの民衆教育の思想を独自に継承し、「民衆組織は "正しいこと"」をめぐり協議し、他者の立場を理解し妥協や合意形成を経験し、民衆が覚醒し政治に参加する技能を身につける「民主主義の学校」であるとした [Koch 1945=2004]。コックは、ナチス占領下のデンマークで組織され、現在も存続する若者アソシエーションのアンブレラ団体であるデンマーク若者連盟（DUF）の初代代表を務めた。コックはデンマーク人の団結はナショナリズムでなく民主主義的な価値観によるべきであるとし、DUF の目的を若者の政治参加を促すこととした [Korsgaard 1997=1999]。グルントヴィもまた、民衆を政治的主体に成長させることを民衆教育の目的としている。両者とも青年期を市民として覚醒する重要な時期と捉え、コックはアソシエーションがその役割を担うと考えた。

　一方で、近年はアソシエーションが専門化・巨大化し、メンバーが組織内、

さらには地方自治へ影響力を及ぼすことが困難になっているともいわれる。

　本章では、先行研究では論じられてこなかったアソシエーションにおける政治参加の側面に焦点を当て、アソシエーションが直面する課題を乗り越える組織の事例として、ユースカウンシルを取り上げる。ユースカウンシルは各国で設置されているものの、アクティビティ中心であったり、環境保護が目的であったり、起源も活動内容も多様多種であったり、その位置づけが明確ではない。一方、デンマークのユースカウンシルは、1980年代に地方自治体が若者政策のための当事者の意見聴取機関として、政策決定過程への参加を意図して設置したという経緯をもち、若者の政治参加を明確な目的とすることがその大きな特徴である。またデンマークのユースカウンシルの多くは、DUFの傘下団体である全国ユースカウンシルネットワーク（Netværk af Ungdomsråd: NAU）に所属し、各ユースカウンシルが全国規模で連携し学び合う構造を備えている点で、北欧に伝統的なアソシエーションの構造をもつ。

　アソシエーションに関する研究においては、集合的な参加の弱体化が様々な観点から論じられている。「民主主義の学校」としてのアソシエーションにおいても、1990年代以降、労働運動のような集団的なイデオロギーは弱体化し、個人の利益のためにアソシエーションに加入する傾向が見られ、「組織化された個人主義」の様相へ変化した。デンマークの政治学者ラース・トーペ（Lars Torpe）は、新自由主義が進展した後期近代社会における、集合的な運動やアイデンティティの脆弱化、余暇の選択肢の増大、共稼ぎ家庭の増加に伴う家族との時間の優先、19世紀の民衆運動を起源とする伝統的なアソシエーションの組織構造と今日の個人のニーズとのミスマッチといった先行研究における論点を検討し、個人とアソシエーションの関係は流動的になり、民主主義の学校としての役割もより不確実なものとなる、と結論づけている［Torpe 2003］。

　政治参加に関する研究でも、西側諸国全体での、政党、利益団体、大規模なボランタリーアソシエーションへの積極的な支持や加入の減少が指摘され［Norris 1999］、パットナムに代表されるように、社会関係資本と市民参加の衰退化への懸念が論じられる［Putnam 2000=2006］。

　一方、今日の政治参加は制度的な参加から非制度的な参加へと移行し、また

その方法も多様化していること、若者は政治的に無関心で参加しないのではなく、新しい形態においてむしろ積極的に参加しているという論考がある。本章ではユースカウンシル設置が始まった後期近代の社会変容に伴う新たな政治参加の在り方に着目する。活発に長期的に活動するユースカウンシルにおける政治参加を、バングとソーレンセンの理論枠組みを援用し、また北欧閣僚理事会の「'参加'の過程」を参照しながら考察する。

研究の方法

　1980年代から今日に至るまで、多数の地方自治体でユースカウンシルの設置と廃止を繰り返しているが、1980年に設置され今日まで活発に継続しているユースカウンシルも存在する（第4章参照）。本章では政策提言から政治・文化イベントの開催まで若者の意思決定により活発に実施される、首都コペンハーゲン近郊のバレロップ市のユースカウンシルを事例として検討する。具体的には、バレロップ・ユースカウンシルでの、2015年8月27日、2017年3月14日、同年3月24日に行われた地方議員、ユースカウンシル職員、ユースカウンシルメンバーへの半構造化インタビューと、地方紙や文献資料に基づき分析を行う。なお、インタビュー調査協力者の名前は、仮名で表記する。

1. 新しい若者の政治参加

　若者アンブレラ団体DUFは、初代代表のコックが見据えた若者アソシエーションにおける重要な目標である政治参加を最も実現しやすい組織として、ユースカウンシルを認識する。そのため、ユースカウンシルの設置や継続、仕組みづくりに協力している。DUFは若者の政治参加を促すうえで、政治に関心のない大多数の「ふつう」の若者をどのように巻き込むかが課題であるとし、その方法をユースカウンシルと模索している[2]。
　バレロップのように30年にわたり継続するユースカウンシルが存在する一方で、ユースカウンシル設置に頓挫、あるいは短期で廃止となるユースカウンシルも少なくない。たとえば、ユースカウンシル設置を試みたコペンハーゲン

近郊のヴィドロウ（Hvidovre）市では、ユースカウンシル設置のために 2011 〜 15 年まで複数のキャンペーンを実施したが、若者が集まらなかった。自治体はその原因を、若者の実態と伝統的な自治体の会議形態とが合わなかったためと考えた。今後の方針として、若者自身のアイデアを生かし、短期プロジェクト、長期プロジェクト、単発プロジェクトなど柔軟な活動を検討している（Hvidovre Avis 2015/5/25）。また以前ユースカウンシルが廃止となった経験をもつヘルシングア（Helsingør）市では、若者対象の単発プログラムには多くの参加者が集まるものの、継続して参加する若者はごく少数に限定されるため、長期的に活動するユースカウンシルの再設置が難しいという[3]。

　こうしたプロジェクト型の参加は、制度的な参加から非制度的な参加に移行し、個人化し多様な新しい政治参加の文脈と一致する。豪州の政治学者コリンは、若者の関心は統治構造や政治過程よりも短期プロジェクトや日常的課題へと移行し、ネットワークや組織への参加など幅広い方法で問題に関わり行動を起こしているとし、若者のこうした参加は、バングとソーレンセンが新たな政治的アイデンティティを示して論じた新たな政治参加を反映していると指摘する［Collin 2015］。

　次節では、「協働的市民（Expert Citizen: 以下、EC）」と「日常創造者（Everyday Maker: 以下、EM）」にリーとマーシュが提示した政治参加する層としての「政治的活動家（Political Activist: 以下、PA）」と「政治不参加者（Non Participant: 以下、NP）」を加えた政治的アイデンティティから、バレロップ・ユースカウンシルの事例における若者の政治参加を検討する。

2. バレロップ・ユースカウンシルの活動

　バレロップ・ユースカウンシルは、1985 年にバレロップ市により設置された。中核メンバーは 17 人で、年齢層は 14 〜 24 歳が対象であり、中心となる年齢層は 19 〜 20 歳である。職員は 40 代の男性で、1990 年代から専従で勤めている。多数のユースカウンシルでは図書館司書や学生、あるいは行政職員が週 10 時間程度非常勤として勤務しており、彼のように長期にわたり専従で働

く職員は極めて少ない。彼は国民学校[4]を卒業後、映像制作会社に勤め、後に
バレロップ市に雇用され専従職員として勤務した。ユースカウンシルの職員の
就任当時は24歳で、彼自身もユースカウンシルのメンバーと同世代だった。
就任してから1年半かけて「リーダーシップ」のディプロマを取得した[5]。

　各地方自治体のユースカウンシルは、コンサートやフェスティバル開催など
文化活動中心のユースカウンシルと、地方議会選挙の前の候補者によるパネル
ディベートなどの政治イベント中心のユースカウンシルがあるが、バレロッ
プ・ユースカウンシルは文化イベント、政治イベント共に積極的に活動してい
る。職員が勤続した20年のうちには、メンバーが減少し停滞期もあったが、
この10年はボランティアも常に多く参加し、活発に若者が活動しているとい
う。

　設立から最初の10年は選挙でメンバーを選出していたが、選挙では友達が
多い若者が当選し、内気であまり友達がいない若者は決して選ばれなかったと
いう。職員は、ユースカウンシルは一部の目立つ資質の高い若者だけではなく、
すべての若者にとっての居場所であるべきだという理念と、選挙による選出は
相容れないと考え、正式化された選挙を廃止した。今日では、ユースカウンシ
ルの意思決定機関の17人のメンバーは、以下の5つの条件と人数を満たすこ
とを考慮し確定される。

　　①自治体の様々な若者：13人（長期メンバーと新しいメンバー、男女、年齢、
　　　居住地域の多様性を配慮）
　　②政党青年部のメンバー：1人
　　③バレロップ生徒会地域連合（fælles elevråd）のメンバー：1人
　　④アソシエーションの代表：1人
　　⑤スポーツクラブのメンバー：1人

選挙には17人の定員に対し40人ほどが立候補するという。意思決定機関は
17人に限定されるものの、ミーティングへの参加はメンバー以外も広く開か
れており、メンバー以外の若者もミーティングや活動に活発に参加する。平均

して 25 人の若者がミーティングに来る。

　男女比は半々で、2017 年には 2 人のエスニック・マイノリティのメンバーがいた。1 人はパキスタン、もう 1 人はユーゴスラビアがルーツである。メンバーには 10 年近く長く在籍する者もいる。大半のメンバーは 2 〜 3 年在籍し、コペンハーゲンの大学に進学すると来なくなる[6]。

　ユースカウンシルの活動は、地元地域、国内、海外まで及ぶ。地元地域では、文化イベントとして、コンサートを年度内に複数の箇所で実施し、またスポーツイベント[7]の開催も活発である。地方議会選挙の際には、候補者によるディベートを政党青年部と協働して行う。国内の各地のユースカウンシルとはお互いにイベントに参加し、国内外の若者団体との交流も活発である。2 年に 1 度は海外に行き現地のユースカウンシルと交流する[8]。2011 年には EU の若者との交流事業として、EU から 100 万クローネ[9]の助成金を得てバレロップに各国の若者を招き、ワークショップやカンファレンスを開催した。そのほか、メンバーの親睦のために釣りに行く旅行など、小規模な活動もいろいろ行っている。

　多くの自治体でユースカウンシルを設立する際に、予算を使って何をしたいか若者にたずねると、たいていの若者はディスコなどのパーティを真っ先に挙げるという。しかしバレロップの職員は「パーティしかやらないと、ユースカウンシルは継続できません。」と言う。

　　「もちろん、コンサートやパーティもやりたいと思っています。でも若者
　　は何か真面目なこともやりたいのです。」
　　　　　　　　　　　　　　　　　　　　（職員・ラース、2015 年 8 月 27 日）

単なる居場所の提供や、あるいはイベントの実施のみでは若者は去っていく、ということは、フレデリクスベア市のユースカウンシルでも指摘されている。

3. バレロップ・ユースカウンシルにおける政治参加

3.1　EM、EC としての政治参加

　バングらは EM の特徴として、アドホックでプロジェクト型の参加を好み、自分自身の行動を重視することを挙げる。バレロップ・ユースカウンシルにおいて EM、EC はどのように見出されるのだろうか。

　バレロップで 35 年前から警察官として勤務しながら、地方議員を継続して勤めてきた[10]60 代男性のソーレンは、ユースカウンシル設置当時から、市長とともにユースカウンシルを支援してきたという。1985 年の設置当時の市長は進歩的で、地方自治体は若者の声を聴き協働すべきであり、若者は意思決定が尊重され、自分自身の生活に影響力をもつべきであると考えていた。バレロップでは 7 割以上の若者がスポーツクラブに所属している。市内のすべてのスポーツクラブを統括する担当部署の職員も、もっと若者の声を聴き、ただスポーツをするだけではなく、意思決定の権限をもたせるべきと考えていた。

　こうした若者の意見聴取や意思決定を尊重する姿勢は、10 年経過したときに問われている。

　　「ユースカウンシル設置から 10 年経ったときに、地方議会の議員の数名が、ユースカウンシルが大人の意図に従わず、地方議会のようにならないことに不満を訴え、ユースカウンシルの閉鎖を主張しました。」
　　「私は、若者は地方議員とは異なる存在であり若者自身であればいい、なぜユースカウンシルを地方議会と同じにしなければならないのかと反論し、継続を支援しました。今日では議会のみにこだわらず、若者たちは、文化、民主主義、音楽、と活発に多様な活動を展開しています。毎日少なくとも 25 人の若者がユースハウスを訪れ、ユースカウンシルは若者の重要な居場所にもなっています。」

　　　　　　　　　　　　　　　　　　（地方議員・ソーレン、2017 年 3 月 14 日）

ここで述べられている議論から、1990 年代には、地方議会には若者に議会政治の枠組みにおける制度的な参加を求める声があり、現実の若者の参加とのギャップをめぐる葛藤があったことがうかがえる。

彼は、若者の特性や若者との関わりについて、以下のように語る。

> 「若者はいつも流動的で、関心をもったと思ったら突然興味を失う。若者のライフステージでは新しいことが常に起こり、興味が移ります。2 年活動したと思ったら勉強したい、家族をつくりたい、引っ越したい、とか。誰がそのときのメンバーかによってもユースカウンシルは左右されます。活動が停滞し、意欲が落ちているときに励ますのは容易ではありません。でも大切なのは若者を見守り、"できるよ！"と励ますことなのです。」
>
> （地方議員・ソーレン、2017 年 3 月 14 日）

若者の参加を「成功」させるには、若者と大人の違いを再確認し、若者に政治的アクターとして新たなアイデンティティを構築することを認めることが必要である ［Cockburn 2007］。彼は流動的な EM としての若者の特性を、地方議会の議員とは異なる視点から、新たなアイデンティティとして認識している。そうして現実の若者の在り方を受け入れたうえで、若者を支援することを強調する。

> 「ユースカウンシルを高齢者委員会のようにしたくてもできないのは、メンバーの生活の変化が激しいからであり、そのことに大人は意識的でなければなりません。でも 60 代の私よりも若者のことを知っているのは若者自身であり、当事者の意見が必要だ、と若者には言い続けることが大切だと思います。」
>
> （地方議員・ソーレン、2017 年 3 月 14 日）

EM には、自分が必要と感じたときに、身近な課題の解決に取り組むという特徴がある ［Bang 2005］。彼は、若者政策の当事者としての若者の参加を促すた

めに、アドホックな EM としての参加を受容していたことがわかる。

　バングらは、EM や EC の政治参加を、対話と交渉によるガバナンスが存在するポリティカル・キャピタルに見出し、そこにはエリートも非エリートも存在するとした。ユースカウンシルのメンバーの参加の動機は様々で、「何かが起こるのを見たい、その一部になりたい」という人もいる。身近な領域で自分自身が関わることを実感して、気持ちが向いたときに参加したい、という EMは、PA や EC とは分断されないのだろうか。

　ユースカウンシルメンバーの中でも PA や EC の資質をもつ若者は、政治への関心が高く、リーダーシップがあり、行政職員や地方議員との対話にも積極的である。英国のユースカウンシルの展開と事例の分類を行ったマシューズは、ユースカウンシルの成功の要件を、若者のシティズンシップの知識やスキルの習得とした［Matthews 2001］。バレロップではこうした資質をもつ少数の若者は、ユースカウンシルの中核メンバーとして活躍する［Matthews 2001］。

　14 歳からユースカウンシルの活動に参加し、現在は 19 歳になったメンバーであるトーマスは、ユースカウンシルに参加する動機を以下のように述べている。

> 「僕がユースカウンシルにいるのは、人を助けるのが好きだし、政治に関心があるからです。政党青年部にも所属していますが、ユースカウンシルは政党青年部と違い中立的です。イデオロギーよりも地域課題を見出し解決することに焦点を当てます。僕は生徒会にも所属していましたが、生徒会は"こうでなくてはならない"と議論するところですね。僕はもう少し違うこと、もっと楽しいことをやりたいです。プロジェクトマネジメントとか、ボランティアを活用する方法とか。」
> 　　　　　　　　　　（ユースカウンシル代表・トーマス、2015 年 8 月 27 日）

彼は政治に関心をもち、生徒会、ユースカウンシルに所属し多様なネットワークに身を置いており、様々なチャンネルで政治参加に積極的にコミットするEC としての資質を備えている。また特定のイデオロギーのもとに集まる政党

青年部に所属もし、次回の地方選への出馬を予定し、ユースカウンシルでも長期にわたり活動している点から、PA としての資質も備えている。

　他の地域のユースカウンシルでは、アソシエーションのリーダーといった EC あるいは PA の若者がメンバーの大半を占め、結果的に「ふつう」の若者を巻き込めず廃止に至る経験が少なからずあった。バレロップでは PA・EC と EM、そして NP はどのような関係にあるのか、またメンバー以外の若者とのつながりはあるのか。参加の方法やユースハウスの利用から考えてみたい。

　まず、ユースカウンシルのミーティングにはメンバーの 17 人以外も参加可能で、平均して 25 人、多いときは 35 人の若者が会議に参加し意見を交換する。さらに、イベントにのみ参加するボランティアもいる。

> 「ユースカウンシルが主催する多くのフェスティバルはボランティアで成り立っています。ボランティアには政治的なことばかりではなく、人を助けたい、何か人と違う、いつもと違うことをしたい、リーダーシップを学びたい、プロジェクトマネジメントを学びたい、といったあらゆるタイプの人々がいます。」
>
> （ユースカウンシル代表・トーマス、2015 年 8 月 27 日）

ユースカウンシルのメンバーと同様に、ボランティアの動機も多様である。特定の活動に様々な動機の若者が自由に参加するという参加形態は、PA・EC・EM の混在を容易にする。

　また、バレロップ・ユースカウンシルは、ユースハウスを拠点に活動しているが（図 6-1）、ユースハウスの管理や運営は他の若者グループが行っている。この若者グループもユースハウスの運営に関するミーティングを開き、ユースカウンシルのメンバーも参加する。

　そして、ユースハウスには居場所としての空間、音楽スタジオ、コンピュータールーム、作業部屋などがあり、バレロップに住む若者なら誰でも利用できる。ゲームをするためだけに来る若者や、誰かに会うために来る若者もいる。つまりここは、ボランティアなどの活動をせず、特に用があるわけではない

図6-1　バレロップのユースハウスと職員

NP の居場所でもある。こうした仕組みは、EC・PA と EM の境界線をあいまいにし、EM としてアドホックにユースカウンシルに関わる若者を受け入れやすい土壌を形成し、NP が場を共有する機会をつくる。

　また、バレロップでは職員も EC の役割を果たしている。バレロップの職員は専従で、長年勤務することにより若者の特性や若者文化を熟知し、地方自治体と若者をつなぐコミュニケーションスキルと、若者や地方自治体との信頼関係を築いてきた。

　バレロップ・ユースカウンシルは、国内のユースカウンシルの成功事例として他地域のユースカウンシルにしばしば招聘され、さらに EU の財源により海外のユースカウンシルとも交流事業を行ってきた。地方自治体との密接なコミュニケーション、国内のユースカウンシルとのつながり、さらに海外のユースカウンシルとの交流、といった様々なネットワークに置かれた職員の経験知が独自の専門性となり、ユースカウンシルの安定に貢献している。職員が、若者、地域住民、地方自治体、他地域とのネットワークを形成し、交渉や対話により若者の政治参加を促す環境を形成する点において、EC としての特徴が見出せる。

3.2　大人による支援

　若者組織において、意見聴取を謳いながらも、大人が若者の文化や問題意識

に関心をもたず、その結果、形骸化された意見聴取や意見表明となる事例が各国で見られてきた［Matthews 2003, Tisdall and Davis 2004, Thomas 2007, Børhaug 2007, Bolding ogd Nielsen 2015, Andersson 2017］。意思決定における若者の参加の困難は、コミュニケーションの在り方に起因する。大人と若者の世代間のギャップへの配慮がなければ、両者の溝が形成され、水平的な関係構築が阻害される［Cockburn 2007］。

　水平的なコミュニケーションは、「尊重され安心な状況での意見表明」［Nordic Council of Ministers 2016a］に関係する。職員のラースは、若者とのコミュニケーションについて以下のように述べる。

　　「このユースハウスのスローガンは"あなたはできる"です。これが継続の秘訣だと思います。アイデアをもってきたら、"できるよ"と背中を押します。決してできないとは言わないことです。アイデアを自治体に提言するのは無理そうなときでも、一緒に考えて別の解決策を見出そうと試みます。最もクレイジーに見えるアイデアが最も優れていることもあるのです。」
　　「国内外のユースカウンシルにバレロップの成功の秘訣を尋ねられます。私は、多くの若者に責任をもたせ[11]、信じ、声を聴くことだと答えます。」
　　　　　　　　　　　　　　　　　　　　　　　（職員・ラース、2017 年 3 月 24 日）

大人と若者の間には情報の非対称性があり、意見聴取の仕組みをつくっても大人が実際には若者に関心をもっておらず、また声も聴けていない事例は少なくない［Matthews 2003, Bolding og Nielsen 2015］。バレロップでは「尊重され安心」な状況をつくるために、職員の聴く姿勢に加え、コミュニケーションが円滑になるためのフォーマル・インフォーマルな自治体との協働を実践する。

　まず、会議に関しては、ユースカウンシルのメンバーは年に 3 つの会議・集まりに参加する。そのうちの 2 回はフォーマルな地方自治体との会議で、自治体の文化・余暇部門とユースカウンシルが互いに現状を報告し合う。残りの 1 回は市庁舎での食事会におけるインフォーマルな交流会である。その他、

インフォーマルな仕組みとして「政治家を雇う」がある。たとえば、メンバーが何かプロジェクトを思いついたときに、該当する行政部門に連絡をとり、そこの職員が話し合いのためにユースハウスにやってくる。そして、当該プロジェクトを担当することになったメンバーが、その職員や地方議員との協働を主導する。プロジェクトは年に複数実施するので、ユースカウンシルは地方自治体と頻繁にやりとりすることになる。

　意見聴取や意見表明が実質を伴うには、信頼や尊重に基づく関係づくりが基礎になる。

　　「若者は政治家に大きな敬意を払っています。私たちは年に1度市庁舎に
　　招かれ、他の高齢者委員会や移民委員会といった利用者委員会[12]の人たち
　　と共に招かれ、食事をします。若者の間で何が起こっているのか、地域で
　　何があるのか、ただ座って市長と話します。若者たちは完全にリラックス
　　して市長や政治家と雑談できるこの食事会の夜が大好きなのです。政治家
　　も本当によく若者の話を聴きます。」

（職員・ラース、2015 年 8 月 27 日）

　　「いい関係をつくることは重要です。ユースハウスに来る若者はほとんど
　　家族のようなものです。それがなぜ若者がここに来て滞在するか、という
　　理由でもあります。」

（職員・ラース、2017 年 3 月 24 日）

ユースハウスには、ただ遊びに来てコンピューターゲームをしたり、映画を見たりする者も多い。大人と若者が自由に話す場、若者が安心していられる場があることにより、自由に意見を述べ、人の話を聴き、相手の背景を理解することが可能になる。

　若者の意見表明や意思決定を実現するための関係や場の形成に加え、影響力行使に重要な要素は、財源の確保である。若者が影響力をもつには、意思決定権だけではなく、提言の実現のための財源が必要となる。多くのユースカウンシルは、設立されても十分な財源がなく活動が頓挫している。職員のラースは、

バレロップ・ユースカウンシルは、意見聴取と財源の双方から政治家からの支援を得ているため、続いているという[13]。地方自治体からのまとまった財源を確保することは、大人が若者の活動の価値を承認して初めて実現されるものであり、その過程として双方向のコミュニケーションを複数の方法で重ねて理解を試みているのである。

3. 3 「政治」の意味

ユースカウンシルでの参加は「政治参加」とされる。ここでいう「政治参加」は、協議や合意形成で公的な事柄を決定することが中心的な内容になる。バレロップ・ユースカウンシルと他のユースカウンシルの違いについて、職員のラースは以下のように述べる。

> 「他国のユースカウンシルとの違いは、私たちは長い伝統があり、より政治的であるということです。財源も多くあります。政治的というのは、地方自治体に提言できるということです。他国でもいくつかのユースカウンシルは政策提言をしていますが、アクティビティの方が主流で、さほど政治的ではありません。」
>
> （職員・ラース、2015 年 8 月 27 日）

彼は政治的の意味するところは政策提言であるとし、また地方議員も市長も「影響力」を若者にもたせる必要を強調する。

政策提言と影響力は様々な内容を包含する。バレロップ・ユースカウンシルで現在最も焦点が当てられている若者政策は、交通の利便性がよく家賃が安い住宅の確保である。こうした住宅の供給により、若者の定住を促すのがその狙いである。住宅政策への参加は政治参加としてわかりやすい事例だが、若者政策には若者の居場所づくりや若者主体の事業の実施も含まれる。これらは選挙での投票や地方議会への立候補、といった議会政治とは直接的には無関係である点で「政治的」とは認識されにくい。特に若者が事業内容を決定する場合、多くはコンサートやフェスティバルの実施、ユースカフェの運営などになるた

め、より「政治参加」とは距離があるように見える。

　一方で、「政治参加」の「政治」は必ずしも制度的な政治参加だけを意味するのではない。デンマークでは、民主主義の本質は憲法や政党政治にあるのでなく、日々の生活における実践から学ぶものである［Korsgaard 1997=1999, Koch 1945=2004］という、グルントヴィやコックに代表される伝統的な民主主義観が根づいている。だからこそ、アソシエーションが「民主主義の学校」として意義づけられてきた。職員、地方議員、メンバーの語りや活動からは、バレロップ・ユースカウンシルが定義する「政治的組織」の「政治」は制度的・非制度的政治の双方を包含することが浮かび上がってくる。そしてそれはバングらが調査したノアブロ地域（第5章119頁参照）で見出されたEMとしての、そして多様な他者とのガバナンスにおける参加であり、財源を含めた意思決定とその実現を「影響力」とみなしているのである。

　若者の日常生活での政治参加の在り方は、社会変容とそれに伴うライフコースの変容により、先行世代が経験し自明としてきた政治参加と異なる。バレロップの地方議員や職員はそれを自覚的であれ無自覚的であれ受け入れ、若者の政治参加を支援してきたと考えられる。

　シティズンシップのスキルの高い若者だけではなく、「すべての人のためのユースカウンシル」をめざしたバレロップでは、議会制政治に接続する政治参加とマイノリティの包摂を実現する。現職の地方議員のうち3人は元ユースカウンシルのメンバーであり、1人はトルコからのエスニック・マイノリティである。

おわりに

　本章では先行世代とは異なる後期近代社会における若者の政治参加を、バングとソーレンセンの新しい政治的アイデンティティの枠組みと北欧閣僚理事会の「'参加'の過程」を手がかりに、代表制や大人の支援の観点からバレロップ・ユースカウンシルの事例を分析した。これによって以下の3点が明示された。

　第 1 に、多くの若者は忙しい日常生活の中で自分の興味や生活のペースに合った EM としての参加を志向し、それは大人が想定する大文字の政治参加とは必ずしも一致しないが、市長や地方議員、ユースカウンシル職員が EM を大人とは違う新しいアイデンティティとして受け入れ、流動的な EM の参加を認めていた。

　第 2 に、ユースカウンシルのメンバー以外も利用でき、ただゲームをしに来るような若者の居場所でもあるユースハウスにおいて、PA、EC の若者と大半の EM の若者、そして NP の若者の混在が可能になった。メンバー以外も会議に参加でき、またボランティアとしてイベントに関わる参加形態は、EM を巻き込みやすくなる。

　第 3 に、PA や EC のように既にシティズンシップのスキルが高く継続してリーダーシップをとるというわけではない、大半の若者である EM の参加を可能とするために、大人の聴く姿勢や地方自治体との関係づくりの仕組みが整っていることである。年に 2 度の意見聴取以外に、インフォーマルな場の共有、若者の関心に基づいたプロジェクトに関するユースハウスでの話し合いなどで、コミュニケーションと信頼関係を築き、意思決定や財源の確保の土台をつくっていた。

　バレロップ・ユースカウンシルは、影響力を及ぼすには専門化・巨大化しすぎたアソシエーションとは異なり、若者がお互いを認識できる規模の組織であり、財源の使途や事業の企画が若者の意思決定に委ねられ、また市長や地方議員による意見聴取がフォーマル・インフォーマルになされるため、影響力を行使する機会が多い。

　ユースカウンシルは、ボーイスカウト・ガールスカウトやスポーツクラブといった他のアソシエーションとは異なり、地方自治体が若者の政治参加を直接的な目標とし、コックがめざす若者の政治参加を最も実現しやすいが、多くのユースカウンシルは制度的な政治参加を第 1 の目標としたために、若者の関心を引くことができず閉鎖された。バングらが描いた新しい政治参加は、ECと EM の非制度的政治参加が中心だが、バレロップの事例では、制度的政治参加を目的にするユースカウンシルにおいて非制度的政治参加が受け入れられ、

それが制度的政治参加に接続されている。PA・EC・EM・NP が混在しながら、地方議会との会議や政策提言、地方議会選挙への出馬と当選、といった大文字の政治参加と、日常生活での小さな変化を起こす小文字の政治参加が、絶妙なバランスで実現しているのである。

本章では「政治参加する若者」である PA・EC・EM、とりわけ EM を中心に論じたが、NP の包摂や排除の詳細は明らかにできなかったため、今後の課題としたい。

ユースカウンシルは個々の自治体の規模や地域課題に応じた様々な形態をとっており、その特性を比較することで、若者の政治参加の実践の多様性がより豊かに浮かび上がる。次章では自治体規模や参加形態がバレロップとは異なるグロストロップ市のユースカウンシルを取り上げる。

注
1　住民は学校だけではなくスポーツクラブなどのアソシエーションを通しての社会的なつながりがあり、U ターン後も交流を続けることから、ソーシャル・キャピタルが失われていないことがうかがえる。
2　2015 年 8 月 26 日に行われた、DUF のローカルデモクラシーコンサルタントへのインタビューによる。
3　2016 年 8 月 17 日に行われた、ヘルシングア市のユースカウンシル設置準備担当者である青年学校職員と、行政職員へのインタビューによる。ほかには、ゲントフテ市（Gentofte）でもユースカウンシルをつくろうとしたが挫折し、代わりに 1 か月、2 か月、3 か月程度の短期の若者向けプロジェクトを実施し、こちらは多くの若者が集まった（2016 年 1 月 29 日に行われた、フレデリクスベア市のユースカウンシルの非常勤職員へのインタビューによる）。
4　国民学校は 0 年生から 9 年生までの義務教育課程である（第 2 章を参照）。
5　ここでのディプロマは高等教育（Videregående Uddannelse）で取得されたものを指す。高等教育へのルートは進学向け後期中等教育以外に複数ある。デンマーク教育省ホームページ　UndervisningsMinisteriet,https://www.ug.dk/videregaaenduddannelse（2019 年 1 月 27 日最終閲覧）。
6　国民学校が終わってギムナシウムに入学する前に、学業とユースカウンシルの活動との両立が困難なため一度やめて、卒業前に戻ってくる若者が多い。そのため、中心メンバーはギムナシウムを終わった 18 〜 20 歳の層である。
7　たとえば、「バイク・デイ」と名づけた、様々な場所に自転車で旅行するプログラムを自治体と実施した。
8　過去にはドイツ、スウェーデン、アイスランド、チェコ共和国の若者団体と交流する事

業もあった。

9　2017 年時点、1 クローネ＝約 17 円。

10　デンマークの地方議員は兼業議員であり、それぞれに仕事をもちながら議員として活動する。https://www.berlingske.dk/.../fakta-saa-meget-tjener-kommunalpolit（2019 年 1 月 29 日最終閲覧）。

11　すべてのプロジェクトにリーダーがおり、誰もリーダーシップをとりたがらないときにのみ職員がリーダーシップをとるが、基本的には若者が自分の好きな分野で自主的にリーダーシップをとるようになっている。財源の使途も若者が決める。こうした方法で、バレロップ・ユースカウンシルでは若者に責任をもたせている。

12　高齢者委員会や移民委員会も、当事者である市民がボランティアでメンバーとなり、会議に参加し、政策決定過程への影響力をもつ。

13　イベントの財源だけではなく、ユースハウスの清掃の費用も自治体が支援する。多くの自治体でユースハウスの運営を若者に任せた結果、破壊行為が起こり、閉鎖に至っている。そのため、若者に居場所を与えて任せるのは不可能と考えられていた。職員によれば、若者自身が運営する形態のユースハウスは、デンマークではバレロップが初めてであるという。

第7章　ソーシャルメディア型：フェイスブックを介した「生活形式」
——グロストロップ市のユースカウンシル

はじめに

　本章では、ソーシャルメディアを積極的に活用するグロストロップ・ユースカウンシルでの若者の政治参加の様相を検討する。

　グロストロップ市は、首都コペンハーゲン郊外の人口2万3,000人ほど（2021年1月）の自治体で、古くは工業地域で工場労働者が多く住んでいた。近年、コペンハーゲンでの地価上昇に伴い新しく住宅が造成され、富裕層も移住している（図7-1）。

　若者をめぐる状況は、グローバリゼーションの進展や新自由主義の影響により、1980年代以降大きく変化した。学校から職業への若者の移行の多様化や長期化により、若者政策が新しい政策領域として創出され、若者の意見聴取の必要性が認知されるようになった。

　これまでの議論では、以下の2点によりデンマークのユースカウンシルの特徴を見出してきた。1点目は、若者が若者政策に直接影響力を及ぼす仕組みとして地方自治体が設置する点、2点目は政治的に中立という立場をとり、「ふつう」の若者を包摂する、という代表制の課題検討にふさわしい点

図7-1　グロストロップの市役所

である。

　組織活動への若者の参加には、意思決定過程への参加やアジェンダの設定から若者が疎外され、大人が支配的になることや、「意識の高い」若者による限定的な参加にとどまるといった課題が、繰り返し指摘されてきた。参加する者は一部であり、代表制の限界への認識が求められている［新谷 2002b］。さらに、政治参加や組織参加の在り方自体が、後期近代の社会変容に伴い変化し、集合的参加よりも、個人的でアドホックな参加に移行している［Torpe 2003］。

　こうした状況に加え、近年では若者の生活にデジタルメディアが欠かせない存在となっている。デジタルメディアは、コンピュータ上で作成、閲覧、配信、修正、保存可能なものをすべて指す。本章では、双方向のコミュニケーションが可能であり、スマートフォンの普及でさらにその利用が加速化・多様化したソーシャルメディアが、ユースカウンシルへの参加とどのように関わるのかに着目する。

　ソーシャルメディアの広がりと影響力の増加は、近年、先進国・途上国を問わずに見られる現象であり、今後もその傾向は強まると考えられる。デンマークにおいても、ユースカウンシルのメンバー層である 16 ～ 19 歳の若者の 88 ％、20 ～ 24 歳の 81 ％[1] がフェイスブック（facebook）を活用しており、その影響力は見逃せない。

　なお、ソーシャルメディアにはフェイスブックのほか、スナップチャットやインスタグラムその他様々な種類があるが、デンマークの 16 ～ 29 歳までの層は、調査時の 2016 ～ 2017 年にはフェイスブック利用者が圧倒的に多かったため、本章ではフェイスブックに焦点を絞る。そして、多数のフェイスブックフォロワーを抱え、メッセンジャーを会議に活用しているグロストロップ市のユースカウンシルを対象に考察する。ソーシャルメディアは今日の日本の若者にも欠かせないツールであり、その特性を生かした政治参加の事例は示唆に富む。

　ユースカウンシルには、若者の長期的な活動への関与の難しさや、参加する若者層が偏ると、継続的で多様な若者の参加は促されないこと、大人の介入により若者自身が主体的に運営する実感がもてないこと、多くの自治体には、若

者の関心や体験、背景の多様性を理解し協働する経験が乏しいこと［Matthews 2001］、といった課題があることは既に述べてきた。代表制、政策提言の実現までのスピードの迅速さ、地方自治体の財源確保、ユースカウンシルの自律性の維持は、活発な継続の必要条件である［Muusman 2008］。しかし、これらの条件を満たすのは容易ではない。

　デジタルメディアにおける若者の政治参加を研究する豪州のフィリッパ・コリン（Philippa Collin）は、若者の主体性やコミュニケ―ションに関する課題を分析した［Collin 2015］。彼女は、英国と豪州の若者の政治的無関心と政治への不参加の原因は不十分な政治知識や社会化である、とする一連の議論を批判する。そして政治学の「新しい政治参加」論に依拠し、若者は政党や労働組合といった制度的政治参加ではなく、シングルイシュー型でアドホックな新しい非制度的政治参加には積極的である、とする一連の研究に依拠して、議論を展開した。コリンは NGO を事例に、若者の生活スタイルや主体性を生かし、参加の多様性や、水平な関係を構築する手段のために有効なデジタルメディアに着目した。分析の結果、デジタルメディアだけでは若者は政治制度や政治エリートに影響力をもてないが、若者自身がイニシアチブをとる参加が可能であることを明らかにした。

　デンマークの政治学者イェンス・ホフ（Jens Hoff）らもまた、デンマークにおいて制度的政治参加へのソーシャルメディアの直接的な効果は見出せないが、ボランティアやコミュニティでの参加においては肯定的影響が見られ、シティズンシップの形成に貢献するとした［Hoff og Klaustrup 2011］。

　しかし、コリンやホフが論じる若者の政治参加には、公的部門へのつながりが見出せていない。たとえばコリンは、若者の非政府組織への共鳴と活動が公的な政策決定過程から疎外されることを危惧し、政府機関や公的組織がいかに若者の今日の政治参加に呼応するかが課題であると指摘する。そこで本章では、ユースカウンシルにおける若者の新しい政治参加と公的部門の接続に、ソーシャルメディアがどのように関係するのか、に着目する。

　若者と公的部門の対話においては、コミュニケーションの質が問われる。多数の若者の参加プロジェクトでは、参加者は大人の都合で選出され、政策立案

者と若者の相談が形ばかりで、フィードバックを得ることができていなかった
[Tisdall and Davis 2004]。コックバーンは、子ども・若者の日常言語や世界と
公的機関のそれらとは大きく異なるため、こうしたギャップを配慮しなければ、
水平的な関係構築が疎外されることを指摘している [Cockburn 2007]。本章で
は、ソーシャルメディアによるコミュニケーションが、大人と若者のギャップ
をどのように乗り越え、大人による一方向のコミュニケーションではなく、大
人―若者間の双方向のコミュニケーションを可能にしているのか、を明らかに
したい[2]。

研究の方法

　グロストロップ・ユースカウンシルは、以下により抽出された。まず、
2016 年 1 月時点で確認された、全国の 47 のユースカウンシルを対象とした質
問紙調査から得た 21 の回答から、10 年以上活発に活動を継続するバレロップ
市、グロストロップ市、オーフス市の 3 つのユースカウンシルのうち、フェ
イスブック利用が最も活発なグロストロップ市のユースカウンシルを抽出した。
分析データは、2016 年 2 月 5 日、8 月 19 日、2017 年 8 月 22 日にメンバー 3
名（20 代男性 2 人、女性 1 人）と職員（専従職員・40 代男性 1 人）[3] への半構造化
インタビューと、フェイスブック公式ページの情報、フェイスブック非公式ペ
ージのメンバー限定のチャット内容とした。非公式ページに関しては、職員と
メンバーの許可を得て、期間限定で非公式ページのメンバーとなり、2016 年
12 月から 2017 年 12 月まで閲覧した。インタビュー内容やメッセンジャーで
のやりとりは仮名とした。

　政治参加をする若者層の分析は、デンマークの政治学者バングが提示した新
しい政治的アイデンティティの概念である「協働的市民（Expert Citizen: 以下、
EC)」「日常創造者（Everyday Maker: 以下、EM)」、そしてバングの枠組みに依
拠しながら新たにリーとマーシュが加えた「政治的活動家（Political Activist: 以
下、PA)」と「政治不参加者（Non Participant: 以下、NP)」の概念を手がかりに
行った。

　第 6 章で取り上げた、デンマークで最も古いバレロップ・ユースカウンシ

ルでは、このバングによる4つの概念、PA、EC、EM、NPが、若者の居場所であるユースハウスで緩やかに共存していた。また、バレロップ・ユースカウンシルでは、専従職員と地方議員が、EMの参加も包摂し、若者の意思決定の機会を長期的に支援していた。グロストロップ・ユースカウンシルでは現実のユースハウスは存在しないが、フェイスブックを「バーチャルユースハウス」として活用する。本章では、グロストロップ・ユースカウンシルにおいても、この4つの政治的アイデンティティの概念を用いて、若者の参加を考察する。

　本章ではまず、ユースカウンシルの理念と活動を整理し、メンバーや非メンバーの若者層について論じる。次に、フェイスブックの公式・非公式ページでのコミュニケーションの特性と政治的アイデンティティの関係を検討する。さらにフェイスブックでのコミュニケーションを支える職員の役割の考察を通して、新しい政治参加とソーシャルメディアの役割について論じていく。

1. グロストロップ・ユースカウンシルの理念と活動、参加する若者層

1.1　理念と活動

　グロストロップ市には、若者の放課後の居場所や活動場所として、地方自治体管轄下にある青年学校やユースクラブのほかに、スポーツクラブをはじめとする様々な団体がある。しかし自治体は、既存の若者向けのこれらの団体においては、若者とつながりニーズを把握することができずにいた。その結果、自治体主催の若者向けイベントや若者施設の運営が困難になり、2006年にユースカウンシル設置が決定された。

　ユースカウンシルの目的は、グロストロップ市の規約において、以下①～⑥に示されている。

　　①政治的に中立であり、若者政策における若者の関心を喚起し、民主主義への活発な参加者にすることをめざす。
　　②対話と協働により、若者と地方自治体の「子ども・学校委員会」、そして地方議会の間の溝を埋める。

③若者の需要と関心に合ったイベントや活動を行う。

④若者政策を議論し、若者の要望や若者のウェル・ビーイングについて情報を提供する。

⑤若者と、若者に関心がある地域の人々をつなぎ、議論を促し、ネットワークや協同を構築する。

⑥地方自治体での若者に関する重要事項の決定前には、ユースカウンシルへの意見聴取がなされなければならない。また、ユースカウンシルは、若者政策への提言が可能である（Glostrup Kommune 2006）。

これらの規約の内容とは別に、同市の地方議会では、議員の大半が50代以降であるため、若者世代からの地方議員の輩出も目的とされていた。

　ユースカウンシルのメンバーは、地域の該当年齢15～25歳の若者から候補者を募り、選挙で選出することになっているが、実質的には希望者が定員を超えることはなく、希望すれば全員メンバーになれる。一方、ユースカウンシルの代表は、メンバーによる選挙で選ばれる。2017年8月の時点でメンバーは14人、中心年齢は19～20歳である。

　ユースカウンシルの活動は大きく3つに分けられる。

　第1に、地域のイベントの企画・運営である。ユースカウンシルはグロストロップ市の「子ども・若者部門」と「文化・余暇部門」の管轄下にあり、イベントの提言、内容と予算の交渉と決定、運営、実施、振り返りまで行う。イベントは、自治体主催のフェスティバル参加といった文化イベントに加え、地方選に向けての候補者の討論会など政治イベントも含む。

　第2に、若者が主体となってユースカウンシルを運営するためのスキルの習得である。職員が日々の活動において随時アドバイスをするのに加え、ボランティアの活用方法、リーダーシップ、プロジェクトマネージメントといった手法を、全国ユースカウンシルネットワーク（Netværk af Ungdomsråd: NAU）のセミナーで学ぶ。セミナーの参加費用や旅費はグロストロップ市が負担する。

　第3に、政策提言である。これまで、不足する若者住宅の増築や、インクルーシブ教育の推進、ユースハウスの確保、ユースカフェの定期開催、無料で

誰でも使用できるスケートリンクの設置などが提言された。

　地方議会や行政は、ユースカウンシルにたいへん関心をもち、できるだけ若者から話を聴きたいという姿勢を常にもっている。人口規模が小さいグロストロップ市では、地方議会や行政と若者の距離が近く、ユースカウンシルのメンバーは、正式な会議ではなくても、必要なときにはいつでも地方議員や行政職員と連絡をとることができるようになっている。

　そのほか、メンバー間の親睦を深める旅行がある。サマーハウスを借りて、皆で料理をして食事し、議論やリラックスする時間を過ごすという、寝食を共にしながら信頼関係を築くことも活動のひとつである[4]。

　専従である現在の職員は、ユースカウンシル設置時からグロストロップ市に雇用され、前職がコミュニケーション・コンサルタントというキャリアを生かして、コミュニケーションの手法に力を入れてきた。

1.2　参加する若者層：メンバーの多様性

　2006年のユースカウンシルの開始当初、ユースカウンシルに来るのは、高い資質があるPAやECだと職員は想定していた。しかし、実際には資質の高い若者は半分であり、残りはアドホックで個人的な参加を好むEMが大半を占めた。中には、ただ友達がほしいから来たという若者もおり、あらゆるタイプの若者が集まった。このようなギャップは、グロストロップ市のほかにも複数の地方自治体が経験しており、このギャップに対応できない地方自治体のユースカウンシルは閉鎖された。しかしグロストロップ・ユースカウンシルの職員は、即座にメンバーの多様性が重要であると捉え、この状況を受け入れた。結果として、日常生活では決して交わらないような若者同士が出会い、交流する場になった。

　また職員はメンバーの勧誘のために青年学校や若者団体へ出向き、資質に恵まれた若者だけではなく、学校では居心地が悪く別の居場所を探している若者にも声をかけている。そうした若者の中には、学校でトラブルを起こしたり、とりたてて目立った資質がないように見える若者もいる。

「でも、学校で問題行動を起こし資質が低いように見える若者も、実際には資質があるのです。そうした若者は、いつもその資質を発揮するというわけではないけれど、あるときにその力を発揮することがあります。そのときは、すべてがうまく機能します。ですから、私の仕事は"今が、若者たちがその力を発揮するときだ"という瞬間を見逃さないことなのです。そのときに力を発揮する若者らは、本当に素晴らしいです。」

「いつも安定して力を発揮するのはメンバーの半分くらいで、残りは調子がよいときもあればそうでないときもある、という感じです。ミーティングに定期的に出る人もいれば、たまに参加する人もいます。でも、それでいいと思っています。それぞれの参加の仕方が違うのは当然のことです。多様性を受け入れたいなら、それを受容しなければなりません。最も資質の高いメンバーもこの状況を受け入れています。みんな同じではないから、と。」

（職員・ヤコブ、2016 年 8 月 19 日）

　職員の言葉からは、職員のみならず、PA や EC に該当するような資質の高い若者たちも、多様な若者の在り様や参加の在り方を受容していることがうかがえる。また職員は、若者の能力を固定的には捉えておらず、変化や成長の可能性を常に見ようとしていることがわかる。

　職員とメンバーは「ユースカウンシルはすべての若者の居場所」と定義し、NP を巻き込むことも試みている。地域には、決まった曜日に来る、参加費を払う、といったアソシエーションでの活動になじめず、無所属の NP 層の若者がいる。ユースカウンシルは無料のスケートリンクの設置やストリートサッカーを提言し実現させたが、これらは、地域で孤立した NP 層の若者の包摂を意図している。スポーツ団体のメンバーでなくても、金銭的に余裕がなくても参加でき、大人に管理されないストリートサッカーやスケートリンクには、NP にも参加の余地ができるからである。

2.　フェイスブックでのコミュニケーションと政治的アイデンティティ

　本節ではフェイスブックでのコミュニケーションを考察する。フェイスブックの公式ページは情報の掲示と外部との連絡窓口として利用され、非公式ページはメンバー間の密な打ち合わせに利用される。初めに、公式ページにおける若者同士の情報共有のインパクト、次に若者と大人の新たなつながりを論じる。

2.1　公式ページ

　ユースカウンシルのメンバーは基本的に 14 人だが、フェイスブックには 1,800 人以上のフォロワーがおり、職員は、フォロワーもメンバーだ、と言う。デンマークの大半のユースカウンシルはフェイスブックページをもつが、人口約 34 万人のオーフス市のフォロワーは 1,700 人台、人口約 6 万人のバレロップ市は 400 人台で、これらに比べ、人口 2 万人規模の自治体としてはグロストロップ市のフォロワーの数は突出して多い。表 7-1 は 2017 年の掲示内容の

表 7-1　公式ページ掲示内容（2017 年より抜粋）

日付	掲示内容
2 月 13 日	16 歳以上が対象の、行政による公衆衛生に関する質問紙調査の案内
2 月 25 日	メンバー 5 人が参加する NAU の週末のイベントの掲載
3 月 15 日	6 月のボーンホルム島での「国民の会議」への参加の決定の報告
6 月 18 日	「国民の会議」参加の報告
9 月 23 日	バンド活動をするメンバーのシングルリリースの報告
10 月 3 日	秋のイベント「カルチャーナイト」の案内
10 月 4 日	ローカル局へのメンバー出演の報告
11 月 6 日	10 月のカルチャーナイトの報告
11 月 13 日	ユースセンターでの地方選挙ディベートの案内
11 月 14〜21 日	地方選挙ディベートのビデオクリップ（多数）、討論内容、投票の呼びかけ
11 月 25〜26 日	全国のユースカウンシルが集まる NAU の総会参加の報告
12 月 1 日	新しい代表・副代表の紹介

出典：https://www.facebook.com/glostrup.ungdomsraad/（2017 年 12 月 3 日最終閲覧）から筆者訳出のうえ作成。

抜粋である。

　フェイスブック公式ページでのコミュニケーションには、以下の2点の特徴がある。

　第1に、ユースカウンシルの情報が、フェイスブックにおいて私的で非制度的なコミュニケーションに変換されることである。若者はフェイスブックを私生活や愉快な体験の写真や情報の共有、友人との親しい関係というイメージに基づいた自己プロデュースや他者の行動を知るために利用する［Klastrup og Stald 2009］。通常、ユースカウンシルの活動は自治体の広報に掲載されるが、フェイスブックを介することで、自治体のユースカウンシルという公的部門の活動情報が友人のプライベートの一部となり、広報上の情報よりも身近なものになる[5]。

　第2に、地方自治体と若者のフラットなつながりの構築である。年に2回の政策提言のみでは、また青年学校でのヒアリングなど「伝統的」な方法では、効果的に若者の声を引き出せなかった経験から、地方自治体は若者との連絡にフェイスブックを利用している。またユースカウンシルの活動情報もフェイスブックから得ており、若者以上に政治家のほうがフェイスブックを頻繁に見るという。

　フェイスブックでのコミュニケーションは、直接会うとき以外の知人の背後の人間関係や日常生活を知ることができ、インフォーマルなつながりを強化する［Boyd and Ellison 2007］。また「友達」の投稿を通して相手の雰囲気を知り、実際に会うときの「心の準備」に利用可能である［Klastrup og Stald 2009, Hoff og Klaustrup 2011］。フォーマルな会合だけでは大人と若者の文化や語彙の溝は埋まらないが、フェイスブックで友達になればお互いの私生活の投稿に「いいね！」を押すといった日常的なコミュニケーションが可能になる。フェイスブックの「友達」つながりが、自治体の大人・若者の関係を近づけるのである。

　若者間の関係についても、フェイスブックの「友達」は、PA、EC、EM、NP が混在し、ゆるやかにつながる場となる。特に NP は、閲覧のみも許容され、希望するときにはフェイスブック上で連絡可能なため、不参加でもつながりが保障される。

2.2　非公式ページ：メッセンジャーの活用

　ユースカウンシルのメンバーは月に 1 回のミーティングのほか、非公式ペ
ージのメッセンジャーで議論される。

> 「フェイスブックを使うと、毎週ミーティングをしなくて済みます。プロ
> ジェクトグループでチャットルームをつくると、スムーズに動きます。い
> ちいち集まる必要がないのはとても便利です。すべての時間をユースカウ
> ンシルに捧げる必要がなくなりますから。」
>
> （メンバー・エマ、2017 年 8 月 22 日）

　フェイスブックでのチャットは、仕事や学校、家族との時間の合間に返信が
できるため、ちょっとしたやりとりに積極的に活用され、1 日に 10 回以上や
りとりがされる場合も少なくない。
　フェイスブック上のやりとりは、1.　連絡事項、2.　職員からのアドバイ
ス・相談・議論、3.　③メンバーからの提案・相談・議論、に分けられる。
2017 年 1 月から 2017 年 10 月までの非公式ページのチャット内容をまとめた
のが、表 7-2 である。

表 7-2　非公式ページのチャット内容の主な項目（2017 年 1 ～ 10 月）

連絡事項	・次回のミーティングの日程調整 ・メンバーと職員の旅行の計画（日程調整・出欠確認・移動手段・プログラム） ・全国ユースカウンシルネットワーク（NAU）のセミナーの告知や参加者の確認
職員からの アドバイス・ 相談・議論	・自治体主催のフェスティバルへの参加の是非 ・長期休暇中の課題（今後の議題の提示やメッセンジャー上での意見募集） ・国民学校委員会への参加の提案と意義の説明 ・出席率の低いメンバーに関する対応 ・地方選のためのイベントに関するアドバイス
メンバーからの 提案・相談・議論	・ケーブルテレビへのメンバー出演 ・ユースカウンシルの新しいロゴの相談 ・フェイスブックのトップページの変更 ・秋のイベント「カルチャーナイト」についての打ち合わせ

出典：フェイスブック非公式ページでのチャットから筆者訳出のうえ作成。

表7-3　2017年10月のイベント「カルチャーナイト」の打ち合わせ

発言者	時刻	発言内容
職員	27日 18:52	コメディアンの出演料は、いい値段で決まったよ。それから2種類のビールのサーバーを予約しました。缶ビールも箱買いでほしいね。ビール1杯は、「ルル」の店（顔文字・笑顔）でいくらか、誰か調べてくれる？
ヨナス	18:54	**行って飲んでくるよ（顔文字・爆笑2つ）：①** グロストロップワインショップのことを言ってるの？（顔文字・笑顔）
職員	18:55	そう。とにかくグロストロップで一番安い生ビール1杯の値段を調べて。
エマ	18:56	「ルル」だと思うよ。でもあまりいい場所じゃないけどね。ははは。
エマ	18:57	コメディアンの出演料はいくら？　ビールはどれくらい予約したの？
ヨナス	18:57	それは、ボーリング場にあるバーのことじゃない？
ヨナス	19:03	ええ、まじ？（顔文字・困惑）
ヨナス	19:28	1杯どれくらいの量？　売るときのグラスはあるの？
職員	20:39	コメディアンは2人とも30分で10,000クローネ、普通は13,000クローネ。
職員	20:41	ビールは、1種類は125リットルを5セット、もう1種類は25リットルを1セット、缶ビールは5箱分もつけて予約したよ。
ヨナス	22:33	**知っている店では、生ビール1杯は330mlで28クローネ、550mlで40クローネだったよ。：②**

＊2017年時点1クローネ＝約17円。
出典：フェイスブック非公式ページでの2017年9月27日のチャットから筆者訳出のうえ作成。

　これまでのチャットから、3つの事例を取り上げたい。まず表7-3は、10月に行われたイベント「カルチャーナイト」[6]の実施のための打ち合わせの一部である。

　チャットは、職員が、「カルチャーナイト」への出演者であるスタンダップコメディアンの出演料やビールサーバーの予約について連絡し、ビールの値段を調べてほしい、という呼びかけから始まる。エマとヨナスの2人がそれに対して返答している。

　職員の呼びかけに即座に対応したのがヨナスである。現実の会話のようにテンポのよい職員とのやりとりでは、①のヨナスの返信のように顔文字と打ち解けた言葉が中心で、立場の違いを感じさせない。②ではヨナスは職員が必要とする情報を提供している。わざわざ集まらなくても、たまたま都合のよいメンバーが対応すれば用が足りるこうしたケースでは、チャットは利便性が高い。

　次の表7-4は、地方自治体からのユースカウンシルへのフェスティバル参

加の依頼についてのチャットである。

　表 7-4 のチャットでは、①では皮肉、②④⑤では率直に怒りや呆れを表現している。モーテンはこれまで、議題の提示や議論への参加はしない EM だった。しかしここでは感情を吐露し、さらに③のように意見表明をする、という変化が見られ、いつも皆に呼びかけのメッセージを流し積極的に議論に参加する EC のエマと共に議論を牽引する。

　表 7-5 は、2017 年 11 月の地方議会選挙に向けた討論イベントの打ち合わせ

表7-4　グロストロップ市からユースカウンシルへの フェスティバルへの参加依頼（2017 年 1 月）

発言者	時刻	発言内容
職員	3 日	みんな、新年あけましておめでとう（顔文字・笑顔）。僕は 1 月 12 日 17 時からユースセンターの会議に呼ばれていて、「フェスティバル 17」の文化部門と話をする予定です。それでちょっと情報を、何らかの結論も含めてもっていきたいんだ。 何か議題がある人はここに書いて（顔文字・笑顔）。
モーテン	22:16	フェスティバル 17?
職員	22:16	グロストロップフェスティバル 2017。
モーテン	22:17	**へっ何？　自治体を 50 万（クローネ）でまたホストするわけ？：①**
職員	22:17	そう。でも全然十分ではないけどね。
エマ	22:43	私は行く。
ヨナス	4 日 06:14	僕も会議に行く。
ヤン	10:57	僕も行く。
ヤスパー	11:08	行く。
モーテン		今、進行中だとは思うけど、もう公に発表してるよ。（チラシが添付される）
エマ	20:42	何それ！　8 月の最終週にやるなんて頭悪すぎ。お隣のロドロウ（Rødovre）市の前夜祭と重なるし、**名前が頭おかしいから！：②**
モーテン	21:45	**日程変更すべきだよ、そう。：③**
モーテン	21:46	でも絶対無理だよね……。少なくとも本当に咳き込んじゃうくらいのお金がないと。
エマ		**その通り！　完全に頭おかしいから！：④**
モーテン	21:51	聞いたことないアーティスト……。**予約しちゃってアホだね。：⑤**
エマ	21:51	ワイルドすぎるでしょ。何も 1 月に公表しなくてもいいのに。
エマ	22:19	私たち、あっちと争うことはできないから、日程を変えてもらうように説得するしかないでしょ！

出典：フェイスブック非公式ページでの 2017 年 1 月 3 日〜 12 日のチャットから筆者訳出のうえ作成。

表7-5　地方議会選挙イベント打ち合わせ

発言者	時刻	発言内容
職員	7日 17:54	地方議会選挙に向けて、小さな課題です。グロストロップのすべての政党の公約を集めてほしいんだ。分担して1人ひとつの政党を調べてみて。18歳から30歳までの若者向けの公約にラインを引いてね。そんなに多くないと思うけど。みんないいかな？（顔文字・笑顔）
ヨナス	17:56	どこで公約は見つけるの？：①
職員	18:06	ググるかフェイスブックをチェックして。
ヤン	18:20	僕は自由党を調べる。
ヤスパー	18:27	僕は保守党。
ヤン	19:10	社会民主党も調べるよ。
ヤン	8日 00:04	まだ選んでない5人（名前を挙げる）の人たち、どこの政党にする？：②
ルイーゼ	00:06	ちょっと時間ちょうだい。エマは時間ができたときに返事すると思うわ。
ヤン	00:08	わかった！
ラース	01:13	社会主義人民党も見つけたよ。ほかも見たけど、あまり情報がなかったな。
エマ	01:55	まだ調べていない政党はどこ？：③
ラース	01:57	急進左翼党、デンマーク国民党、デンマーク国民社会主義運動……。
エマ	02:01	わかった。後で夜に調べておくよ。
ヤスパー	01:56	「新しい市民」もだよね。
ミケル	02:09	「赤」系の政党はまだある？
エマ	02:10	「オルタナティブ」と急進左翼党はまだちょっと赤だよ。
ルイーゼ	02:55	私にどれかひとつ回してくれる？
エマ	02:58	「新しい市民」！：④
エマ	03:36	急進左翼党の情報が見つからないよ。見つけた人いる？：⑤
エマ	03:42	デンマーク国民党も見つけたけど、若者関係のことは書かれていないね。
ヤン	9日 00:25	フェイスブックで聞いてみなよ。僕は自由党でそうしたよ。：⑥

出典：フェイスブック非公式ページでの2017年11月7-9日までのチャットから筆者訳出のうえ作成。

である。参加者は7名で、職員の呼びかけに応じて、公約を調べるための打ち合わせをしている。

　書き込みは11月7日の夕方から8日深夜まで及び、9日深夜にも返信されている。長時間にわたるチャットは、メッセンジャーならではのコミュニケーション方法である。仕事や学校での時間、家族や友人との時間、余暇の時間の合間をぬって、可能な時間にチャットをするという手段は、多忙な若者のライフスタイル、特にEMの参加に親和性がある。PAやECのように長期的にコ

ミットし、エネルギーを注ぐ参加ができない EM にとって、時間と場所を問わないチャットは参加しやすい。

　表 7-3 から表 7-5 のすべての事例に共通するのは、職員の若者に対する適度な距離感である。提案の際には「指導」や「強制」にならないように、しかし友達口調よりも丁寧に、かつ親しみやすい雰囲気でメッセージを伝える。

　表 7-5 では発言者が多いものの、ここでのチャットと、筆者がそれ以前に閲覧したチャットからは、政治的アイデンティティを特定できる程度に会話のやりとりがなされているメンバーはヤンとエマ、そして表 7-3 にも登場するヨナスに限定される[7]。

　表 7-5 の②から⑥の発言から、役割分担や次の行動を指南するのはヤン、エマである。ヤンは 1 年間、エマは 6 年間メンバーとして在籍している。2 人はユースセンターの職員や青年学校とつながり、NAU のセミナーやプロジェクトに積極的に参加し、その様子をフェイスブック公式ページにしばしばアップする。日程調整や意見交換でも必ず返信し、時に議題を自ら提示しリーダーシップをとる EC である。

　ヨナスは、日頃非公式ページでは発言せず存在感があまりないが、興味のあるトピックには素早く反応する EM である。表 7-3 の①②では、ビールの値段に関心をもち、その日のうちに回答する積極性が見られる。彼は表 7-5 の議論にも現れ、①では選挙公約の調べ方をたずねている。ヨナスにとっては、ビールの値段を調べるのも公約を調べるのも同じ地平にあり、EM のまま制度的政治参加への関心が芽生える姿が見出せる。バングの定義する EM と EC は、制度的政治参加には無関心とされるが、ヤンやエマは EC でありながら、地方選への関心も高い。3 人の関心と行動から、バングの政治的アイデンティティを超え、EM と EC が制度的政治につながる可能性が見えてくる。

3.　職員の支援

　フェイスブックが効果的に機能する背景には、意思決定を保障する大人の支援がある。

　デンマークでは一般的に、ユースカウンシルの職員は「秘書」と位置づけられる。「秘書」としての職員は、文書作成、予算交渉、スケジュール管理のみ行い、運営や意思決定の主体は若者という姿勢が一貫している。しかし日々のコミュニケーションをたどると、職員は必要に応じて「秘書」という肩書を超え、大人とユースカウンシルのメンバーの懸け橋となっている。

　若者と大人が正面から向かい合えば、対立や葛藤が生じる。一方、対立や葛藤が生じるということは、議論や何らかのコミュニケーションが成立しているといえる。大人が若者の話に耳を傾けず、最終的な意思決定をする状況においては、対立は成り立ちようがない。その点では対立や葛藤は、若者が政治的主体であることの現れだが、大人と若者の関係が垂直的な場合は、対立が若者にとって不利になる場合がある［喜多 2002］。

　グロストロップ・ユースカウンシルの職員は、若者と地方自治体の間で対立や葛藤が起きたときに仲介に入り、若者の意思決定を実現する働きかけをする役割を担っていた。そこで本節ではさらに、コンフリクトを経て若者の意思が尊重された2つの事例を挙げたい。

　ひとつ目は、表の7-4に示した、2017年1月の自治体からのユースカウンシルへのフェスティバル参加と、音楽部門の担当の依頼についてである。当時のフェイスブックのチャットでは、メンバーから、隣の市でも同日にフェスティバルが開催されること、公表の時期、招聘したアーティストへの不満と反対の声が上がり、自治体に日程調整を依頼するか、ユースカウンシルの参加の辞退かが議論となった。その後の対面でのミーティングでは、参加の辞退が決定し、自治体はこれを承諾した。

　2つ目は、数年前にユースカウンシルが提言したユースカフェでのポールダンスの事例である。こうした余暇活動はEMやNPの若者でもなじみやすいが、地方議員たちは「ポールダンスはいかがわしい」という理由で猛反対した。職員は若者の立場に立ち、若者の語彙を自治体の言葉に置き換え主張を重ね、時間をかけて提言を実現させた。その後、ポールダンスはほかの場所でも行われるようになったという。

　また、職員の教育的役割は、組織における参加のルールや他者との関わり方

などにも見出せる。チャットでの職員のコメントには、来なくなったメンバーへの配慮のメッセージや、学校との大事なミーティングを多くのメンバーが無視した際の厳しい叱咤、企業や自治体とのコミュニケーションの際の留意事項など、メンバーと双方向のやりとりをしながらの細やかなアドバイスが見られる。

　職員は、フェイスブック上で細やかに若者をフォローし、直接的な対話の場面では自身が媒体となり地方自治体と交渉し、若者の意思決定を実現するためのコミュニケーションを成立させる。その過程で、EM が参加しやすいだけではなく、地方選イベントのように PA への道筋も示す。実際にこれまで、ユースカウンシルから地方議員と国会議員に立候補した若者が存在する。

おわりに

　本章では以下の3点が明らかになった。

　第1にグロストロップ・ユースカウンシルにおいて、フェイスブックは、PA、EC、EM、NP の4つの政治的アイデンティティが「友達」と広く薄くつながり、メンバー以外の若者の情報アクセスを容易にする役割を果たしていた。フェイスブックは、ユースカウンシルの活動という公的部門の情報を、「友達」の投稿としての私的な文脈を経ることで、広く若者に親しみやすい情報に変換した。また、若者と地方議員とのインフォーマルなつながりは、双方のアクセスを容易にし、大人との協働に慣れていない EM でも参加しやすくなった。

　第2に、非公式ページは時間と空間の制限がないため、参加のハードルを下げた。メッセンジャーでの議論は、欠席したメンバーが後で都合の良い時間に閲覧でき、対面での議論を練り上げる土台となる。チャットでは基本的に返信義務はなく、名指しで意見を求められない限りは、やりとりの傍観が許容される。自分の生活ペースと興味を優先するミーティングの日程調整や、小さな空き時間で返信や意見交換する議論への参加はメッセンジャーでこそ可能であり、アドホックな参加を好む EM に親和的である。フェイスブック利用は、直接会うまでもないトピックは空き時間で議論し、参加へのコミットの度合い

も調整可能であるため、月1回のミーティングでは頓挫することもあるユースカウンシルに新たな可能性を示唆する。

第3に、フェイスブックを効果的に使う背景には、流動的でアドホックな参加を受容する職員と、若者の声を吸い上げる場を地方議会や政策提言といったフォーマルな場に限定せず、情報収集や連絡の手段としてのフェイスブックに積極的に意義を見出す地方自治体の姿勢があった。特に職員は、NP や EM の包摂を青年学校などでのメンバーの勧誘、余暇活動の政策提言の実現で継続して試み、地方自治体の議員や行政と若者の溝を埋める。さらに地方選の時期を利用し、公約の確認や各政党の候補者との連絡、議論といった機会を通して選挙制度への関心を喚起し、メンバーが PA になる道筋もつくっていた。

これまで多くの地方自治体は、一方向での若者との関係によってユースカウンシルの設置や継続に失敗してきたが、グロストロップ・ユースカウンシルのフェイスブックは、公式ページにおける「友達」つながりで若者と地方議員や地方自治体職員との関係を変化させた。多くのユースカウンシルでは、「意識の高い」PA や EC のみが参加し、「ふつう」の若者の EM を巻き込めなかったが、当フェイスブック公式ページは、EM、さらに NP も取り込んだ。メッセンジャーでの非公式で水平的なコミュニケーションは、職員と若者の壁、PA、EC と EM の壁をなくした。

ただし、フェイスブックの活用には留意すべき点がある。それは、対面での人間関係の構築があってこそ、フェイスブックが機能するということである。グロストロップ・ユースカウンシルでは、対面のミーティングや親睦旅行においてメンバー間での信頼関係を日頃からつくっており、加えて職員の教育的な指導と、PA、EC の若者のリーダーシップがあった。こうした土台のもとに、フェイスブックでのコミュニケーションは効果的に機能するのである。

なお、職員が「メンバー」と意味づけるフェイスブックでの 1,800 人以上のフォロワーの存在の分析はできなかった。また、分析方法がインタビューとフェイスブック上のデータの分析にとどまったため、政治的アイデンティティについての考察が限定的となったことは否めない。フォロワーのつながりの意味や実際の機能、個々のメンバーの政治的アイデンティティの考察や変化の過程

の分析は、今後の課題である。

注

1 Social medier brug, interesseområder og debatlyst, Mediernes Udviklings i Danmark 2015.（https://slks.dk/mediernes-udvikling-2015/specialrapporter/sociale-medier/　2017 年 11 月 14 日最終閲覧）。

2 グロストロップ・ユースカウンシルにはホームページもあり、活動内容、ユースカウンシルによる記事、質問・相談などが掲載される（http://www.glostrupungdomsraad.dk/ 2019 年 1 月 5 日最終閲覧）。ホームページはアップデートまでタイムラグがあり、質問・相談は 2015 年を最後に更新されていない。「参加」とりわけ双方向のコミュニケーションの分析にはフェイスブックのほうが妥当であるため、ホームページに関しては本書では分析対象外とした。

3 グロストロップ市が 2006 年から「ユースガイド」として雇用する職員で、2016 年 2 月 5 日、8 月 19 日にインタビューを行った。

4 グルントヴィの構想した民衆教育の学校「フォルケホイスコーレ」における、寝食を共にし、日常生活において親睦を深め関係性を形成しながら学び合うという伝統が、親睦旅行にも生きていると考えられる。

5 地方自治体が広報でユースカウンシルのメンバーを募集しても、人が集まらないということがしばしば起こっているという。

6 「カルチャーナイト」では、中退した若者の受け入れをしている職業訓練学校である、生産学校（produktionsskole）の生徒たちが料理を担当する。ここにも NP の包摂の一部が見られる。

7 それぞれのメンバーの政治的アイデンティティを考察するには、ミーティングやイベントの準備状況などの長期的な参与観察が必要だが、それは今後の課題としたい。

第8章　議会型：議会制と「生活形式」の折衷
——オーフス市の「子ども・若者議会」

はじめに

　本章では、議会型ユースカウンシルであるオーフス市の事例における、若者の政治参加を促す仕組みや要因を明らかにする。

　第6章、第7章での事例では、10年以上継続してきた経験を生かした職員とメンバーの若者の双方が、ユースカウンシルの運営や自治体との連携、参加の方法に柔軟性をもたせていた。また様々な若者文化を包摂する土壌づくりのために、ユースハウスやフェイスブックの活用、親睦を深めるメンバーの旅行などインフォーマルなコミュニケーションが存在した。

　一般的にデンマークのユースカウンシルでは、政党や選挙を中核とする議会政治への接続だけではなく、自治体の若者イベントの企画・実施といった提言と承認、予算の獲得、実現までの様々な組織との交渉といった過程そのものが「政治参加」と捉えられていた。またユースカウンシルは、こうした活動を経験する「民主主義の学校」でもあった。それぞれの事例では、その参加の過程で若者が安心して意見表明し意思決定を行い、影響力を行使する独自の仕組みをもつことが明らかになった。

　本章では、他の事例と同様に継続10年を超え活発に活動するユースカウンシルではあるが、他の事例とは大きく異なり、大人の地方議会と同様のフォーマルな議会制を採用するオーフス市の事例を取り上げる。オーフス市はドイツから陸続きのユラン島に位置し、人口は約33万人（2018年）、首都コペンハ

ーゲンにつぐデンマーク第2の都市である。また25の高等教育機関がある学園都市でもあり、約4万人の学生が住んでいる。オーフス港はデンマークの輸出入コンテナ量の3分の2を占め、オーフス市には大企業の本部や開発部門が数多く集まる。

　文献資料やインタビューからは、ミニ地方議会のようなユースカウンシルは若者から敬遠され頓挫、あるいは成立しないことが指摘されてきた。それに対して、本章では、オーフス市は正式化された議会型ユースカウンシルでありながら、どのようにメンバーを集め、政策提言を実現しているのか考察する。

　なお、オーフス市のユースカウンシルの名称は「子ども・若者議会（Børn og Ungebyråd）」であり byråd は「地方議会」の意であること、対象年齢が13～17歳と若いこと、他のユースカウンシルに比べてまさに「議会型」であるといった特徴を踏まえ、オーフス市の事例では「ユースカウンシル」ではなく、「子ども・若者議会」の訳を用いる。

研究の方法：インタビュー調査と資料をもとに

　本章では、2016年2月1日、2017年8月23・24日、2018年2月26～28日、8月28日に各地域のコンタクトパーソン（kontakt person）[1] と呼ばれる非常勤職員5人、行政職員1人、子ども・若者議会非常勤職員2人、子ども・若者議会メンバー2人（若者市長、若者副市長）、バックグラウンドグループ（baggrundsgruppe）[2] メンバー1人に実施したインタビューデータ、文献資料、オーフス市から提供された資料に基づき分析を行う。インタビュイーの名前は仮名で表記する。

　メンバー構成員の分析枠組みとして、引き続きバング、リー、マーシュの定義した4つの政治的アイデンティティである EM（協働的市民）、EC（日常創造者）、PA（政治的活動家）、NP（政治不参加者）の概念を援用する。PA と EC で構成されると思われる子ども・若者議会において、どのように代表制が確保されるのか、EM と NP の参加を視座に入れ検討したい。また、北欧閣僚理事会の「'参加'の過程」を参照し、バレロップやグロストロップよりも若い年齢層が安心して自由に意見表明ができ、フィードバックがなされるための支援が

どのように行われているのかを考察する。

　子ども・若者議会は、デンマークのユースカウンシルの中で、地方議会と最も直接につながり政策提言する仕組みを構造化している。本章ではまず、議会型ユースカウンシルの課題を整理する。次に、子ども・若者議会の組織構造、各部門の連携、政策提言の過程を概説したのち、子ども・若者議会を支えるバックグラウンドグループの役割を論じる。さらに、子ども・若者議会とバックグラウンドグループの相互作用を検討したうえで、議会型ユースカウンシルにおける政治参加を促す要因を考察する。

1.　議会型ユースカウンシルの課題：先行研究から

1.1　北欧の研究

　ノルウェーの社会学者グロ・ウールゴー（Guro Ødegård）はノルウェーのユースカウンシルの先進事例として評価が高いポスグルン（Porsgrunn）市のユースカウンシルに着目し、量的調査と質的調査により、ポスグルンとノルウェーの他の地域を比較して、ポスグルンにおける民主主義の実践の効果を検討した。その結果、ポスグルンの若者はノルウェーの若者全体と比べて選挙の投票率、政党青年部への参加、政治組織への参加がやや低く、一方でシングルイシュー型の政治参加はノルウェー全体よりやや活発であることが明らかになった。ウールゴーはその要因として、ノルウェーの地方自治体はポスグルンのユースカウンシルをモデルとしたうえで、よりよい仕組みを構築していること、さらに労働者階級と非労働者階級の量的調査から、労働者階級が多い地域であるポスグルンでは政治への関心が低くなる傾向があることを挙げている。またウールゴーは、ユースカウンシルのほかに、市庁舎で年に1度行われる生徒会代表者と地方行政・地方議会の代表が参加する会議にも着目し、会議参加者と不参加者にも量的調査を実施した。その結果、会議参加者は政治への関心、特に制度的な政治参加に関心が高まり、会議不参加者はシングルイシュー型の政治参加に関心が高く参加する傾向が見られた。

　ポスグルンのユースカウンシルメンバーへのインタビューによれば、メンバ

ーの政治参加や政治意識の育成の鍵は、支援者の大人がメンバーを尊重し、責任と政策過程に参加する政治的経験を与えることだという。しかし実際には、ユースカウンシルのメンバーは、各学校の生徒会メンバーから2名ずつ選出され、選出も生徒会が行うという仕組みにおいては、「ふつうの」若者を巻き込めていないこと、またユースカウンシルのコミュニケーションも、若者を代表する言語のやりとりとして機能していないことが明らかになった。さらに、ユースカウンシルは正式な意思決定権や自治体への諮問機関としての立場が保障されていない、とスウェーデンのユースカウンシルを調査したアンダションも指摘する［Ødegård 2007, Andersson 2017］。

1.2 英国の研究

子ども・若者の参加を促すフォーマルで制度的な構造における代表制の問題に焦点を当てたのは英国の社会学者ワイネス（Michael Wyness）である。英国の学校やコミュニティの代表者として選ばれた子どもたちは、どの程度多様な子どもたちの関心を反映することができるのかを検討した。彼は、民主主義の代表制の正式化された構造は、多様な子どもや若者層を取り込むより社会的不平等や排除につながり、改変が必要と結論づけている［Wyness 2009］。

英国の教育学者ケイ・ティスダル（E. Kay M. Tisdall）らは、子どもと若者の参加がどのように促されるか、1. 子どもの権利保障、2. 法的責任の遂行、3. サービスの改善、4. 意思決定の改善、5. 民主的過程の強化、6. 子どもの保護の促進、7. 子どものスキルの強化、8. 自尊心の強化とエンパワーメント、の8つの要素から考察した。

ティスダルらによれば、子どもと若者の参加の過程や制度には、主として2つの構造的メカニズムがあるという。ひとつは生徒会、もうひとつは若者フォーラムや国政、地方政治レベルの若者議会である。こうした構造については、子どもが「小さな大人」のように振る舞ったり、最も資質のある子どもたちが地域にしばられたり、大人による議題設定への批判がある。また生徒会や若者フォーラム・若者議会は資質に恵まれた子ども・若者に有利であり、周辺化された子ども・若者を排除すると論じた。暗黙の前提により、子どもたちはしば

しば参加から排除され、他の年齢グループでは受け入れがたい実践がなされ、年齢差別はほとんど配慮されないという。参加モデルの主流は議会制自由民主主義の文脈において論じられ、ウエストミンスター型政府[3]は、最も新しい平等の概念や差別禁止法を子どもに適用することを拒んできたと、ティスダルらは批判した［Tisdall et al. 2008］。

　このように先行研究では、制度化され構造的な組織における子ども・若者の参加は周辺化された層を排除し、幅広い代表制が確保されないことや、子どもや若者は年齢により権利が保障されないことを課題としている。本章では、こういった先行研究で指摘された課題を踏まえ、子ども・若者議会の代表制について、さらに政策提言や課題設定の在り方や諮問機関としての影響力について検討する。

2.　オーフス市「子ども・若者議会」の概要

2.1　組織構造と活動内容

　オーフス市は、子どもの権利条約を受けて子ども・若者のための議会を設置した、デンマーク最初の地方自治体である。その起源は 1997 年 4 月から 1998 年 8 月までに試験的に設置した「子ども議会（Børneråd）」にまで遡る。子ども議会は 2000 年には、子どもと若者の地域での生活環境の改善や権利の保障を目的とする「子ども・若者議会」となった。これが、今の「子ども・若者議会」の前身である。主導したのは 8 人の専門家グループ（心理学者、法学者、政治学者、弁護士、若者団体職員、行政や団体にも籍を置く保育士 2 人、高校教師）で、現在の子ども・若者議会の形をつくるまで様々な取り組みがなされてきた。たとえば、子ども・若者をよく知る保育者・教員や余暇活動施設の職員へのヒアリングや、アドホックな意見聴取の場「子どもパネル」を試験的に設置するなど、子ども・若者議会がその目的を実現できるよう準備を重ねた［Børnerådet 2016］。

　子ども・若者議会のメンバーは、オーフス市を北地区、南地区、西地区、移

図8-1　市庁舎議場で開催される「子ども・若者議会」

民地区であるゲレロップ地区（Gellerup）[4] の４つに分割し、各地域から、選挙で定数が選出される。その前の段階として新年度の初めである８月下旬に、各地域のコンタクトパーソンがすべての国民学校を回り、希望者を募ってバックグラウンドグループを形成する。各地域のバックグラウンドグループは、月に１〜３回ほどミーティングを開催する。バックグラウンドグループは、バレロップ市やグロストロップ市のユースカウンシルに近い機能を果たし、緩やかな参加が認められるため、ただ友達に会うために来る若者もいる。この各地区のバックグラウンドグループから、子ども・若者議会の選挙への立候補者が出る。その流れとして、９月には各地区のバックグラウンドグループが組織され、選挙のための活動が始まる。10月に各地域の国民学校で、子ども・若者議会の選挙が行われ、メンバーが選出される。さらに、メンバーの選挙により、「若者市長」「若者副市長」が選出される。そして10月から翌年５月までの任期中、月に１回のペースで定期的に市庁舎の議場において本物の地方議会と同じ形態での会議が開催される（図8-1）。またこの間、地方議員とメンバーが小さいグループに分かれて話し合う「ダイアローグミーティング」も開催される。

　子ども・若者議会とバックグラウンドグループの関係を示したのが図8-2である。

　子ども・若者議会のメンバーは、バックグラウンドグループ以外の若者からも広く意見聴取をしている。子ども・若者議会が地域の若者を代表するために、

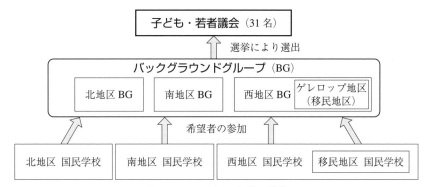

図 8-2　メンバーと組織の構造
出典：2018 年 2 月のインタビューに基づき筆者作成。

国民学校の教師、生徒、生徒会（elevråd）、生徒会地域連合（fælles elevråd）、若者余暇グループ（fritidsungdomsgruppe）の代表と話をし、それぞれの意見を子ども・若者議会にもち帰っているのである。

　月に 1 回の会議や、年に 3 回ある地方議員とのダイアローグミーティング以外に、様々なイベントも実施する。2017 年 9 月には EU 全体の若者会議がオーフスで開催され、EU 諸国から 500 人の若者が参加した。このイベントでは映像、ダンス、演劇といった多様な活動が展開された。恒例のイベントとしては、年に 1 回の政治や民主主義にゆかりのある国への海外旅行[5]、12 月にはクリスマスの食事会（julefrokost）、6 月のボーンホルム島での「国民の会議」への参加、7 月のお別れ旅行[6] などがあり、こうした場で相互の親睦を深めている。

2.2　各部門の連携と政策提言のプロセス

　オーフス市の特徴は、子ども・若者の政治参加が議会制民主主義の枠組みにおいて確実に保障される仕組みを形成していることである。そのための各部門の連携・支援体制は図 8-3 になる。

　まず、子ども・若者議会のための執行部門（Magistratsafdeling for Børn og Unge: MBU）は、市長と数名の地方議員で構成され、子ども・若者議会の窓口

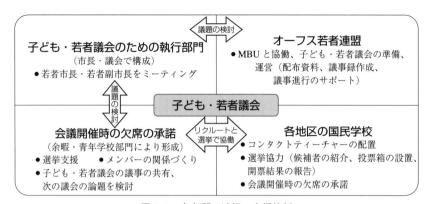

図 8-3　各部門の連携・支援体制
出典：2018 年 2 月のインタビューと自治体資料に基づき筆者作成。

になる部門である。子ども・若者議会から選出された若者市長、若者副市長と定期的に会議を行い、議題や政策提言の内容を確認し合う。

　続いてオーフス若者連盟（Århus Ungdoms Fællesråd: 以下、ÅUF）は、オーフス市の若者アンブレラ団体であり、全国の若者アンブレラ団体 DUF（第 3 章参照）のオーフス版である。子ども・若者議会設立のイニシアチブをとっているのは ÅUF であり、職員は執行部と協力しながら子ども・若者議会の準備、運営（議題の設定、配布資料・議事録の作成、議事進行のサポート）を支援する。

　バックグラウンドグループの形成に責任を担うのは、地方自治体の余暇・青年学校部門で、「コンタクトパーソン」として採用された職員である。コンタクトパーソンたちは、国民学校を回り、子ども・若者議会やバックグラウンドグループの活動を紹介してメンバーのリクルートを行い、バックグラウンドグループを組織して選挙活動やメンバーの関係づくりを支援する。またバックグラウンドグループでは、子ども・若者議会での議事を共有し理解を深めると同時に、バックグラウンドグループからも議題を提案する。

　各国民学校には、子ども・若者議会やバックグラウンドグループとの連絡窓口になる「コンタクトティーチャー」がおり、選挙の際の候補者のビデオレター視聴やメッセージ文の配布、投票や開票結果の報告などに協力する。また各地域の学校は、子ども・若者議会のメンバーが、会議のある日は学校を欠席す

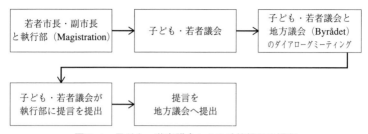

図8-4 子ども・若者議会からの政策提言の過程
出典：オーフス市子ども・若者議会担当職員作成の資料をもとに筆者作成。

ることを承認している。

　子ども・若者議会による政策提言は年に4回ほど可能で、図8-4のプロセスを経て提出される。

　政策提言は、執行部、議会、ダイアローグミーティングでのやりとりを重ねて、正式な手続きを経て提出される。バックグラウンドグループでの議論から始まり、複数のプロセスを経て政策提言がなされるこうした仕組みは、議会制民主主義に、デンマークの対話型民主主義が折衷されている形といえる。

3. バックグラウンドグループの役割

　バックグラウンドグループは、子ども・若者議会での議論をもち帰り、その内容を理解し話し合う場であると同時に、子ども・若者の視点から議題を提案するボトムアップの場でもある。

　バックグラウンドグループは、8月にコンタクトパーソンが各学校で子ども・若者議会の説明会を実施し、参加希望者を募り9月に形成される。コンタクトパーソンは、参加希望者リストをもとに、メッセンジャーやフェイスブック上でミーティングの日時や連絡事項といった情報を流す。9月から10月の子ども・若者議会の選挙までは、小旅行やパーティで親睦を深めながら、コンタクトパーソンがバックグラウンドグループのメンバーに対して子ども・若者議会や民主主義について説明し理解を促し、選挙の立候補者を募る。

　各地区には10校以上の国民学校があり、バックグラウンドグループの人数

は 1 校あたり 15 〜 20 人ほどである。ただし、移民地区は国民学校が 1 校の
みで、他の地区に比べてバックグラウンドグループへの参加が可能な年齢層の
母集団は小さいが、バックグラウンドグループの人数は 15 人と、他の地区並
みの人数が集まり、関心が高い。移民地区のコンタクトパーソンは、その理由
を、放課後に行く場所がない子ども・若者にとってバックグラウンドグループ
は居心地が良い場所であるからではないか、と捉えている。

3.1　PA・EC・EM・NP を包摂する場としてのバックグラウンドグループ

　子ども・若者議会のメンバーは、各地域の各学校から選挙によりおよそ 1
〜 2 名が選出される。投票率が平均 2 倍の選挙を勝ち抜く当選者は、資質と
積極性にあふれた子ども・若者であり、政治に関心が高く政治家になることも
見据えた PA、ボランティアや生徒会で活発に活動し、友達が多い EC たちと
いえる。

　一方、バックグラウンドグループに集まってくる子ども・若者は多様である。

> 「バックグラウンドグループには、ボランティアや社会への関心が高い人、
> 新しい友達がほしいから来る人、友達に会いに来る人、議論をしたい人と、
> 様々な人が集まります。学校ではうまく居場所が見つけられなかったり、
> 何らかの問題を起こしたり、友達とうまくいかなかった人も、ここに来れ
> ば違ったタイプの若者に出会うことができるのです。」
>
> （西地区コンタクトパーソン・スティーネ、2018 年 2 月 26 日）

　バックグラウンドグループには、とても熱心で毎回参加するメンバーと同時
に、来たり来なかったり、あるいは 1 回だけ参加し、メッセンジャーによる
連絡を受け取るだけの者もいる。3 か月来なくて再び現れる者、途中でいなく
なる者もおり、コンタクトパーソンも恒常的に参加するメンバー以外は把握し
きれていないという。こうした柔軟な参加形態は、普段は情報を受け取るのみ
だが、時には試しに 1 回でも行ってみようという NP にも参加の余地がある。

　出席・欠席がいっさい管理されず、来なくても問題にならないバックグラウ

ンドグループは、**EM** と **NP** への門戸
を広げている。各地区のミーティング
の場は、オープンスペース、青年学校
の一室など様々である。たとえば、西
地区のミーティングの場所は、若者が
自由に出入りできる「ユースカルチャ
ーハウス」である。ユースカルチャー
ハウスは、ビリヤード、スタジオ、キ
ッチン、ミーティングスペースなどを

図 8-5　オーフスのコンタクトパーソン
の大学生

備え、誰でも立ち寄ることができ、気軽に覗きに行きやすい。こうした場所の
確保も、若者の参加を促す要素のひとつといえる。

3.2　コンタクトパーソンの属性と役割

　バックグラウンドグループには、各地区で大人のコンタクトパーソンが 2
〜 3 人おり、月に 1 〜 3 回程度のミーティングを計画、運営する（図 8-5）。
コンタクトパーソンは、地方自治体の余暇・青年学校部門で雇用される。教育
学や政治学を専攻する、あるいは子どもの指導経験のある大学生や大学院生が
多いが、オーフス市としては学歴や資格よりも、民主主義や政治に関心があり、
子どもや若者との関係を構築できる人柄、また各地域にふさわしい人材を重視
するという。

　たとえば北地区・南地区・西地区では、学生を雇用する。学生たちは、子ど
も・若者にとって保護者でも教員でもなく、少し年上の支援者という役割を担
っている。一方、移民地区では、学生ではなく青年学校に所属する職員がコン
タクトパーソンとなっている。筆者がインタビューを実施した 2018 年では、
移民地区の職員 2 人のうち、1 人はジャーナリストの経歴をもち、移民・難民
問題や社会問題の知見が豊富な人物であった。もう 1 人は大学でアラビア文
化を専攻した者だった。移民地区では住民のほとんどが移民・難民で、紛争の
トラウマを抱える保護者や失業中の保護者が多く、低学力であること、デンマ
ーク人の住民やクラスメートが極めて少数であることから、若い学生職員では

図8-6 「子ども・若者議会」のワークショップ

なく社会事情や移民文化に詳しい職員を配置するという配慮が見られる。

コンタクトパーソンは、ミーティングの時間と場所のリマインダーをメッセンジャーで流し、飲み物や食べ物を用意し、ミーティング環境を整える。果物やペストリー、飲み物を手にしてリラックスした雰囲気で話し合いをするというスタイルは、デンマークの地方自治体や病院、福祉施設など公的機関の会議でもよく見られる光景である。

バックグラウンドグループでは、子ども・若者議会で議論された議題を共有し、理解が困難な議題についてはコンタクトパーソンが説明し、必要に応じて国政についても解説する。また、子ども・若者が企画する旅行などのイベントの際には、メンバーが中心となって進めるが、コンタクトパーソンはチケットの取り方、旅行の手段、予算の配分など必要な場面に応じて助言し、作業や手続きが滞る場合には次の行動を何度も促し、実現まで導く。

子ども・若者議会を担当する地方自治体職員によれば、子どもにとって窮屈ともいえる議会型でもうまくいっているのは、バックグラウンドグループの教育的役割のおかげであるという。コンタクトパーソンは、子ども・若者の意思決定を支援し書類作成や交渉事を担当する「秘書」と位置づけられるが、教育的役割も果たす。子ども・若者議会が開催される日は、メンバーは正午には集まり、市庁舎の一室に用意されたサンドイッチや果物などの昼食をみんなでとる。その後、2時間ほどの会議に加え、理解を深めるためのワークショップ（図8-6）を実施する場合もあり、終わるのは16時以降である。こうした長い時間の間には、メンバーの集中が途切れ、おしゃべりが止まらなくなることもある。コンタクトパーソンらは会議に一緒に参加し、時に注意が散漫になるメンバーに集中を促し、議題への理解が深まり議論が活性化するように働きかけ

る、教育的役割も果たしている。

3.3　子ども・若者からの問題意識の形成

　各地区のバックグラウンドグループの活動は、子ども・若者議会での議論をもち帰り、その内容を理解し話し合うこと、バックグラウンドグループからも議題を上げ、コンタクトパーソンがそれをサポートすること、という 2 点において共通する。バックグラウンドグループで議論され、子ども・若者議会に上がった議題には、たとえば2017 〜 18 年度は、環境保全型のまちづくり、失読症やその他の障がいをもつ生徒への支援と IT の活用、スケートリンクの設置、いじめへの対策と予防、心の健康と自殺の予防、ホームレス支援、麻薬とアルコール、といったテーマがあった。

　一方、各地区で独自の課題を見出し、活動を展開しているテーマもある。たとえば南地区では、2014 年の政府の国民学校改革により、これまで学校の管轄外にあった、子ども・若者余暇施設のユースクラブが学校の管轄下に入ることになった。これを受けて、バックグラウンドグループは議論を重ね、ユースクラブや保護者への聞き取りを行っていた。ユースクラブでは、若者が活動内容や室内の装飾などを決定し、学校とは異なる自由な空間であることが長所として捉えられてきた。しかし学校の管轄下に入ると、その特性が変わる可能性があり、バックグラウンドグループのメンバーはそれを危惧していた。そこで、これまでのユースクラブの長所をどうしたら維持できるか、関係部門の人たちや保護者を訪ね話し合っているという[7]。一方、移民地区では、健康と運動、人種差別、若者の孤独[8]といった課題に着目し、コペンハーゲンへのスタディツアーを実施して、関連団体でインタビューを行うといった活動を展開していた。

3.4　子ども・若者議会とバックグラウンドグループの相互作用

　バックグラウンドグループと比較すると、子ども・若者議会は、EM が参加するにはハードルが高い。月に 1 度の会議は市庁舎の議場で行われ、発言時には大人の地方議会と同様にボタンを押してマイクで発言する。会議はワーク

ショップなどもはさみ、3時間以上に及ぶ。

　また、子ども・若者議会は PA・EC の集団といえる。若者市長である 15 歳のサイードはエスニック・マイノリティで、子ども・若者議会メンバー 2 年目（2 期目）である。政治や、議会へ影響力をもつことに関心があり、それが子ども・若者議会参加の動機となった。地方議会では影響力が限定的であるため、将来は国会議員になり、国民学校改革のような国政レベルの政策にも関わりたいという彼は、PA としての資質を備えている。若者副市長のマリアは 3 年目（3 期目）で、人とは違った経験ができること、政治に不満があるときに、ただ文句を言うのではなく、正式なルートで異議申し立てできる機会があるのはよい、と思ったのが参加の動機であるという[9]。彼女もまた PA としての資質がある。

　子ども・若者議会のメンバーはバックグラウンドグループのメンバーでもある。子ども・若者議会のメンバーは、会議のある日は学校の授業の欠席が許可される特別な存在であり、地方議会の議員と議論し、生徒会や若者余暇グループへも意見聴取に行く PA・EC 集団である。一方、バックグラウンドグループの他のメンバーは、参加は義務ではなく来たいときに来ることが認められ、議論がしたい、ただ友達に会いたい、ひとつのテーマだけに関心がある、といった EM も参加可能である。

　子ども・若者議会のメンバーである PA・EC と、EM・NP を含んだバックグラウンドグループのメンバー間の相互作用を表したのが図 8-7 である。

　子ども・若者議会の政策提言プロセスや選挙方法、議会の形態は議会制政治の正式なモデルであり、PA・EC でなければ参加が難しい。しかし、バックグラウンドグループに PA・EC である子ども・若者議会のメンバーが会議の内容をもち帰り、共有し、説明することで、EM も会議のアジェンダが身近なものになる。

　　「大半の子ども・若者は、政治や社会にあまり興味がなく、テレビを見たりパーティをすることに意識が向いています。政治について大人が話すより、僕たちが話すほうが興味をもってもらえます。」

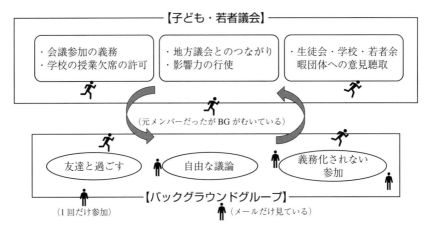

図8-7　子ども・若者議会とバックグラウンドグループの相互作用
出典：コンタクトパーソン、行政職員へのインタビューから筆者作成。

（若者市長・サイード、2018年2月26日）

　さらに、子どもたちと年齢の近いコンタクトパーソンも、教員や保護者より
もバックグラウンドグループに来る子ども・若者との距離が近い。政治に関す
る知識を大人から一方向で教授されるのではなく、同じ子ども・若者の視点か
ら、あるいは年齢の近いコンタクトパーソンの視点から学ぶことで、EMにと
っても政策提言が身近なものになりやすい。

　また、子ども・若者議会でのアジェンダは、ユースカルチャーハウス、いじ
めへの対策や予防、若者とアルコールや喫煙問題、と若者にとって日常生活に
極めて身近で、子ども・若者に直接に関わるものであるため、バックグラウン
ドグループで議論がしやすい。

　北欧閣僚理事会が提示した「'参加'の過程」では、意思決定の過程におい

て、「必要な情報にアクセス可能である」ことが挙げられている。これは、情報を提供する主体が多様であることも関連すると考えられる。バックグラウンドグループでは、必要な情報がコンタクトパーソンと子ども・若者議会のメンバーから提供される。バックグラウンドグループのメンバーは、議題や議題にまつわる情報を、同世代や少し上の世代の目線から、すなわち、大人とは違う視点で受け取ることができる。また、EM や NP でも、質問や意見のやりとりといった双方向のコミュニケーションが可能である。学校で民主主義や議会制の知識を学ぶだけではなく、近い年齢層の様々な関心をもつ人たちからの情報を得ることも、子どもが主体的に学ぶ姿勢や参加を促す一因といえよう。

4. 政治参加を促す要因

4.1 所属を離れた個人としての主体形成

オーフス子ども・若者議会において、若者の政治参加はどのように促されるのか。コンタクトパーソンやメンバーへのインタビューからは、集団への帰属を離れた個人としての参加の意義が示唆される。

> 「若者は以前より政党政治への関心を失っているけれど、政治そのものには関心をもっています。政党への興味を失っているのは社会の急激な変化のせいで、どこか特定のグループに所属することに抵抗があるからだと思います。」
> 「イデオロギーではなく‘社会の一員’として、あるいは‘民主主義’だから参加するというのがよいのです。ただ来て議論し、他者の意見を聴くのがよいのです。」
>
> （西地区コンタクトパーソン・クリスティーネ、2018 年 2 月 26 日）

バックグラウンドグループは、学校やアソシエーションなどの所属を問わず、個人として参加する場となっている。政党青年部に所属する場合、メンバーの意見は各政党のイデオロギーに基づく。学校や特定のグループに所属する場合

も、人間関係を考慮し、またクラスメートが期待する自分のキャラクターを演じるなど、自由な発言が困難な場合がある。特にクラスになじめない、あるいはいじめられている場合はなおさらである。バックグラウンドグループへの参加は義務ではなく、流動的なメンバーも含まれるが、それゆえに個人としての自由な発言がしやすくなるという。その点において「安心して意見表明ができる」［Nordic Council of Ministers 2016a］条件が整っているといえよう。

　南区のバックグラウンドグループに 3 年間在籍したピーターは、教師に「あなたにぴったりの活動だと思う」と勧められて参加するようになった。彼は学校の生徒会のメンバーで、学外では NGO の Save the children でも活動している EC である。1 年目は子ども・若者議会のメンバーとなったが、2 年目、3 年目はバックグラウンドグループのメンバーにとどまり、選挙に立候補しなかった。

　　「子ども・若者議会は、僕にはあまりに正式すぎました。バックグラウン
　　ドグループがちょうどいいです。毎回違うメンバーが来ることも多いです
　　が、ここでよい友達が 7 人でき、2 年目、3 年目は友達に会うのが楽しみ
　　で通っていました。」
　　　　　　　　　（南区バックグラウンドグループ・ピーター、2018 年 2 月 28 日）

ピーターが参加した当時のバックグラウンドグループのメンバーは名簿上 20人だったが、いつも来ていたのは 10 人前後で、来る人も毎回変わるためあまり深くは話せなかったという。それでも彼はバックグラウンドグループで自身の成長を実感したという。

　　「3 年間の参加で明らかに（僕は）変わったと思います。自分の意見をもち、
　　その意見を言語化し表現できるようになりました。成長したと感じます。」
　　　　　　　　　（南区バックグラウンドグループ・ピーター、2018 年 2 月 28 日）

コンタクトパーソンによれば、バックグラウンドグループでは学校よりも自分

の意見を述べ自分を表現する機会が多く、自分たち自身でやろうと思えば様々な活動が可能であるという。コンタクトパーソンは、バックグラウンドグループでの活動によって若者が変容する様子をしばしば見てきた。たとえば、とても内気な若者が、バックグラウンドグループへの参加を通じて徐々に発言するようになり、2017年9月のEUの若者会議では、各国の若者と最も活発にコミュニケーションをとり議論をしていた事例がある。若者副市長のマリアも、3期目に入った現在では、会議や大人とのやりとりで流暢に意見を述べるが、3年前に初めてメンバーとなったときはほとんど話さず、おとなしかったという。

4.2　代表制の確保の工夫

　多くのユースカウンシルが代表制の確保に苦労してきたが、オーフス市の子ども・若者議会における代表制確保の工夫として、以下の3点が挙げられる。

　まず、メンバー選出の選挙にあたり移民地区の特別枠を設け、必ず彼ら・彼女らを子ども・若者議会に送り込むことを制度化したことである[10]。これにより、地理的にも文化的にも参加が難しかったゲレロップ地区から、市庁舎で開催する子ども・若者議会へメンバーを確実に送る仕組みができた。さらにコンタクトパーソンの支援によるミーティングやスタディツアーの実施において、若者たちの意見形成や社会参加が活発になってきている[11]。子ども・若者議会には3期続けて選挙に立候補し当選したメンバーや、「補欠」メンバーとして当選したメンバーが、次年度の立候補を希望するなど、積極的な姿勢が見られる。

　第2に、子ども・若者議会において、メンバー選出の選挙は生徒会や学業で目立つ者ばかりが選ばれる人気投票となり、PA・ECだけの集まりに陥る可能性が高い。しかしオーフス市の場合は、バックグラウンドグループによる対話的でインタラクティブな仕組みにより、EMやNPを巻き込んでいる。子ども・若者議会は、政策提言の過程を構造化したトップダウンの仕組みをもつが、バックグラウンドグループを形成しコンタクトパーソンを配置することで、相互的なコミュニケーションを成立させるボトムアップの仕組みも同時にもつの

である[12]。

　第 3 に、バックグラウンドグループ以外にも、子ども・若者議会は、生徒会、ユースクラブなどの若者余暇グループにも意見聴取を行う。したがって、意見聴取の対象となる若者や組織も多様となり、広く若者を包摂することになる。

4.3　子ども・若者の意思決定と影響力の実現

　バレロップ市やグロストロップ市のユースカウンシルは、対象年齢が 15 〜 25 歳と広く、選挙権付与年齢とユースカウンシル対象年齢は無関係である。一方、オーフス市では子ども・若者議会のメンバーの対象年齢は 13 〜 17 歳に設定されていて、選挙権が付与される 18 歳に満たない者を対象とする。子ども・若者議会は、投票権がない 17 歳以下の層にも地方自治に参加し、政治的影響力を及ぼす機会を提供することを目的としている。その理由として、国連「子どもの権利条約」を受け、子ども・若者議会を設置した背景がある [Børnerådet 2016]。

　英国や北欧において、今日まで実施されてきた多数の参加型プロジェクトでは、意見聴取の場を設定しても、前提となる必要な情報が提供されず、大人は若者に無関心で聴く姿勢をもたない、提言のフィードバックがなく影響力がない、大人が設定する議題が若者の課題とはミスマッチである、という課題が繰り返し指摘されてきた（序章 6 節 2 項）。

　ここまでの議論において、13 〜 17 歳という年齢の子ども・若者への意見聴取と意思決定の実現を支えるのは、バックグラウンドグループと子ども・若者議会との相互作用や、複層的な大人の支援と情報提供、そして大人が決めるのではなく、子ども・若者の関心に基づく議題の設定などであることが浮かび上がってきた。ここからは、第 6 章や第 7 章でも見られた、大人と若者の対立や葛藤に着目したい。対立や葛藤は、形骸化ではない参加においてはじめて現れる。大人との協働において対立や葛藤が生じた場合、子どもが不当に扱われる危険性がある [喜多 2002]。その中で、対立を超えて若者の意思決定が実現されるのは、まさに「影響力の行使」である。

　オーフス市では、議題をめぐり地方議会と子ども・若者議会の対立がしばしば顕在化してきた。議題は地方議会とバックグラウンドグループの双方から提案され、議会執行部と若者市長・若者副市長との会議と、地方議員と子ども・若者議会のダイアローグミーティングで擦り合わせながら議論される。

　対立の例として、近年では、地方議会から財政削減のためのユースカルチャーハウスの閉鎖が提示された議題がある。子ども・若者議会は、ユースカルチャーハウスは子ども・若者の居場所として不可欠であるとして反対し、議論のやりとりの結果、地方議会はユースカルチャーハウスの閉鎖を取り下げた。2017 年度には、地方議会は子ども・若者議会に若者の喫煙の管理とルールづくりを議題として提案し対応を要求したが、子ども・若者議会が拒否した。子ども・若者議会は、喫煙者が学校の外に出ればルールの適用が困難になり管理に限界があると主張し、地方議会が最終的には取り下げたのである。

　地方自治体側は、こうした議論の蓄積を「民主主義の学習」と捉えている。

　　「喫煙の規制については、子ども・若者議会が話し合いを重ね、地方議会に対して異議申し立てをしました。議論の末、この議題は取り下げることが決まったのです。これでいいのです。こうした過程こそが、民主主義です。」

　　　　　　　　　　　　　　　　　　（行政職員・マリアンヌ、2018 年 2 月 28 日）

子ども・若者議会が主張を通すには、主張の正当性を大人の議会に理解してもらわなければならない。そのために、以下の①から③の様々な機会が設けられる。

　①図 8-3 にある「子ども・若者議会の執行部門」で大人の市長・議員、若者市長・副市長が議題について話し合う。
　②子ども・若者議会ではコンタクトパーソンら職員たちが、議論のまとめ方や議題理解のためのサポートをし、行政職員や議員とワークショップを行う。

③ 2 か月に 1 回のペースで行われる「ダイアローグミーティング」では、大人の議員と子ども・若者議員が 3 名ずつテーブルに座り、自由に議論する。

子ども・若者議会のメンバーたちには、こうした複数にわたる必要な情報を得る機会が提供され、大人と子ども・若者はコミュニケーションをとる機会を積み重ねる。対立が起こった際には、互いに妥協点を模索し合意形成に至る道を見出そうとするのである。もちろん、年に 4 回の政策提言のチャンスがあるといっても、合意形成はいつも順調に進むわけではない。

「政策提言プロセスには時間がかかり、7 か月の短い任期では政策提言の実現までには至らないこともあります。民主主義は時間と手間がかかります。それを子どもたちが学ぶことが大切なのです。」

（行政職員・マリアンヌ、2018 年 2 月 28 日）

子ども・若者議会のメンバーは、任期が終わったのちも継続して立候補する者が複数いる。政策に変化をもたらすことができなかった場合も、議会、行政、若者アソシエーション、他校の生徒と共に議論し場を共有し、とりわけ「政治家」という、子ども・若者にとって立場も年齢も遠い人たちに正式な手続きを経て意見を聴いてもらい、双方向のコミュニケーションをとるという経験をすることは、社会や政治への信頼につながると考えられる。

おわりに

　バレロップ市やグロストロップ市と比べ、オーフス市の子ども・若者議会は、大人の地方議会と同様の正式化された形態を踏襲する。そのため、議会制民主主義の弊害が体現され、PA・EC 以外の若者にはなじまず、エリート主義になると想定された。しかし、以下の 3 点においてその課題を乗り越えていた。
　第 1 に、地方議会、行政の余暇・青年学校部門、学校、アソシエーション

連盟という各部門の連携により、バックグラウンドグループへのリクルート、子ども・若者議会の選挙への参加、子ども・若者議会での意見形成と議論の場、政策提言が実現する仕組みが包括的に組織化され、参加の過程や組織構造、活動内容が明確にされている。

　第2に、オーフス市の子どもたちは、参加に必要な情報をPA、EC、バックグラウンドグループのコンタクトパーソン、子ども・若者議会の職員、といった複数のルートから得る機会をもつ。EMのみならず、NPもメーリングリストなどで情報共有の機会を得ていた。子ども・若者議会での議論や決定事項はバックグラウンドグループへ伝えられ、バックグラウンドグループでの意見が子ども・若者議会に上げられることで、議題についてのフィードバックが可能となっている。

　第3に、代表制の課題解決においては、EMやNPの参加を促すためのバックグラウンドグループの形成に加え、エスニック・マイノリティの独自の選挙区を設けることで、地理的に遠く、また同質集団のコミュニティ化が進むゲレロップから、確実にメンバーを送りこむようにした。ゲレロップでは、他の地区よりもバックグラウンドグループへの参加者の割合が高く、選挙に積極的なメンバーが継続している。また、ゲレロップ以外の地区でのエスニック・マイノリティもメンバーに選出されるようになり、子ども・若者議会が多様なルーツをもつメンバーで構成されるようになった[13]。また、バックグラウンドグループは、EMやNPを包摂し、学校の「生徒」としてではなく「個人」としての参加を可能にした。

　子ども・若者議会の実践は、民主主義を担う市民の育成と、市民としての子ども・若者の尊重と権利保障を、正式な代表制民主主義と対話型民主主義の折衷で実現するものだった。参加のための情報提供が大人と子ども・若者の双方から複層的になされ、また複数の対話の場があった。メンバー選出の選挙、市庁舎の議場での子ども・若者議会の形態、そして規定された政策提言の過程は議会制そのものである。一方、議会制を成立させるための対話の場、人間関係の形成の場は、グルントヴィの思想を継承したコックの「生活形式の民主主義」（詳しくは第1章を参照）を体現していたのである。

注

1　コンタクトパーソンは自治体に雇用される常勤・非常勤職員であり、バックグラウンドグループの活動を支援する大人である。各地区に 2 人から 3 人配置される。

2　ここでの「バックグラウンドグループ」はオーフス子ども・若者議会での正式名称だが、その機能は他の自治体のユースカウンシルと類似するため「ユースカウンシル」（Ungeråd）とも呼ばれる。

3　英国型の議院内閣制を意味し、内閣は下院の過半数を占める単一政党による構成される。議会に対する内閣の優位、小選挙区制などの特色をもつ［大山 2001］。

4　ゲレロップ地区は、パレスチナ難民やソマリヤなどアフリカの紛争地域からの難民が多い、デンマーク最大の移民地区である。地理的には西地区に属するが、低学力、保護者の戦争トラウマや高い失業率といった独自の課題が多いため、西地区から独立してバックグラウンドグループを組織する。

5　民主主義が発祥したギリシャや、欧州議会の議場があるベルギーなどに旅行に行っている。

6　メンバーが旅先を選び、コンタクトパーソンがチケットの取り方や旅先への交通手段など具体的な旅の計画を支援する。たとえば、2016 年度にはコペンハーゲンの遊園地、チボリ公園への旅行が実施された。

7　ユースクラブには指導員（pædagog）がいる。南地区のメンバーのインタビューによれば、保護者は、子どもたちにとって親でもなく教師でもない大人との関わりが大事だと考えているという（2017 年 8 月 24 日にオーフス市図書館 Dokk1（第 4 章・図 4-1）で行われた、南地区コンタクトパーソンへのインタビューによる）。

8　「若者の孤独」はフレデリクスベア市やグロストロップ市で 2016 年に課題として挙げられ、その対応としてユースカフェが提言されている。

9　若者市長と副市長は、時にほぼ終日を子ども・若者議会のために費やす。2018 年 2 月 26 日の 2 人のスケジュールは、朝 8 時からの執行部との会議の後、外部からの取材への対応をこなし、昼食をはさみ午後には 3 時間の子ども・若者議会に参加していた。若者市長は、子ども・若者議会では議長も務め、長時間にわたる集中力やファシリテーターとしての力が求められる。

　　昼食や休憩時間にも、若者市長はメンバーの間をまわって声をかけ、31 人のメンバーとできる限りコミュニケーションをとることを試みており、若者市長のリーダーシップが子ども・若者議会の人間関係や場の形成に重要であることがうかがえる。

10　デンマークでは 3 年以上居住すれば外国人にも地方参政権が付与される。オーフス市やバレロップ市では移民の地方議員も選出されている。しかし、分断社会の様相はあちこちで見られ、オーフス市西区のゲレロップでは、集合住宅の住民の大半が移民で、1 クラスの生徒もほとんど移民で占められるようになった。

11　2018 年にはゲレロップ独自の活動として、メンバーたちはコペンハーゲンへのスタディツアーを実施し、NGO を通じて麻薬使用経験のある若者から話を聴いた。

12　バングは、工業化社会と比較して、情報化社会における各組織のリーダーやマネージャーは、ガバナンスを機能させるためにより開かれた、対話的でインタラクティブで水平

的なシステムをつくる必要があるとし、中央集権的なトップダウンの仕組みでは組織を管理できないと指摘する［Bang 2005］。

13　2018年度は、31人のメンバーのうち、10人はアラブ・アフリカ系エスニック・マイノリティのメンバーである。Børn og Ungebyråd（http://ungebyraad.dk/ungebyraadet-2018-2019/ 2019年1月20日最終閲覧）より。

終章　多様な若者の政治参加の可能性

はじめに

　本書は、序章8節「本書における3つの問い」において、以下の3つの問いを設定した。本章ではこれらの問いに対して明らかになったことを提示する。

①デンマークのユースカウンシルは、歴史的にどのような経緯で設置され展開したのか。
②エリート主義的ではない多様な政治参加は、どのように実現されるのか。
　・それぞれのユースカウンシルは、どんな参加の仕組みをもつか。
　・若者の多様な政治参加を、誰がどのように支援するのか。
　・非制度的政治参加から制度的政治参加への接続は、どのようになされるのか。
③多様な若者の政治参加を支えるのは、どのような民主主義か。
　・デンマークのガバナンス型の政治参加や対話による参加型民主主義には、どのような歴史的・思想的背景があるのか。
　・先行研究で示された議会制民主主義の弊害への対抗として提示されるのは熟議民主主義や参加型民主主義だが、デンマークの事例からは、どのような民主主義観を示すことができるのか。

　以下、この3つの問いにそって考察を進めていく。

1. ユースカウンシルの歴史的展開と見出された課題

デンマークのユースカウンシルは、1984年の政府の若者政策提言を契機に、地方自治体により自発的に設置された。1980年代のデンマークでは、1970年代以降からの国内の地方分権改革が発展的に継承され、同時期の英国のニュー・パブリック・マネージメント（New Public Management: NPM）とは異なる、市民参加を推進する独自の地方分権改革が発展した[1]。この地方分権改革により導入されたユーザーデモクラシーは、社会サービスの当事者の政策決定過程への参加の仕組みを形成してきた。こうした流れの中で法制化された高齢者委員会のように、ユースカウンシルも若者政策の当事者である若者の声を聴く組織として機能することがめざされた。

1980年代には76のユースカウンシルが存在した。既に1980年代には、フォーマルすぎる形態や、地方議会の若者との協働に対する消極的な姿勢、メンバーが政党青年部やアソシエーションのリーダーに偏っているといった問題や、若者に主体性と本当の影響力をもたせることの重要性や、政治的な活動のみでは多様なメンバーが集まらない、といったことが指摘されていた［Danske Kommuner 1984］。

実際、大半のユースカウンシルは大人の議会の模倣や政党青年部のメンバーのみが参加するといった状況から、広く若者の意見聴取をする仕組みを確立できず、また地域への認知度も低く、短期間で活動停止、廃止となった。1980年代に70以上あったユースカウンシルは、1990年代にはひと桁の数にまで落ち込んだ。地方自治体の認識も、若者の参加は、生徒会や学校評議会、既存のアソシエーションによって実現しているというところにとどまり［Dansk Ungdoms Fællesråd 1994］、地方自治に若者を直接参加させる機運はあまり見られなかった。

転機が訪れたのは1997年の政府の若者政策提言である。1997年の提言では、EUに先立ち領域横断型で若者の当事者としての参加の重要性を挙げ、地方自治体へ個別の若者政策の導入を促した。1995年の時点で、独自の若者政策を

導入していたのは 8 自治体のみだったが、2000 年には全自治体の約半数まで拡大した ［Muusman 2008］。2000 年代後半以降は、ユースカウンシルは再び活発に設置され、2016 年以降そのペースが加速化した。

　1980 年代から 2000 年代までのユースカウンシルの歴史的展開においては、設立と停滞の波が見られるが、その中で、挫折したユースカウンシルと、長期継続し若者の声を政策に反映するユースカウンシルが存在した。1980 年代から継続するバレロップ・ユースカウンシル、1990 年代から継続するヘーレウ・ユースカウンシル、2000 年代後半から継続するグロストロップ・ユースカウンシル、オーフス・子ども・若者議会は、多数のユースカウンシルの中で、今日も生き残っている。バレロップ市、グロストロップ市、オーフス市のユースカウンシルは政策提言や活動を継続して活発に展開するが、活動内容や地方自治体との連携が不明瞭なヘーレウ・ユースカウンシルは、継続しているものの、意見聴取や意思決定に関わる活動がほとんどなされていなかった。

　過去の失敗からは、ユースカウンシルの仕組みがあいまいであること、若者が議題を設定できず、意見表明も大人との会議ではなかなかできないこと、政策提言のスピードが遅いこと、多様なメンバーを包摂できないことなどが問題となっていた。長期にわたり政策提言や活動を継続しているバレロップ市、グロストロップ市、オーフス市のユースカウンシルでは、これらの課題をそれぞれの方法で乗り越えようとしていた。

　ユースカウンシルの設立と展開の経緯から、大人の役割の明確化や、学校や地域、アソシエーションの間の多分野連携の必要性が明らかになった。また、アジェンダの設定を大人ではなく若者自身が行うことも、主体性の形成には必要であることが見出された。

2.　エリート主義ではない多様な若者の政治参加——課題への挑戦

　デンマークでは 2010 年以降、特に 2016 年からはユースカウンシルの数が急激に増えているが、運営のかじとりには試行錯誤が続いている。第 6 章から第 8 章では、先行研究や第 5 章で浮かび上がった若者の参加の課題、すな

わち、プロジェクト型ではない長期型で、大人が最終決定するのではなく若者
の意思決定と決定事項が具体化され、一部のエリートではなく多様な若者を包
摂する、というこれまでの課題を乗り越える取り組みを展開する3つのユー
スカウンシルの事例を考察した。3事例の布置を整理したのが表終-1である。
　本節で、3事例における参加の仕組み、多様な政治参加を支える大人の支援、
非制度的政治参加から制度的政治参加への移行について考察する。

2.1　参加の仕組み

　PA（Political Activist: 政治的活動家）や EC（Expert Citizen: 協働的市民）といっ
た「意識が高い」グループと、EM（Everyday Maker: 日常創造者）や NP（Non
Participant: 政治不参加者）との分断は、若者の政治参加にとって共通の克服す
べき課題であった。3事例においては多様な若者を巻き込む構造をそれぞれに
もち、EM の参加を保障し、さらに議会制に参加する PA になる道筋をつくっ
ていた。
　ユースカウンシルに人が集まらず頓挫する理由として、主に、1. 地方議会
の正式化された会議が若者になじまない、2.　長期的にコミットする若者が極
めて少ない、3.　政党青年部やアソシエーションのリーダーばかりがメンバー
になると、大半の「ふつう」の若者が排除される、4.　ユースカウンシルが何
をしているかわからない、5.　提言に対するフィードバックがない、6.　参加
に必要な情報が十分に提供されない、といった点が指摘されてきた。

(1) 地方会との関係

　バレロップとグロストロップでは、対象年齢が15 ～ 25歳で、18歳前後の
メンバーが中心であった。この年代のメンバーは、選挙を通しての制度的政治
参加が可能である。しかし国際政治や国政に比べ若者の地方自治への関心は低
く、地方議会は 40 ～ 50 歳代以降の議員が占めていた[2]。
　バレロップでは85年の設立から最初の10年は、メンバーは意欲的でミー
ティングへ継続して参加したが、正式化されすぎた地方議会とのミーティング
では若者が意見表明できず、意思決定において影響力をもてなかった。そこで

表終-1　3つのユースカウンシルの事例の布置

	バレロップ	グロストロップ	オーフス
形式	インフォーマル（生活形式）		フォーマル（議会・生活形式）
設立年	1985年	2006年	2007年
対象年齢	15〜25歳	15〜25歳	13〜17歳
執行部	17人 ＊執行部のメンバー以外には意思決定権がないが、ミーティングに参加可能である	14人	31人
選挙	2年に1度	2年に1度	毎年
活動場所	ユースハウス	フェイスブック（ミーティング用に非公式ページを開設）、ユースセンターなど	子ども・若者議会：市庁舎の議場 バックグラウンドグループ：オープンスペース（ユースセンターなど）
形態	目的は、若者政策提言のみならず、友人と出会い、会話し、時間を共にし、政治イベントや文化イベントを企画することである。若者の居場所であり、厳密には「カウンシル（議会）」ではない		大人の市議会と同様の正式な議会型の子ども・若者議会と、各地域に設置されたオープンな参加が可能なバックグラウンドグループの二重構造。バックグラウンドグループは居場所としても機能する
活動内容	・若者政策提言 ・若者のためのイベントの計画と実施：ユースカフェ、コンサート、地方選の候補者ディベートイベントなど ・他の地域や海外のユースカウンシルや若者団体との交流		・若者政策提言 ・スタディツアーの計画・実施 ・他の若者団体や生徒会連合、海外のユースカウンシルや若者団体との交流
自治体との協働	・市長、地方議員、行政職員とのインフォーマルなつながり 市庁舎での食事会（バレロップ） プロジェクトについての話し合い（バレロップ） フェイスブックの「友人」でのつながり（グロストロップ）		市長と地方議員とのワーキンググループ、若者アンブレラ団体、行政、学校との連携
職員の雇用形態	・フルタイムの職員の長期雇用により、若者団体、市長、地方議員、行政とのネットワークが長年の経験から形成される		・子ども・若者議会、バックグラウンドグループ双方で、若い学生を非常勤職員に雇用 ・移民地区では専門知識がある非常勤職員を雇用

バレロップでは、議会型ではなく、EM としての流動的な参加も含め、居場所であるユースハウスを拠点とした若者同士の交流を中心にすえた。そして、市長や議員、行政職員との食事会といったインフォーマルな意見交換、地方自治体と密接につながる専従職員との頻繁なコミュニケーションにより、PA・EC 以外の若者への参加の道筋をつくった。

(2) メンバー構成の工夫

　民主的な過程を学ぶという点では、メンバーを選挙で選出するのがユースカウンシルの基本的な手続きのひとつだが、バレロップではエリート主義を避けるために正式な選挙は廃止した。若者の代表制の確保のため、生徒会、アソシエーション代表、政党青年部、スポーツクラブに所属する層、こうした組織に所属しない層を必ず含み、どこにも所属せず目立たない若者も参加できるようにした。さらに、古いメンバーと新規メンバーがバランスよく交ざり、出身地域やジェンダーの多様性を考慮し決定する方法に変更した。

　ユースカウンシルの活動は、中核メンバーである PA・EC が牽引するが、メンバー以外も参加可能な会議形態や、地域の若者であれば誰でも利用できるユースハウスが拠点であることで、EM と PA・EC、さらに NP が場を共有することが可能になった。バレロップでは、ボランティアのみ参加する者、メンバーではないが会議には参加する者、ユースハウスの利用者が交ざり合い、日常的に場と体験を共有することで関係性をつくる、伝統的なデンマークの対話型民主主義の形態をとっていた。

　グロストロップでも、創設時から、ユースカウンシルに集まる若者が必ずしも PA や EC ではなく、動機が多様であることを職員が認識し、多様な若者グループの包摂をめざした。人口 2 万人という小規模自治体の特性を生かして、職員が若者関連施設をまわり、情報を得ながら PA、EC、EM、さらには NP だが潜在的に参加の可能性を秘めていそうな若者を勧誘し、メンバーを確保した。また、これまでの政策提言で実現されたスケートリンクの設置やストリートサッカーは、NP の包摂を意図していた。

(3) SNS の活用

　現代社会の若者にとって、余暇活動への時間とエネルギーをひとつのアソシエーションに注ぐことや、正式化された会議がなじまないこと、またグロストロップ市には、若者が気楽に集まるユースハウスがないことから、多様な若者をインフォーマルに広くつなぐプラットフォームとして活用されたのが、フェイスブックだった。

　フェイスブックは、ユースカウンシルにおける重要課題であり実現が難しかった、大人と若者の水平的なコミュニケーションを促した。フェイスブック公式ページでは、地方議員も「友達」としてつながり、大人と若者の語彙や連絡上での壁を低くした。若者同士のつながりに関しても、公式ページは自治体の広報よりも親しみやすく、NP の若者も「友達」経由で薄く広くつながることが可能になった。ユースカウンシルのメンバーの活動やイベントが可視化され、しばしば情報がアップデートされるため、メンバー以外の若者や市民もユースカウンシルの実態を把握しやすくなった。

　グロストロップ市には、居場所として自由にいつでも利用可能なユースハウスがない。その代わりにフェイスブック非公式ページでのチャットを、対面でのミーティングの準備や、急遽相談が必要なトピックの議論、あるいは次回のミーティングの日程調整などで頻繁に活用する。月 1 回のミーティング以外に、時間と空間を限定しないコミュニケーションの場である非公式ページは、仕事仲間や家族・友人と過ごす時間や余暇で多忙なメンバー、特にアドホックな参加を好む EM に親和性がある。メッセンジャーの基本機能は双方向のコミュニケーションでありバーチャルな対話だが、画像や添付ファイルも利用可能であり、不参加の場合も会話を閲覧できるといった独自の機能も備える。

(4) バックグラウンドグループの活用

　オーフスでは、選挙活動や選挙方法、議会への参加、政策提言と一連の正式な議会政治の手続きを子ども・若者が体験する仕組みをもつ。地方議会、行政の余暇・青年学校部門、学校、アソシエーション連盟の各部門の連携により、子ども・若者議会が組織され、政策提言までの過程が保障される。

　議会型のオーフスを支えるのは、各地区に設置されるバックグラウンドグループの活動であり、バックグラウンドグループがバレロップやグロストロップのユースカウンシルのような居場所や、EM としての参加、NP とのつながりをつくっていた。

　選挙は、各地区に定数を割り振り移民地区に独自の議席を設けることで、地理的にオーフス全域をカバーし、またエスニック・マイノリティの代表制も確保した。さらに、学校が選挙活動や投票の場として子ども・若者議会と協働し、学内と学外での活動のつながりもある。

　バックグラウンドグループと子ども・若者議会は情報共有と議論の場であり、子ども・若者議会のメンバーや、コンタクトパーソン、子ども・若者議会の職員、さらには地方議員、市長という様々な立場の人々との複合的な対話の場が、通年のスケジュールをもって用意される。この複合的な協議の場を何度も経験する機会により、子ども・若者は意見形成や意思決定といったシティズンシップのスキルを身につける。

　オーフスの構造化された参加は、13 ～ 17 歳という年齢の成熟度、そして「子どもの権利条約」を受け、選挙年齢に満たない層の政治参加を目的としていた。年齢層が上がり後期中等教育段階のメンバーが主流になると、後期中等教育は地方自治体の管轄外となるため、学校との連携が難しくなる。子ども・若者議会では、義務教育段階であり地方自治体の管轄にある国民学校に就学する年齢層が多いため、学校と自治体との連携がスムーズであることも特徴である。

2.2　多様な政治参加を支える大人の支援

　子どもの参加の理論枠組みを「参画のはしご」（図序-1）で提示したハートは、18 歳以上の若者は大人の参加の枠組みに入るとした。しかし後期近代社会に生きる若者のライフサイクルにおいて、先行世代の若者と比較して就学と就職が流動的であり、家族形成の時期も幅広く、大人の参加の枠組みに入れるには無理がある。ユースカウンシルは平均的に 15 ～ 25 歳を対象とし、中核メンバーは 18 歳前後が多い。10 代後半から 20 代前半の若者にとって、正式

化された会議で、中高年の地方議員や行政職員と対等に議論し、政策提言まで
実現するのはほぼ不可能である。若者の自律性を尊重しつつ、実践においてシ
ティズンシップのスキルを形成することが求められる。

(1) 若者の独自性を認める支援

　バレロップ市、グロストロップ市、オーフス市の事例においては、大人の職
員が若者の自律性の尊重と支援のバランスをとりながら若者を支援していた。
ユースカウンシルのメンバーと地方自治体の議員や行政職員は、情報量や意見
表明や交渉、文書作成といったスキルにおいて非対称的である。したがって、
大人との協働において対立や葛藤が生じた場合に、大人の意思決定が優先され
る。また大人からの一方的なコミュニケーションのため、対立や葛藤さえ生じ
ない場合もある［Matthews 2003, Børhaug 2007］。

　子ども・若者の参加の議論では、議会制民主主義におけるヒエラルキーの問
題や、形骸化した参加を乗り越える道として熟議民主主義に注目が集まり、水
平的な関係構築や部門を超えた公的議論が期待された［Wyness 2009］。しかし
若者と公的部門の対話の実現には、子ども・若者の日常的な言語や世界と公的
機関のそれらの違いを認識し、架橋する工夫が必要になる。そのためには、若
者と大人の違いを再確認し、若者に、政治的アクターとしての新たなアイデン
ティティの構築を認めることが求められる［Cockburn 2007］。

　バレロップ・ユースカウンシルとグロストロップ・ユースカウンシルの職員
は、若者と大人を連続的な存在とは捉えず、別な文化と言語と独自のアイデン
ティティをもつ存在として認識し、互いの異なる世界を翻訳する媒体としての
役割を担っていた。また、北欧閣僚理事会は、意思決定の過程においては、
「自発的で自由な意見形成」と「尊重され安心な状況での意見表明」を必要条
件に挙げているが、両ユースカウンシルの職員は「若者の意見は決して否定し
ない」という姿勢を一貫してとっていた。両ユースカウンシルの職員は、自由
に安心して意見を形成する場を保障し、若者と対話し問題を解決し、意思決定
を共に行うパートナー［Andersson 2017］としての役割を担っていたのである。

(2) 成熟度に合わせた支援

大人の支援に関しては、子ども・若者の成熟度に合わせた支援、という側面も不可欠である。「子どもの権利条約」や北欧閣僚理事会の提言では、「参加」における、成熟度や年齢に応じた意見聴取の必要性が示されている。また、大人の役割は、子どもの市民としての潜在能力を高め、最大限に引き出すことでもある [Hart 2008]。

職員には子ども・若者の年齢と成熟度に応じ、どこまで自律性を尊重し、どこから支援者として関与するかその適切な見極めが求められる。バレロップ、グロストロップ、オーフスの事例では、政策提言、余暇・文化活動、政治家との連絡、討論、といった一連の意思決定や活動の中核を若者が担い、職員は予算交渉、文書作成、自治体との連絡といった秘書業務に徹する。一方、EM としての参加には、若者の行動が無責任になるリスクが伴う。また PA や EC の資質の高い若者であっても、時として同世代で盛り上がり歯止めがきかなくなる場合もある。3 つのユースカウンシルの職員たちは、非常識な行動や羽目を外す行動には叱咤しブレーキをかける、という教育的役割を果たしていた。

バレロップやグロストロップよりも若い年齢層が対象のオーフスでは、コンタクトパーソンと子ども・若者議会の職員のうち、非常勤の学生職員はメンバーにとって立場と年齢が近い。コンタクトパーソンたちは、13 〜 17 歳の若者にはとりわけ、社会人でも保護者でも教員でもない大人が、「斜めの関係」をつくることにより参加がより促される、と捉えている。

また、子ども・若者の市民としての実践においては、日常生活における社会の理解にとどまらず、より深く社会を政治的な側面から理解することが必要であり、大人はそうした学びに大きな役割を果たす [Jerome 2018]。「大人はしばしば、とりわけ子どもが政治的なメインストリームへのアクセスが限られている政治のレベルにおいて、子ども自身よりも子どもの関心を促すことができるのである」[Wyness 2012: 5]。

2.3 非制度的政治参加から制度的政治参加への移行

若者の政治参加においては、シングルイシュー型の運動や NGO での活動な

ど、非制度的な参加が活発である。NGO への参加や SNS を活用する参加にお
いては、若者が主体となり水平的なコミュニケーションが実現される。一方で、
こうした形態では公的部門への影響力においては課題が残るとされてきた
[Collin 2015]。

　ユースカウンシルへの参加は公的部門への参加であり、制度的政治参加への
道筋がある。オーフスの事例は、地方議会と同様の正式化された過程と手続き
により実際に政策提言を行うという、制度的政治参加を最も明確に実現した事
例である。選挙権がない年齢層が選挙を経験し、選ばれた若者市長・副市長、
子ども・若者議員、大人の市長・地方議員との合議で意思決定する、その一連
の行為が制度的政治参加である。バックグラウンドグループは非制度的政治参
加ともいえるが、バックグラウンドグループから子ども・若者議会へメンバー
が立候補するのは、非制度的政治参加から制度的政治参加への移行であり、そ
こには EM から EC・PA への移行も含まれる。

　バレロップとグロストロップでは、非制度的政治参加と制度的政治参加の境
界線は明確ではない。フェスティバルやユースカフェ、若者住宅の増設などの
若者政策提言において、企画の提出、交渉、実現におけるガバナンス型の対話
と意思決定により影響力を及ぼすことは、行政や地方議会との交渉を経ての政
策決定過程への参加である。この点においてユースカウンシルの活動は制度的
な政治参加と重なる。

　バングの定義 [Bang 2005] とは異なり、ユースカウンシルにおいては、EC
は議会制や政党政治に懐疑的ではなかった。ユースカウンシルのメンバーであ
る EC は、自治体職員や青年学校の職員、地方議員とつながり、地域課題や若
者政策に関心が高い。政党青年部や労働組合では活動しないが、地方選もまた
ユースカウンシルが若者の政治参加を促す貴重な機会であると捉え、各政党の
候補者による討論ディベートを、バレロップでもグロストロップでも重要イベ
ントとして位置づけていた。

　ユースカウンシルへの参加は、若者を政策決定過程に参加させ、状況に応じ
て政治的アイデンティティを変容させる可能性を示唆する。バレロップで政党
青年部に所属するメンバーは、政党青年部にいるときは自身のイデオロギーが

明確な PA であり、ユースカウンシルにいるときには、イデオロギーにとらわれず、ボランティアやプロジェクトメイキングを他のメンバーと楽しむ EC だった。グロストロップでは、長いことフェイスブックのミーティングで書き込みをしない EM であったメンバーが、カルチャーイベントでは積極的に活動に協力し、その直後の地方選挙のイベントにも関心を示すようになった。政治的アイデンティティは固定的ではなく流動的で、PA、EC、EM、NP が混在するユースカウンシルでは、非制度的政治参加と制度的政治参加が接続する契機がある。

バレロップとグロストロップでは、数名のメンバーは、ユースカウンシルを経験した後に、地方選に立候補している。またヘーレウの市長は、元ユースカウンシルのメンバーである。どのユースカウンシルも音楽活動を中心とする文化的なイベントを積極的に行い、選挙や議会制が関心の中核ではないが、ユースカウンシルの経験が議会制への参加を促した事例といえる。

シティズンシップ教育や民主主義教育の第一人者であるアメリカの教育学者ジョセフ・カーン（Joseph Kahne）らは、伝統的な大文字の政治（選挙や利益集団、エリートや制度）と小文字の政治（自己表現や自己実現を強調する、直接的なサービスや政治）の区別の重要性を述べている。彼らの研究では、サービスラーニングは自己表現的、若者中心でありコミュニティに根づいた参加を促す傾向にあり、社会問題に関するオープンな議論は、選挙制度などの制度的政治参加を促す傾向があるとしている［Kahne et al. 2013］。

EM の概念は小文字の政治に対応し、PA の活動は大文字の政治に対応する。デンマークのユースカウンシルの 3 事例は、大文字の政治と小文字の政治がつながる参加の在り方であるといえる。

3. 多様な若者の政治参加を支える民主主義

3.1 ガバナンス型の政治参加や参加型民主主義の歴史的・思想的背景

デンマークの多様な諸団体間の対話によるガバナンス型の政治や、参加型民主主義のルーツは、19 世紀の牧師・詩人・政治家のグルントヴィの民衆教育

思想と、グルントヴィの思想を継承した 20 世紀の神学者コックの民主主義思想にある。彼らの思想において、若者の政治的主体形成と政治参加を支えるのは、以下の 3 つの要素である。

(1) 民衆教育における市民形成

第 1 に、グルントヴィとコックは、社会を担う主体としての市民形成のための教育を、公教育から自立して構想した点である。グルントヴィは、代表による議会制が機能するには、教養市民層が中心のギムナシウムや高等教育のみではなく、民衆の生活や母語に根づいた教育、さらには、支配層と被支配層の亀裂を超え、生活を共にして関係性を形成し、対話により「共通の最善（det fælles bedste）」を共に見出そうとする教育が必要だと考えた。コックはそうした教育の場を学校教育にとどめず、フォルケホイスコーレから青年学校、成人教育機関、民衆組織、すなわちアソシエーションまで幅広く捉えた。とりわけアソシエーションに基づく民主主義が協働と協議の実践の場であり、その背景がない民主主義は民衆を疎外する、と訴えた。

またグルントヴィとコックは、市民の育成において青年期は自律的な個人として目覚める大切な時期であり、青年の人間形成のための教育や政治的な市民形成を重視していた。グルントヴィは、自分の場を見出すようになる青年期には、専門的な教育よりも、「生の啓蒙」をめざすべきであると考えた。コックもまた、個人を確立する重要な青年期に適した教育が存在せず、あっても職業教育のみという状況を問題視した。コックのこの視点は、若者アンブレラ団体 DUF の前身、DU の初代代表に就任する際の、若者をつなげるのはデンマーク文化ではなく民主主義であるべきであり、DU に必要なのは若者の政治参加と政治教育であるという主張につながる。

(2) 「生活形式」の民主主義

第 2 に、「生活形式」を民主主義の本質とした点である。制度や憲法は下位的なものであり「生活を制度の上位に置く」というグルントヴィの思想は、コックに継承され、コックもまた、統治形式や制度よりも「生活形式」が民主主

義の本質と論じた。コックの「生活形式」の原理は、対話による共通理解、相互理解を志向する対話的民主主義の形式である。同時代の民主主義論者のロスが、「統治形式（styreform）」や「国家形式（statsform）」に焦点を当て、法制化された正当な手続きを踏まえて、多数意見を政治的決定に反映する重要性を主張したのと対照をなす。

コックは福祉国家による富の再分配を「経済民主主義」と規定し、代表制民主主義と経済民主主義を「社会形式」と定義した。経済民主主義は北欧においては社会権の保障の基礎となる。コックは経済民主主義に同意しながら「社会形式」は外部に生活習慣や文化を取り残すと論じた。そして民主主義は不完全で不安定であり、その克服には「生活形式」として民主主義を自分のものにする必要があり、民衆啓蒙や教育による不断の努力が欠かせないと考えたのである。

(3) 「共同市民性」

第3に、デンマークの市民性概念である「共同市民性（medbogerskab）」の要素である。「共同市民性」は、19世紀半ばの自由主義憲法以来に確立された自由主義的市民権を基礎とし、議会制と相関的な「国家市民性（statsborgerskab）」の上位概念とされる。

「共同市民性」は参加型民主主義の発展に関わり、政治において、議会制の手続きと並行しながら、「協議社会」と呼ばれる対話や討議の複層的な機会による意思決定を重視してきた。「国家市民性」は、福祉国家の教育医療、住宅、福祉といった制度の権利資格と関わるが、「共同市民性」は諸制度への参加や声を反映させる政治的生活形式である。そして「共同市民」が協議社会でその声を反映するためには、多様な文化背景や専門性の異なる人々との差異を承認し、妥協点を探しながら合意形成を探るための人間形成が常に問われる。だからこそ、生涯にわたるフォーマル・ノンフォーマルを超えた「民主主義の学校」で、対話により共通善を見出し、コミュニケーションや協議社会の運営のためのスキルを磨くことが、市民の人生にわたって重要な役割を果たすのである。

3.2　若者の政治参加におけるアソシエーティブ・デモクラシーの可能性

　最後に、子ども・若者の政治参加と民主主義について、先行研究での知見に対して本書がどのような貢献ができるのか、を考えたい。

　先行研究においては、子ども・若者の政治参加のための制度であるユースカウンシルには、議会制民主主義が抱える垂直的な関係性、エリート主義と代表制の欠如、といった弊害があることが指摘された。そして、その弊害を乗り越える道筋として、議会制民主主義における大人と若者の垂直的な関係ではなく、水平的な関係を構築し、公的部門間の垣根を越えた対話の実現が期待される熟議民主主義の形式が提案された［Wyness 2009, Cockburn 2007］。しかし熟議民主主義は、集合的な意思決定を正当化する「理由」の検討と「理性」を重視する［齋藤 2000］。地方議員や行政職員ら「理性」に基づく議論をある程度実践できる大人の言語と、子どもや若者の言語が大きく異なるため、「熟議」には及ばないのが、これまでの事例から見出された課題である。

　一方、本書が対象としたデンマークの対話型民主主義は、公的空間での議論を成立させるために、立場が異なる者同士の対話の重要性の理解や協議のスキル形成に重点を置き公的領域に参加するという特徴をもっていた。DUF や NAU、そしてユースカウンシルの活動においては、大人と若者の文化や言語の違いを乗り越えるために、日常生活を共有し学びの機会を継続的に提供し、各ユースカウンシルが縦横に連帯することで、知恵を共有し政策に影響力をもつようになった。

　こうした民主主義の在り方として、本書では新たにアソシエーティブ・デモクラシー（asssociative democracy）の可能性に着目したい。

　アソシエーティブ・デモクラシーの論者であるハースト（Paul Hirst）は、国家と企業が官僚制的・ヒエラルキー的に統制され、利潤追求のための経済活動を推進した結果、従来の代表制を中心とした民主主義が危機に陥っていることから、その克服のためのアソシエーティブ・デモクラシーを構想した［Hirst 1994］。アソシエーティブ・デモクラシーの構想では、これまで国家が担ってきた政策の決定およびサービスの供給を、市民社会で自発的に結成された様々なアソシエーションに委ねる。アソシエーティブ・デモクラシーにおいては、

部分的なシステム間、あるいはアソシエーション間の相互作用が不可欠であり、そこでは水平的な次元での関係調整のメカニズムが必要である［田村 2008］。

　デンマークのアソシエーションは、ユースカウンシルも含め、若者アソシエーション間でアンブレラ構造をとり、横のつながりで水平的な調整を図り[3]、縦のつながりで政策レベルの影響力を上部まで行使する仕組みをもつ。

　欧米では、それぞれの国でのアソシエーションの伝統がある。議会制の弊害を乗り越えるための形式として、アソシエーティブ・デモクラシーは、子ども・若者の意思決定や提言の実現の仕組みを考えるうえで参考になるだろう。その際にはまず、当該国の文脈と課題を明らかにすることが必要になる。

4．まとめ

　本書では、デンマークにおける政治参加を通した民主主義の学習について、ユースカウンシルを事例として検討した。事例研究においては、ユースカウンシルへの参加にあたり必要な情報の提供、自由な意見形成と安心できる意見表明を可能にする道筋、成熟度や年齢に応じた職員の配置と支援、予算の獲得や政策提言の実現などの影響力の行使といった過程をそれぞれの方法で実現していた。

4.1　政治参加を促す仕組みと支援

　「本当の参加」には、子ども・若者が仲間や大人に尊重され、意見を自由に表現することができ、十分に意見を聞いてもらえる安心な環境に自分がいるという確信が必要になる。

　北欧閣僚理事会は、報告書において以下のように述べている。

　　「参加は単に子どもと若者が意思決定をすることだけではなく、それ以上のものである。子どもあるいは若者は、参加のための情報を得なければならないし、参加の過程を理解しなければならない。そして子どもや若者には、意見を形成し表現する時間と機会が与えられなければならない。そう

　　した機会には、本当の意思決定や過程への影響力の可能性が必要であり、
　　子どもや若者は参加の過程のフィードバックを得なければならないのであ
　　る。」［Nordic Council of Ministers 2016a: 8］

　3つのユースカウンシルでは、大人は「子どもや若者の意見を否定しない」姿
勢を共通してもっており、学校での生徒としての立場から離れ、意見を安心し
て表明できる環境が整っていた。また、対話の機会が複層的にあり、意見を形
成するための議論の期間を長く設けていた。
　若者を主体としてみなす場合、時には大人との葛藤も生じるが、どの事例も、
対立や葛藤を経験しながら、時間をかけて妥協点や合意点を見出すことが、影
響力行使につながっていた。代表制の確保については、すべてのユースカウン
シルが、EM と NP を包摂する新しい参加のための若者の居場所を提供してい
た。バレロップはユースハウス、グロストロップはフェイスブック、オーフス
はバックグラウンドグループが居場所となり、若者にとってコミットメントの
度合いの選択が可能であった。ユースカウンシルの歴史では、議会型は失敗す
る傾向があったが、オーフスではバックグラウンドグループの存在により、バ
レロップのユースハウスやグロストロップのフェイスブックのように、EM と
NP も参加可能となった。
　大人の支援者は、バレロップ、グロストロップ、オーフスの3事例におい
て、若者をコミュニティの一員であり、市民として参加の権利をもつ主体とし
てみなしていた。同時に大人たちは、若者は大人と同様の存在ではなく、固有
のアイデンティティをもつ存在であることを受け入れ、年齢や発達段階、自治
体の事情や規模に応じて情報提供や対話の場を複層的に形成していた。オーフ
スは国連「子どもの権利条約」の影響を受け、選挙年齢に満たない子ども・若
者の政治参加のために設置された背景がある。一方、バレロップやグロストロ
ップは、後期近代の社会変容による若者問題への対応という視点から設置され
た。この違いが、ユースカウンシルの構造や参加の類型の違いにつながる。

4.2　ガバナンス型の政治参加

　様々な学校や地域から若者が集まり、普段は会う機会のない PA、EC と EM、そして NP も接触の余地があるユースカウンシルは、ユースカウンシル同士の横のつながり、DUF とのつながり、地方議会と行政とのつながりにおいて、討議、学習、合意形成が継続してなされていた。こうした仕組みにおいて、バングとソーレンセンが示した、エリート、サブエリート、「ふつう」の人々が含まれる、マルチレベルの政治を伴う民主的ガバナンスが見出される。

　これまでのユースカウンシルの研究では、議会制民主主義の弊害への対抗として提示されたのは、熟議民主主義や参加型民主主義だった。水平的コミュニケーションや、若者のアイデンティティを独自のアイデンティティとしてみなす必要性が示されたものの、具体的にどのように実現するのかは明らかにされていなかった。本書では、ユースカウンシルでの若者の政治参加における大人と若者のコミュニケーションや関係性を具体的に分析し、また従来の研究にはなかったアソシエーショナリズムの視点を提示した。

4.3　日本への示唆

(1) 主体としての若者

　では、北欧の対話型民主主義は、北欧諸国の外で、どのように若者の参加に適用できるだろうか。デンマークの 3 つのユースカウンシルの事例のみをもとに若者の政治参加のスタンダードとすることは不可能だが、3 つの事例の文脈の外においても、いくつかの共通する条件を潜在的な示唆として提示することは可能である。

　日本においても、国連「子どもの権利条約」の批准以降、子ども議会や若者議会は増加の一途をたどっている。また 18 歳選挙権導入、18 歳成年年齢引き下げに伴い「主権者教育」の在り方が問われ、政治参加、社会参加する主体の形成はますます重要課題となっている。

　先行研究において喜多は、大人社会との協働で対立や葛藤が生じた場合に、子どもが不当に扱われる危険性を挙げた［喜多 2002］。子どもや若者が不当に扱われる背景には、大人・若者のコミュニケーションの垂直性や関係の非対称

性への無自覚や、子ども・若者を「今は市民ではない未熟な者」と捉える考え方がある。子ども・若者を、政治参加するシティズンシップを育成する過程にある「権利主体としての市民」と捉えるのかどうか、を真摯に検討する視点が欠落しているのである。新谷は、従来の日本の参画論では子ども・若者への理解が決定的に欠如していたこと、そして「本物の参加」には、対立や葛藤のプロセスやそれを乗り越える経験、参加する若者の力量、支える大人の意識・働きかけとの相互作用が必要だと指摘した［新谷 2002b］。日本との参照軸として欧州の若者政策を検討した平塚は、シティズンシップ形成を今後の若者支援のひとつとして挙げ、学校や地域での社会問題や葛藤の解決に若者が参加しやすい環境づくりを提唱した［平塚 2004］。

　喜多や新谷の指摘を踏まえて日本の若者のシティズンシップ形成を考えた際に、今後の課題となるのが「主体」としての若者の捉え方である。若者固有のアイデンティティや言語と文化を理解しその声を聴くには、新谷の指摘のように、対立や葛藤のプロセスやそれを乗り越える経験が不可欠である。そのためには若者には、意見を表明し自分と異なる立場の人と対話し、対立を乗り越え妥協点を見出し、協同して意思決定する力量の習得が求められる。一方大人は、こうした力量が、参加の実践を継続的に重ね学ぶことにより徐々に身につくことに自覚的になる必要がある。若者に対して学校での知識の学習に加え、様々な矛盾をはらむ現実社会での経験の蓄積ができる仕組みづくりや支援が求められる。若者の「主体化」には、若者の力量形成と大人の適切な支援のどちらの要素も必要だろう。そしてその前提となるのは、若者を「権利の主体としての市民」として扱うことである。

　さらに、大人の教育的役割として、ユースカウンシルでの活動をインフォーマル教育としての政治教育の文脈で考えた際に、インフォーマル教育の特徴のひとつである学習者のイニシアティブや関心、若者自身の選択に基づく活動の展開を支援することが挙げられる。学校でのフォーマル教育ではカリキュラムや時間の制約があり、若者のイニシアティブや関心選択を優先することは難しい［Rogoff et al. 2016］。ユースカウンシルでの活動は、こうした文脈における学習者主体の民主主義の学びともいえ、またシティズンシップの学びとしては、

正式化されすぎないアプローチによる、仲間との対話と議論を通したピアラーニング（Peer Learning）に基づいていた。こうした手法はシティズンシップを学ぶための最も効果的な方法とされている［Hoskins et al. 2012］。

　デンマークの3つのユースカウンシルの事例では、若者がリーダーシップの役割を担い、活動を組織することを大人が促していた。若者が大人から支援されていると感じたときに、市民参加へのコミットメントが育つという［Kahn et al. 2013］。また、大人は単に若者の声を届ける支援者であっただけではなく、若者の熟議や問題解決の潜在的なパートナーだった。若者は、意思決定の自由やそれを実行する自由を経験したときに、能力を開花させる［Zeldin et al. 2017］。こうした大人のサポートを得たときにそれが可能になるのである。

　一方で、3つのユースカウンシルが受容してきたアドホックな参加には課題もある。インフォーマル教育における若者の包摂の特徴として、他者への責任を負うことや若者の協働的なイニシアティブといった、シティズンシップのスキルの学びが挙げられる。しかし、3つのユースカウンシルで見られたアドホックな参加は、好きなときに参加する場合、その流動性や柔軟性により、他者やコミュニティへの責任が希薄化することがある。こうした問題をどう乗り越えるかが課題といえよう。

(2) 政治文化の違いを越えて

　上記に加えてデンマークの政治文化と他国の政治文化の違いも考慮する必要がある。

　まず、デンマークの文脈では、ボランタリーアソシエーションの文化は19世紀の民衆運動とともにあり、国民の大半を占めた農民を政治的な力がある市民に育てるというねらいがあった。この伝統は今日のデンマークのボランタリーアソシエーションにも影響を与え続けており、西側諸国のボランタリズムとは異なるものである。

　次に、デンマークにおける若者の政治的包摂は、社会権的市民権の文脈での参加に関わる。この文脈での政治参加には、言論の自由や参政権に加え、教育や福祉、居住など人間的に生きるための権利の行使も重要な位置を占める。デ

ンマークのユースカウンシルへの参加は、教育・福祉・住居といった社会権に関わる政策へつながっていた。これは北欧福祉国家に共通する特徴であり、日本の文脈、あるいはリベラル・デモクラシーの英米の文脈とも異なる［Hughes et al. 2009］。デンマークのユースカウンシルの事例から、これからの日本や他国へ明確な示唆を提示することは難しい。しかしながら、経験によるシティズンシップの学びや、若者がいかに政治的有効感を獲得するかということに焦点を当てたとき、デンマークの事例は地方政治への参加により、いかにして若者が政治主体となるかを教える可能性を秘めている。

　若者の社会的排除や、エリートのみが参加する政治、という共通の課題を抱える自由民主主義諸国にとって、多様な若者の声を聴きその声を政治に反映させるという理念は、若者が「主体的に生きる市民」となりその Well being を保障する道筋を考えるうえで共有可能である。政治参加の制度的枠組みがあっても対話の機会や声が反映されることがなければ、いくら政治参加を促しても政治不信やアパシーは広がる一方だろう。

(3) 学校教育への示唆

　本書は地方自治への参加という形での政治教育としてのシティズンシップ教育を検討してきたが、研究の途中で、学校でのシティズンシップ教育にはどんな提言ができるのかを、研究者や教育実践者からしばしば問われた。そこで最後に、本書から学校におけるシティズンシップ教育へどのような示唆を得られるか、を考えたい。

　「民主主義の学習」は単にシティズンシップの知識を得ることではなく、それがどう機能するかを学ぶことでもあるといわれる［Cockburn 2007］。IEA による国際市民教育調査（CIVED 1999）を分析した教師教育研究者のワイズマン（Alexander W. Wiseman）らは、もし教師が教室をもっとオープンで民主的な雰囲気にすれば、生徒はより高いレベルでの政治的な社会化がなされること、同じことは若者の仲間たちが、学校で政治的な問題を議論する際にもいえることを指摘している［Wiseman et al. 2011］。

　３つのユースカウンシルの事例における大人の役割は、民主的な教室や学校

をつくる教師の役割の重要性を示唆している。民主的な教室とは、生徒が意見を自由に表現でき、議論のテーマについて自発的に自由に議論することが可能な教室を意味する。民主的な学校とは、学校自体が民主的な組織であることを意味する。英国の教育学者プリシラ・オルダーソン（Priscilla Alderson）が7〜17歳の生徒を対象に行った生徒会に関する調査では、生徒たちは、自分たちの要求を実現するといった権利の行使以前に、学校はもっと生徒の声に耳を傾け、尊重してほしい、と考えていることが明らかになった。オルダーソンは、生徒会がうまく機能するには、学校のシステムや教師や生徒の関係が大きく改善される必要があることを指摘する［Alderson 2000a］。批判的教育学の第一人者であるマイケル・アップル（Michael W. Apple）は、民主主義的な生き方は、民主主義的な経験を通して学ぶにもかかわらず、学校が極めて非民主主義的な制度的機関であり続けてきた矛盾を批判している［Beane and Apple 2007=2013］。

　教師にとって重要なのは、教師—生徒の非対称性を踏まえ、生徒と水平的なコミュニケーションを構築することといえる。これは、教師は生徒の言うことは何でも聞くということではなく、生徒を保護や管理の対象とするパターナリズムの視点をいったん外すということを意味する。生徒に議論や意思決定の自由を与えることは、自己責任に委ねて放置することではなく、権限を行使できるような手続きや過程を教え、教師が伴走するということである。

おわりに——残された課題

　本書は、ユースカウンシルにおける若者の政治参加を検討した。今後の課題として、以下の4点を明示して本書のおわりとしたい。

　第1に、若者がユースカウンシルに参加することにより、どのようにシティズンシップのスキルを身につけ主体化するのか、という過程を描くことである。各職員のインタビューにおいて、特に10代半ばの若者たちは、ユースカウンシルにやって来た当初と比べ、活動を通して徐々に議論や意見表明のスキルを身につけ、驚くほど変化することが指摘された。しかし、長期的に参与観察に入ることができず、実際にどのように変化していくかを考察することはで

きなかった。多様なアクターによる「実践する民主主義」「対話型民主主義」の分析には、実際にどのようにユースカウンシルのメンバーや職員、地方議員らが議論し、相互作用がなされるかをフィールドに入って観察する必要がある。

　第2に、上記と関連して、EM や NP がどのようにして EC や PA に移行するのか、あるいは EM や NP のまま投票などの制度的政治に参加するのか、より詳細な検討が求められる。インタビューに応じたのは、PA、EC のメンバーであり、何度か調整を試みたグループインタビューやスカイプでのミーティング参加は、当日になってメンバーが集まらない、という理由からことごとくキャンセルとなった。これこそが EM としての参加の特徴であり、若者の自由意思を尊重する参加において、先行研究で指摘された他者への責任をどう身につけるのかといった課題が見出される。一方で、学生の非常勤職員へのインタビューにおける彼ら・彼女らの社会に対する姿勢からは、高等教育機関に入る頃には市民としての社会へのコミットコメントが大きくなるようにも見えた。若者の政治への関心や投票率、政府への信頼度の高さも考えると、ある地点において EM が「責任ある市民」へ転換する契機があるとも仮定できる。

　第3に、本書はシティズンシップの「参加」の研究であり「地位」については論じることができなかった。2005年のムハンマドの風刺画事件[4]のようなキリスト教徒とムスリムの価値の対立、「デンマーク人」としての資格の厳格化、極右政党の躍進、難民の受け入れなど、他の欧州の国々と同様に、デンマークにおいてもシティズンシップの「地位」にまつわる課題は大きい。近年では、移民・難民に対して選別主義的な政策を展開するようになったデンマークの移民・難民のシティズンシップ教育や、デンマークにおけるシティズンシップの「価値」や「アイデンティティ」の検討も重要な課題である。国が福祉ショービニズムといわれるエスニック・マイノリティに対する厳しい政策を実施する一方で、図書館やアソシエーションでは包摂のための多言語サービスや母語教育など、多文化化に対応するための取り組みがなされている。こうしたトップダウンとボトムアップのせめぎ合いについても今後見ていきたい。

　第4に、若者の政治参加の研究における職業や学校種の相違からのアプローチと、エスニシティからのアプローチの双方が必要性である。

　どのユースカウンシルでも、メンバーはギムナシウム通学者や高等教育進学希望者が中心で、職業訓練校や生産学校などの通学者や、職人として就労する若者を巻き込むことが課題であった。職業訓練校においてはギムナシウムよりも中退率が高く、NP 層を多く含む可能性がある。

　エスニック・マイノリティに関しては、オーフスの事例から、仕組みを効果的に形成することによって、参加を促す可能性が示唆された。実際に、オーフス市にもバレロップ市にも地方議会にエスニック・マイノリティの議員が存在している。一方で、本書での調査は限定的であり、他のエスニック・マイノリティの多い地域での調査や、参加の詳細をさらに知るための調査も必要である。
　政治参加を促す要因、阻む要因は多面的である。エスニシティ、学校文化、階層、など様々な要素から政治参加の在り方を検討することも今後の課題である。

注
1　1980 年代は、新自由主義の流れにおいて、英国やニュージーランドでニュー・パブリック・マネージメントによる規制緩和と民営化が進んだ。一方デンマークでは、英国やニュージーランドと同様の方向には進まなかった［朝野 2005］。
2　DUF コンサルタント、グロストロップ・ユースカウンシル職員、バレロップ地方議員、バレロップ・ユースカウンシル職員へのインタビューによる。
3　コックは、各団体間の調整について、著作 *Dagen og Vejen*（1942）にて論じている。（第3章参照）。
4　デンマークの漫画家が、イスラム教の預言者ムハンマドを描いた風刺画が新聞「ユランズ・ポステン（Jyllands-Posten）」に掲載され、イスラム諸国で強い反発を招いた事件。

あとがき

　本書は、2019 年に東京大学大学院教育学研究科に提出した博士論文「デンマークのユースカウンシルにおける若者の政治参加と『生活形式の民主主義』——政治的アイデンティティの多様性と意思決定の検討」に加筆・修正したものである。内容の大半は、博士論文執筆の過程や執筆後に発表した論文に基づいている。本書のもとになった論文の初出は以下である。

2017 年 3 月　「デンマークの若者の『民主主義の学校』での主体形成に関する考察——デンマーク若者連盟におけるハル・コックの思想に着目して」『社会教育学研究』53 巻、1-12 頁。

2017 年 11 月　「デンマークのユースカウンシルにおける政治参加の複層性——新しい政治的アイデンティティの概念に着目して」『日本生涯教育学会論集』38 巻、103-112 頁。

2018 年 3 月　「デンマークのユースカウンシルの設立と展開——1980 年代以降の政策提言と地方自治体の取り組みに着目して」『東京大学大学院教育学研究科紀要』57 巻、187-195 頁。

2018 年 3 月　「政治教育における『参加』の国際比較——日・米・デンマークの実践に着目して」『東京大学大学院教育学研究科附属学校教育高度化・効果検証センター研究紀要』3 号、127-174 頁（原田亜紀子・井上環・西本健吾・藤枝聡・植松千喜・古川亮一・中田圭吾・浜田未貴・三浦啓による共著。担当部分 160-172 頁）。

2018 年 11 月　「デンマーク・グロストロップ市における若者の政治参加——ソーシャルメディアによるコミュニケーションの役割」『日本生涯教育学会年報』39 号、251-267 頁。

2019 年 3 月 　「子ども・若者の参加に関する研究動向」『東京大学大学院
　　　　　　　教育学研究科紀要』58 巻、111-119 頁。

2020 年 7 月 　「政策決定過程への参加におけるデンマークの若者の市民
　　　　　　　形成」『北ヨーロッパ研究』16 巻、13-26 頁。

2021 年 9 月 　How to Involve a Diverse Group of Young People in Local
　　　　　　　Government Decision Making: A Case Study of Danish
　　　　　　　Youth Council. *Compare: A Journal of Comparative and*
　　　　　　　International Education, 1-17.

　これらの研究を進める過程では、スカンジナビア・ニッポン・ササカワ財団「デンマークの若者の民主主義の学び」（2016 〜 2017 年）および以下の 2 つの文部科学省科学研究費奨励研究の助成を受けた。

　1.「他者との連携・協働から政治的主体性を形成する主権者教育――デンマークを事例として」（2017 年 4 月〜 2018 年 3 月：課題番号 17H00057）。

　2.「学校・地域連携による主権者教育と主体形成――デンマーク・オーフス市を事例として」（2018 年 4 月〜 2019 年 3 月：課題番号 18H00060）

　また本書は、第 47 回（2020 年度後期）慶應義塾学術出版基金より助成を受け、出版した。

　「まえがき」でも述べたように、「シティズンシップ教育」の意味は慎重に捉える必要がある。

　研究テーマに関する研究発表や論文の投稿の際には、「シティズンシップ教育」としての枠組みでのコメントがある一方で、「これはシティズンシップ教育なのか」という問いもあった。今日的な「シティズンシップ」は、西欧近代の国民国家の枠組みから形成され、グローバリゼーションの進展により再定義が求められている。近代国民国家は民主主義の発達と共にあり、本書は「シティズンシップ」を民主主義社会における市民の主体形成に焦点を当て、その育

成を探るものであった。日本における市民形成の喫緊の課題は、異質な他者と共生する思想や作法、自分で考え行動する力、批判的に社会を見る力と同時に、社会の共通善を考え行動する力の育成ではないか、と筆者は思っている。これは近年ポピュリズムが社会で大きな影響をもち、右傾化する西側諸国も同様だろう。こうした大きなテーマに対して、本書は日々の意思決定や他者との協働という民主主義の小さな実践の蓄積が、民主主義そのものを問うような姿勢を育む道筋を探るものである。筆者の力不足で、地方分権社会の特徴や「声を聴く」文化の実像が十分に描き切れていない部分が多々あるが、本書が読者の方々にとって、デンマークを合わせ鏡として日本を俯瞰し、よりよい社会を考える一助になれば幸いである。

　筆者がデンマークに関心をもち博士論文の執筆に至るまでには、複数の道筋があり、それらは相互に関連がないように思えていたが、振り返ってみればすべてが1本の道につながっていたようにも感じている。

　筆者は、大学院修士課程修了後の教員生活の当初から、「生徒をどのような市民に育てるか」ということに関心があった。そのきっかけは、修士課程在学中に、重度の障がいをもちながら地域で暮らす「自立生活者」の介助をした経験である。車いすやストレッチャーに乗った自立生活者の方々は、車いすを特注し、富士山に登る計画や、みんなでニューヨークに行く計画を立てていた。また、地域での生活を可能にするために行政との交渉やデモに参加し、障がいがない人とコンサートを実施したり講演会を行うといった行動を日々起こしていた。当時、修士課程修了後の進路に悩んでいた筆者は、目から鱗が落ちる思いだった。重度の障がいがある人の人生はとても不自由なものだと思い込んでいた。もちろん、想像を超える大変なことがたくさんあるだろう。しかし、不自由だったのは、既存の価値観にがんじがらめになっていた自分自身の思考なのではないかと気がついた。同様の感情は、大学時代に所属していたオーケストラで行っていた特別支援学校での音楽教室でも経験した。障がいをもつ子どもたちが自分の気持ちに素直に音楽を体験する喜びを表現し、「体験指揮者」の時間に目をみはるような音楽的な指揮をする姿を見て、周囲の空気を読み自

分らしく生きられなくなっているのは誰なのか、と考えさせられた。

　高校の教員として働くようになってからも、その人らしく生きることができる社会とはどんな社会なのか、生徒と共に考えたいと強く思うようになった。

　さらに大きな転機となったのは 2002 年の夏から 2004 年の 2 月まで、サバティカルでコペンハーゲン大学に在籍した経験である。サバティカルのチャンスがあると知ったとき最初に在外研究の場として思いついたのは、当事者運動が盛んな北米だった。しかし北米では、社会的に困難を抱える人を支えるような仕組みは薄く、自助努力が求められる。そういった点では日本に近いように思えた。そこで思い至ったのが正反対の北欧である。外国人であったり高齢であったり障がいがあったりしても、個人の権利を国として支える社会の在り方や連帯がいかに構築されるのか知りたいと思った。同時に個人主義である社会が、知的障がいや認知症などで意思決定が困難な場合には、どんなサポートをしているのかも気になった。

　筆者がデンマークに滞在した 2002 年夏から 2004 年冬の間は、すでに中道右派政権のもと、デンマーク社会は新自由主義的な方向に舵を切っていた。それでも当時は、戦後から 90 年代までのデンマークの寛容さが残っており、教育や医療や福祉は生きるための権利として認められるべきだ、という理念が日々の生活で体感された。外国人の筆者にも家庭医がつき、コペンハーゲン大学の夏のデンマーク語集中講座や、地方自治体によるデンマーク語講座を無料で受けることができた。何冊にもわたる決して安くはないテキストも無料で提供された。大学院の授業も複数聴講したが、すべて無料だった。夏には緑豊かなコペンハーゲン中心部の公園で、野外バレエやオペラや映画の上映を無料で楽しむこともできた。

　デンマークで暮らすこと自体が、多文化教育の学校そのものだった。デンマーク語のクラスは、初級の頃には留学生が多く、上のクラスに上がるにつれて移民や難民、配偶者がデンマーク人という人が増えていった。デンマーク人教師の言動が差別的であるとして教室を出ていってしまったルワンダからの難民がいたり、イスラム系のクラスメートが日常生活でいかにいろいろな差別を受けてきたかを聞いたり、ボスニアからの難民の友人からは昨日まで談笑してい

た隣人たちが翌朝みな殺され、家の前に遺体が散らばり、ショックで涙すら出なかったという話を聞いたりした。アフリカ系のクラスメートに、クリスマスに帰省するのか軽い気持ちでたずねた際には、静かだが悲しいまなざしとともに「僕には帰る場所がないんだ」という応えが返ってきて、言葉を失ったこともあった。同時代に生きる人々が、戦争や社会情勢の悪化の影響を直接的に受けていることを肌で知り、平和の意味も考えさせられた。

　大学では、学生が教員をファーストネームで呼ぶことにまず驚いた。大学院の修士課程の留学生とも数多く知り合った。大学では日本人はマイノリティで、アメリカやドイツ、イタリア、スペインからたくさんの交換留学生が来ていた。マイノリティ同士だったせいか、特に親しくなったのはバルト三国や東欧諸国の学生たちだった。チェコ人の友人は、共産主義時代を過ごした子どもの頃に、授業でウィーンでコンサートに行く絵を描いたら「それは一生無理なのよ」と教員に悲しそうに言われた話を聞いた。リトアニア人の友人からは、ソ連からの独立の際には核攻撃を想定した避難訓練が学校で行われていた話などを聞いた。こうしたエピソードは、私が社会科教員として教室で教えてきた内容を、個々人の生きた経験に生々しくつなげるものであった。

　この滞在時の研究テーマは「認知症高齢者の自己決定」であった。社会で最も声を上げられない、自分で決められない人を福祉国家がどうやって支援しているのか、知りたいと思った。その成果は『デンマークのユーザーデモクラシー──福祉・環境・まちづくりからみる地方分権社会』（朝野賢司・生田京子・西英子・原田亜紀子・福島容子による共著、新評論、2005年）や「デンマークにおける認知症高齢者ケアのネットワーキング──認知症コンサルタントの役割」（『日本認知症ケア学会誌』5(3)、2006年、492-500頁）にまとめた。当時、「認知症コンサルタント（コーディネーター）」に着目し調査をしたが、投薬の相談や自宅から高齢者施設への移動など、日本では家族や医療従事者、介護従事者で決められることが多いことが、すべて認知症の当事者を交えて相談されていることに驚いた。さらに驚いたのは、高齢者の声を直接反映させる公的な仕組みの存在である。

　高齢者政策に政策提言をする「高齢者委員会」が法制化され、地方自治体は

高齢者の意見を聴かなければならず、巨大な高齢者アソシエーションがあり政治的な影響力をもっていた。高齢者は、社会をリタイアした存在ではなく、政治参加する主体として活発に活動していたのである。

　2004年の冬に帰国後、高校の教員に復職し、サバティカル期間の研究内容を学会発表や論文執筆、共著執筆で形にしながら、毎年夏にはデンマークに通い続けた。目の前の高校生と関わる日々の中で、社会は主体性や批判的思考、多様性への理解や汎用的な力を強調しているのに、学校や教育行政ではトップダウン化が進み、管理や統制が強まっていくことが気になっていた。ボトムアップの意思決定が疎外され、強い同調圧力がある場において、どうやったら主体性や包摂的な価値観が育つのか疑問だった。学校自体が民主的でなかったら、生徒に影響力をもたせる機会を阻んでいたら、民主主義について学んでも白けるのは当然ではないかと思うようになった。

　2015年4月には東京大学教育学研究科の博士課程に入り、再び研究生活を送る機会に恵まれた。東京大学では、現役学生から、同世代の現役教員、退職者など、20代から70代までの様々な背景の学友との出会いがあり、制度としてはまだまだ整っていないものの、社会が生涯学習社会に確実に移行していることを体感した。長い社会人生活を経た後に、コースワークで授業を受けたり、共同で発表したり調査に行く学生生活はとても楽しかった。何よりも博士論文の研究では、学術的貢献や社会的貢献が求められるものの、自分の関心に従い議論できるという精神の自由や表現の自由があることが大きな喜びだった。

　前回のデンマーク滞在で「高齢者委員会」を通して高齢者が当事者として政策提言をしており、公的サービスに関連する同様の委員会がいくつもあることを知ったことから、子どもや若者の政策に対しても同様の仕組みがあるのではないかと考えた。これが博士論文のテーマとなった。

　博士論文の調査は、日本で仕事をしながらピンポイントで高校の長期休みを狙ってデンマークに通って実施し、その日程調整や調査先の決定は難航した。とりわけユースカウンシルでは、職員はほとんどが非常勤で1〜2年で他部署に異動になる。そのため残された資料は限られており、引き継ぎもされていなかった。メンバーも入れ替わりが多く、本書で述べたような「アドホック」

な参加を好む者が多いため、インタビューはしばしば連絡なしですっぽかされた。コペンハーゲンからオーフスまで電車に乗って宿をとり、そこからバスで移動して着いたゲレロップのバックグラウンドグループのインタビューでは、来るはずだった複数のメンバーが誰も来ず、職員が「最近の若者はしつけがなっていないし、ルールを守らない。昔はこうではなかった」と怒り、平謝りに謝ってくれたこともあった。こうしたことは若い非常勤職員との約束でも起こり、異国から知らない研究者が訪ねてきて調査をすることを受け入れてくれること自体が、本当にありがたいことなのだということを再認識した。

　博士論文の執筆や本書の出版にあたり、多くの方々にお世話になった。この場を借りてお礼を申し上げたい。

　まず、東京大学大学院教育学研究科で指導教官として指導してくださった浅井幸子先生と北村友人先生に心からの感謝をお伝えしたい。浅井先生からは、研究に対する妥協を許さない真摯な姿勢と同時に、自分の関心や思いに誠実に向かい合う大切さを学んだ。本人以上に筆者をよく理解してくださっていると思うような、温かくかつ鋭いアドバイスに導かれ、研究室を出るときにはいつも元気な気持ちと意欲をいただいた。何とか研究を継続し博士論文を書き終わることができたのは、浅井先生のこまやかなご指導のおかげである。北村先生は、博士課程進学に背中を押してくださった恩人である。2010年代に筆者は勤務校でカンボジアにスタディツアーに行くプログラムを立ち上げ、事前学習の一環として北村先生に途上国の教育政策の講演をしていただいていた。その際に博士課程への進学を勧められ、その後も研究と仕事の両立など折々にふれ相談にのっていただき、岐路に立ったときには前向きな決断を促してくださった。両先生の包み込むような温かい励ましとご指導なしには、現在の自分はなかった。

　また、東京大学大学院教育学研究科学校教育高度化専攻の諸先生方には、授業や博論構想会でご指導いただき、多くの学びと気づきを与えていただいた。研究と社会の在り方と現場が交錯する教育学研究の難しさとともに、個々の人間がもつ光の部分に焦点を当て引き出す大切さに改めて気づかせていただき、

現職者として救われる思いになったことは数知れない。

　小玉重夫先生、村上祐介先生、デンマークの社会思想にくわしくグルントヴィやコックの翻訳書がある名古屋大学（当時）の小池直人先生には、浅井先生、北村先生とともに博士論文の口頭試験での審査をしていただいた。小玉先生には、授業やゼミへの参加や論文指導会での博士論文構想の発表や、小玉ゼミの院生との共同研究、勤務校の高校生が教育思想史学会で発表する機会などをいただき、たいへんお世話になった。村上先生は、投稿論文について教育政策の観点から何度かご指導くださり、新たな視点を見出す手助けをしてくださった。小池先生には、名古屋大学の研究室にたびたび伺い研究指導を受けたほか、スカイプでの議論や論文の精読をしていただき、デンマーク社会や思想についての学びを深めてくださった。小池先生は筆者と同時期にデンマークに滞在されており、デンマークについてあれこれと語り合うのはとても楽しいひとときだった。

　北欧教育研究会を主宰する聖心女子大学の澤野由紀子先生は、投稿論文や学会発表、その他様々な相談にいつも快くのってくださり、北欧の教育研究へのモチベーションを高めてくださった。研究会のみなさんにも、研究会での発表で貴重なアドバイスを何度もいただき、また共同での学会発表や教育新聞の執筆などでいつも多くの刺激や学びの機会をいただいている。

　明治学院大学の坂口緑先生とデンマーク教育研究会のメンバーのみなさんにもお礼を申し上げたい。坂口先生は、シンポジウムや共著、翻訳など、研究の機会や道筋をいつもつくってくださり、また博士論文や論文執筆などの研究相談にも折にふれてのっていただいた。

　東京大学の浅井研や北村研、その他授業で共に学んだ学生のみなさん、「第三世界の研究会」でご一緒した方々からは、貴重なご意見、アドバイスをたくさんいただいた。浅井研や北村研の博士課程の方々には、博士論文の校閲や図の作成などでもずいぶんサポートしていただいた。ここで改めてお礼を申し上げたい。

　デンマークでは、コペンハーゲン大学の Lars Bo Caspersen 教授やデンマーク教育大学の Jens Brunne 教授、デンマーク若者連盟のコンサルタント Cecilie

Melin 氏、バレロップ・ユースカウンシル職員の Frank Weinberger 氏、グロストロップ・ユースカウンシル職員の Avi Kremlovski 氏、オーフス市職員の Stine Pedersen 氏、Elin Poulsen 氏そのほかインタビューにご協力くださった職員や若者にお礼を申し上げたい。

　そして、学部・修士時代にお世話になった東京学芸大学教授（当時）森田数実先生にもお礼を申し上げたい。森田先生の原書購読のゼミでずいぶん鍛えていただき、2002 年のサバティカルの際にいただいた「本はどこでも読めるのだから、現地でしかできないことをやりなさい」という言葉は、今も繰り返し自分に言い聞かせている。

　勤務していた慶應義塾高校では、長い間、社会科の先生方をはじめ諸先生方にたいへんお世話になった。特に小高健吾先生は、国際学会の際の原稿づくりや資料づくり、英語でのスピーチの方法など、何度もご指導くださった。音楽仲間としても長くおつきあいしていただいている。また、阪口裕昭先生は、筆者が教職についたばかりの 20 代のころから様々な場面で助けてくださり、おかげで山あり谷ありの教員生活を何とか続けることができた。この場を借りて、心から御礼を申し上げたい。

　また筆者を研究に駆り立てたのは、紛れもなく目の間にいた生徒たちであった。授業や担任クラスでの生徒との様々なやりとりや鋭い問いから得たインスピレーションは数知れない。長年、部活動顧問を担当していた吹奏楽部では、日々の指導や定期演奏会、アメリカンフットボール、アイスホッケーの応援の引率、甲子園も含めた野球の応援の引率など、音楽を愛する仲間としてかけがえのない時間を共に過ごした。ほかにワグネル・ソサイエティ・オーケストラや庭球部、近年では福澤研究会や書道部も担当し、生徒がそれぞれの場面で居場所を見出し生き生きとする姿を見るのは教員の醍醐味であった。こうした豊かな経験と多くの気づきを与えてくれた生徒たちに心から感謝したい。

　最後に、筆者を長きにわたり支えてくれたデンマークの家族と日本の家族に感謝の気持ちを伝えたい。

　初めてのデンマーク滞在時の 2003 年に出会った Ebert Fich、Grethe Fich ご

夫妻は、筆者を「私たちの日本の娘」としていつも肉親のような愛を注いでくださり、調査時のこまごました作業まで率先して手伝ってくださった。2019年の博士論文の口頭試験の朝には励ましのメールが届き、本当に心強かった。本書は両夫妻に捧げるものである。やはり最初の滞在でルームメートとして出会い、喜びや悲しみを分かち合ってきた大切な友人である Ditte Holm Jensen 氏は、日本では入手困難なデンマークの書籍の購入や図書館の利用などでいつも助けてくれた。Jeg vil gerne sige, "Tusind tak" til Ebert, Grethe og Ditte, som altid giver mig masser af kærligheder og støtter. 良きときも困難なときも励まし支えてくれたデンマークの家族が、私の研究を進める力となった。

　日本の家族は、調査や学会で国内外を飛び回る筆者の健康を心配しながら応援してくれた。どんなときにも変わらずに見守ってくれた父母、三重から応援してくれた義父母、筆者のやりたいことをいつも尊重してくれた夫のおかげで、研究を続けることができた。

　そして、刊行にあたり貴重なご意見やご提言を頂戴した慶應義塾大学出版会の西岡利延子氏に深く感謝申し上げたい。

2022 年　春

原田亜紀子

引用・参照文献

欧語文献（および翻訳書）

Alderson, P. (2000a). School Students' Views on School Councils and Daily Life at School. *Children & Society*, *14*(2), 121-134.

Alderson, P. (2000b). Practising Democracy in Two Inner City Schools. Osler, A. (ed.) *Citizenship and Democracy in Schools: Diversity, Identity, Equality.* Staffordshire: Trentham Books. 125-131.

Andersen, G.E. (1990). *The Three Worlds of Welfare Capitalism.* Cambridge: Polity Press. （G・エスピン・アンデルセン／岡沢憲芙・宮本太郎監訳（2001）『福祉資本主義の三つの世界』ミネルヴァ書房）

Andersen, J.G. and Hoff, J. (2001). *Democracy and Citizenship in Scandinavia.* Lodon: Palgrave Macmillan.

Andersson, E. (2017). Young People's Political Participation: A Public Pedagogy Challenge at the Municipal Level. *Young*, *26*(2), 179-195.

Arnstein, S. (1969). A Ladder of Citizen Participation. *Journal of the American Planning Association*, *35*(4), July. 216-224.

Bang, H.P. (2005). Among Everyday Makers and Expert Citizens. *Remarking Governance, People, Politics and the Public Sphere.* Newman, J.(ed.) Bristol: Policy Press, 159-178.

Bang, H.P. and Sørensen, E. (1999). The Everyday Maker: A New Challenge to Democratic Governance. *Administrative Theory & Praxis, 21*(3), 325-341.

Barber, T. (2009). Participation, Citizenship, and Well-being: Engaging with Young People, Making a Difference. *Young 17*(1), 25-40.

Bauman, Z. (2000). *Liquid Modernity.* Cambridge: Polity Press. （ジークムント・バウマン／森田典正訳（2001）『リキッド・モダニティ：液状化する社会』大月書店）

Bay, H. (2014). Ungdomsorganisationernes Samfundsværdi. *Foreniger For Fremtiden-Forskere og Foreningsaktive om Ungdomsorganisationernes Betydening for Unges Liv og Det Danske Samfundet.* Dansk Ungdoms Fællesråd. 131-152.

Beane, J. A. and Apple, M.W. (ed.) (2007). *Democratic Schools: Lessons in Powerful Education.* Heinemann. （マイケル・W・アップル、ジェームズ・A・ビーン編／澤田稔訳（2013）『デモクラティック・スクール——力のある教育とは何か』上智大学出版）

Beck, U. (1986). *Risikogesellschaft. Auf dem Weg in eine Andere Moderne.* Frankfurt am Main: Suhrkamp Verlag. （ウルリヒ・ベック／東廉・伊藤美登里訳（1998）『危険社会——新しい近代への道』法政大学出版局）

Biesta, G.J.J. (2011). *Learning Democracy in School and Society: Education, Lifelong Learning, and the Politics of Citizenship.* Rotterdam: Sense Publishers. （ガート・ビースタ/上野正道・藤井佳世・中村（新井）清二訳（2014）『民主主義を学習する——教育・生涯学習・シティズンシップ』勁草書房）

Blossing, U., Imsen, G. and Moos, L. (eds.) (2014). *The Nordic Education Model: "A School for All". Encounters Neo-Liberal Policy.* Netherlands: Springer.

Bolding, H.P.R og Nielsen, D. (2015). Hvem vil have et ungeråd? –når de gode intentioner møder den kommunalpolitiske dagsorden. *Tag del i fremtiden: En antologi om unges deltagelse i den politiske offentlighed*. DUF, 189-205.

Bolish, M.S. (1991). *The Land of the Living*. Blue Dolphin Publishing, Inc. Nevada City. (スティーヴン・ボーリシュ／難波克彰監修・福井信子監訳（2011）『生者の国──デンマークに学ぶ全員参加の社会』新評論)

Børhaug, K. (2007). Mission Impossible? School Level Student Democracy. *Ctizenship, Social and Economics Education, 7*(1), 26-41.

Børnerådet. (2016). *Håndbog i Børneinddragelse*. Børnerådet.

Boyd, D. and Ellison, N. (2007). Social Network Sites: Definition, History, and Scholarship. *Journal of Computer-Mediated Communication, 13*(1), 210-230.

Boyte, H.C. (2005). Reframing Democracy: Governance, Civic Agency, and Politics. *Public Administration Review, 65*(5), 536-536.

Brandal, N., Bratberg, Ø. and Thorsen, D.E. (2013). *The Nordic Model of Social Democracy*. Hampshire: Palgrave Macmillan.

Bruun, J.M. (2011). Unges politiske dannelse. *Demokrati for Fremtiden. Valgretskommisionens Betænkning om Unges Demokratiske Engagement*. Dansk Ungdoms Fællesråd. 221-244.

Clausen, T. (2020). From Decentralized Means-Testing to the Centralized Management of Stipends and Loans. The Administration of Student Financial Aid in Denmark 1950-2000. *Journal of Educational Administration and History*, *52*(4), 344-356.

Cockburn, T. (1999). Children, Fooles and Madmen: Children's Relationship to Citizenship in Britain from Tomas Hobbs to Bernard Crick. *School Field, 10*, 65-84.

Cockburn, T. (2007). Partners in Power: A Radically Pluralistic Form of Participative Democracy for Children and Young People. *Children & Society, 21*(6), 446-457.

Coleman, S. and Blumler, J.G. (2009). *The Internet and Democratic Citizenship: Theory, Practice and Policy*. Cambridge University Press.

Collin, P. (2015). *Young Citizens and Political Participation in a Digital Society: Addressing the Democratic Disconnect*. Hampshire: Palgrave Macmilan.

Crick, B. (2000). *Essays on Citizenship*. Continuum Intl Pub Group. (バーナード・クリック／関口正司監訳（2011）『シティズンシップ教育論──政治哲学と市民』法政大学出版局)

Crouch, C. (2003). *Postdemocrazia*. Roma-Bari: Gius. Larerza & Figli S. p.a. (コリン・クラウチ／山口二郎監訳（2007）『ポスト・デモクラシー──格差拡大の政策を生む政治構造』青灯社)

Danish Youth Council (1962). *Danish Youth*. Danish Youth Council.

Dansk Ungdoms Fællesråd (1985). *Ungdomspolitik- Et Statusrapport om Unge, Ungdomsår og Ungdomsforhold*. Dansk Ungdoms Fællesråd.

Dansk Ungdoms Fællesård (1994). Nærdemokrati- Unge med i Billedet. Dansk Ungdoms Fællesård.

Danske Kommuner. (1984). *Og så Lige en Stor Sjat Indflyfelse, Tak!* Årg.16. nr.24.

Delanty, J. (2000). *Citizenship in a Global Age*. Open University Press. (ジェラード・デランティ／佐藤康行訳（2004）『グローバル時代のシティズンシップ──新しい社会理論の地

平』日本経済評論社）

European Commission. (2001). *European Commission White Paper*. A new Impetus for European Youth. Brussels.

European Commission. (2014). *European Commission White Paper*. The Value of Youth Work in the European Union. Brussels.

Furlong, A. and Cartmal, F. (1997). *Young People and Social Change: New Perspectives*. Open University Press.（アンディ・ファーロング、フレッド・カートメル（2009）『若者と社会変容——リスク社会を生きる』大月書店）

Giddens, A. (1991). *Modernity and Self-Identity: Self and Society in the Late Modern Age*. Oxford: Polity Press.（アンソニー・ギデンズ／秋吉美都・安藤太郎・筒井淳也訳（2005）『モダニティと自己アイデンティティ——後期近代における自己と社会』ハーベスト社）

Grundtvig, N.F.S. (1836). *Det Danske Fiir-Kløver eller Danskheden,Partisk Betragte*, GVU Ⅳ og GSVⅡ.（N.F.S. グルントヴィ／小池直人訳（2014）『グルントヴィ哲学・教育・学芸論集 3　ホイスコーレ 上』風媒社）

Grundtvig, N.F.S. (1848). *Danskeren: Et Ugeblad*, Vol.1, *Smaaskrifter Om Den Historiske Høiskole*, Komission hos Karl Schønenberg. (1872) 他（N.F.S. グルントヴィ／小池直人訳（2015）『グルントヴィ哲学・教育・学芸論集 3　ホイスコーレ 下』風媒社）

Haarder, H. (2008). *Danish Youth Policy*, Forum, 21 [Policy].

Habermas, J. (1990). *Strukturwandel der Öffentlichkeit*. Frankfurt am Main: Surkamp Verlag.（ユルゲン・ハーバーマス／細谷貞雄・山田正行訳（1994）『公共性の構造転換——市民社会の一カテゴリーについての探究（第 2 版）』未來社）

Habermas, J. (1992). *Faktizität und Geltung: Beiträge zur Diskurstheorie des Rechts und des Demokratischen Rechtsstaates*. Frankfurt am Main: Suhrkamp Verlag.（ユルゲン・ハーバーマス／河上倫逸・耳野健二訳（2002-2003）『事実性と妥当性——法と民主的法治国家の討議理論にかんする研究（上・下）』未來社）

Hahn, C.L. (1998). *Becoming Political: Comparative Perspectives on Citizenship Education*. State University of New York Press.

Harada, A. (2021). How to Involve a Diverse Group of Young People in Local Government Decision Making: A Case Study of Danish Youth Councils. *Compare: A Journal of Comparative and International Education*, 1-17.

Harris, A., Wyn, J. and Younes, S. (2010). Beyond Apathetic or Activist Youth: 'Ordinary' Young People and Contemporary Forms of Participation. *Young*, *18*(1), 9-32.

Hart, R.A. (1997). *Children's Participation: The Theory and Practice of Involving Young Citizens in Community Development and Environmental Care*. Routledge.（ロジャー・ハート／木下勇・田中治彦・南博文監修、IPA 日本支部訳（2000）『子どもの参画——コミュニティづくりと身近な環境ケアへの参画のための理論と実際』萌文社）

Hart, R.A. (2008). Stepping Back from 'The Ladder': Reflections on a Model or Participatory Work with Children. (eds.) *Participation and Learning*. 19-31.

Haste, H. (2005). *My Voice, My Vote, My Community: A Study of Young People's Civic Action and Inaction*. Nestlé Social Research Programme. London.

Heater, D. (1999). *What is Citizenship?* Oxford: Blackwell Publishing Ltd.（デレック・ヒータ

一／田中俊郎・関根政美訳（2002）『市民権とは何か』岩波書店）

Hirst, P. (1994). *Associative Democracy: New Forms of Economic and Social Governance.* Cambridge: Polity Press.

Hirst, P. (2002). Renewing Democracy through Associations. *The Political Quarterly, 73*(4), 409-421.

Hjort, K. (2006). De-Democratisation in Denmark? *European Educational Research Journal, 5*(3-4), 234-243.

Hoff, J. og Klaustrup, L. (2011). Unge, Social Medier og Politik. *Demokrati for Fremtiden*: *Valgretskommisionens Betænkning om Unges Demoktatiske Engagement.* Dansk Ungdoms Fællesråd 245-272.

Hoskins, B., Janmaat, J. G. and Villalba, E. (2012). Leaning Citizenship through Social Participation Outside and Inside School: An International, Multilevel Study of Young People's Learning of Citizenship. *British Educational Research Journal, 38*(3), 419-446.

Hughes, A. S., Print M. and Sears, A. (2009). Curriculum Capacity and Citizenship Education: A Comparative Analysis of Four Democracies. *Compare, 40*(3), 293-309.

Hvid, H. and Kamp, A. (eds.) (2012). *Elderly Care in Transition: Management, Meaning and Identity at Work: A Scandinavian Perspective.* Copenhagen Business School Press, DK.

Hvidovre Avis (2015/5/25) *"Hvidovres Ungdomsråd Nedlægges."*

Imsen, G., Blossing, U. and Moos, L. (2017). Reshaping the Nordic Education Model in an Era of Efficiency. Changes in the Comprehensive School Project in Denmark, Norway, and Sweden since the Millennium. *Scandinavian Journal of Educational Research, 61*(5), 568-583.

Jerome, J. (2018). What Do Citizens Need to Know? An Analysis of Knowledge in Citizenship Curricula in the UK and Ireland. *Compare, 48*(4), 483-499.

Jones, G. and Wallace, C. (1992). *Youth, Familiy and Citizenship.* Open University Press.（ジル・ジョーンズ、クレア・ウォーレス／宮本みち子監訳、鈴木宏訳（2002）『若者はなぜ大人になれないのか──家族・国家・シティズンシップ（第 2 版）』新評論）

Kahne, J., Crow, D. and Lee, N. J. (2013). Different Pedagogy, Different Politics: High School Learning Opportunities and Youth Political Engagement. *Political Psychology, 34*(3), 419-441.

Keating, A. and Janmaat, J. G. (2015). Education through Citizenship at School: Do School Activities Have a Lasting Impact on Youth Political Engagement?. *Parliamentary Affairs, 69*(2), 409-429.

Kjørholt, A.T. (2002). Small is Powerful: Discourses on 'Children and Participation' in Norway. *Childhood, 9*(1), 63-82.

Klastrup, L. og Stald, G. (2009). *Danske Unges Brug af Social Netværk i et Mobilt Perspektiv.* IT-Universitetet i København.

Koch, H. (1942). *Dagen og Vejen.* København: Wetermann.

Koch, H. (1945). *Hvad er Demokrati?* Gyldendal.（ハル・コック／小池直人訳（2004）『生活形式の民主主義──デンマーク社会の哲学』花伝社）

Koch, H. (1949). Ungdomsopdragelsen. *Nordisk Demokrati.* (Red. Hal Koch and Alf Ross). København: Westermann. 395-406.

Koch, H. (1959). *N.F.S. Grundtvig*, 2 Udgave. Gyldendal.（ハル・コック／小池直人訳（2008）『グルントヴィ——デンマーク・ナショナリズムとその止揚』風媒社）

Kold, C. (1850). Om Børneskolen, Let Forkorted og Sprogligt Bearbejdet af Lars Skriver Svensen, Friskolebladet/Dansk Friskoleforening, 2 Udgave 1986, Christen Kold Fortæller Udg. og Bearbejdet af Lars Skriver Svendsen, Friskolebladet / Dansk Friskoleforening, 1988.（クリステン・コル／清水満訳（2007）『コルの「子どもの学校論」——デンマークのオルタナティヴ教育の創始者』新評論）

Korsgaard, O. (1997). *Kampen om Lyset: Dansk Voksenoplysning Gennem 500 år*. Gyldendal.（オヴェ・コースゴー／川崎一彦監訳、高倉尚子訳（1999）『光を求めて——デンマークの成人教育 500 年の歴史』東海大学出版会）

Korsgaard, O. (red.) (2004). *Medborgerskab, Identitet og Demokratisk Dannnelse*. Danmarks Pædagogiske Universitets Forlag. København.

Korsgaard, O. (2006). The Danish Way to Establish the Nation in the Heart of the People. *National Identity and the Varieties of Capitalism, The Danish Experience*. McGill-Queen's University Press.

Korsgaard, O. (2014). *N.F.S. Grundtvig: As a Political Thinker*. København: Djøef Publishing.（オヴェ・コースゴー／清水満訳（2016）『政治思想家としてのグルントヴィ』新評論）

Korsgaard, O. and Wiborg, S. (2006). Grundtvig—the Key to Danish Education? *Scandinavian Journal of Educational Research*, 50(3), 361-382.

Lansdown, G. (1995). *Taking Part: Children's Participation in Decision Making*. London: Institute for Public Policy Research.

Larsen, N. (2014). Samlæring mellem Unge i en Foranderlig Verden. *Foreniger For Fremtiden-Forskere og Foreningsaktive om Ungdomsorganisationernes Betydening for Unges Liv og Det Danske Samfundet*. Dansk Ungdoms Fællesråd. 163-182.

Lévy, C. L. and Ross, A. (ed.) (2003). *Political Learning and Citizenship in Europe*. Trentham Books.（クリスティーヌ・ロラン-レヴィ、アリステア・ロス／中里亜夫・竹島博之監訳（2006）『欧州統合とシティズンシップ教育——新しい政治学習の試み』明石書店）

Li, Y. and Marsh, D. (2008). New Forms of Participation: Searching for Expert Citizens and Everyday Makers. *British Journal of Political Science*, 38(2), Apr. 247-272.

Lieberkind, J. (2015). Local and Global Citizenship. Lieberkind, J. and Bruun, J. (eds.) *Challenges of Citizenship Education: A Danish Case Study*. København: U Press.

Lieberkind, J. (2021). Kontraprotest: Unges Politiske Engagement. *Politica*, 53. årg., nr. 1 2021, 24-63.（https://politica.dk/fileadmin/politica/Dokumenter/politica_53_1/lieberkind.pdf 2022 年 1 月 20 日取得）

Marshall, H. (2007) Global Education in Perspective: Fostering a Global Dimension in an English secondary school. *Cambridge Journal of Education, 37*(3), 355-374.

Marshall, T.H. and Bottomore, T. (1950/1992). *Citizenship and Social Class*. London: Pluto Press.（T.H. マーシャル、トム・ボットモア／岩崎信彦・中村健吾訳（1993）『シティズンシップと社会的階層——近現代を総括するマニフェスト』法律文化社）

Matthews, H. (2001). Citizenship, Youth Councils, and Young People's Participation. *Journal of youth studies, 4*(3), 299-318.

Matthews, H. (2003). Children and Regulation: Setting an Agenda for Community Participation and Integration. *Children and Society, 17*(4), 264-276.

Matthews, H. and Limb, M. (1998). The Right to Say: The Development of Youth Councils / Forums within the UK. *Area, 30*(1), 66-78.

Matthews, H. and Limb, M. (2003). Another White Elephant? Youth Councils as Democratic Structures. *Space and Polity, 7*(2), *August,* 173-192.

Milana, M. and Sørensen, B.T. (2009). Promoting Democratic Citizenship through Non-Formal adult education: The case of Denmark. *Scandinavian Journal of Educational Research, 53*(4), 347-362.

Møller, J.F. (2004). Hal Koch og Grundtvig. *Histrisk Tidsskrift.* Bind104.Hæfte2. Den Danske Historiske Forening. København.

Møller, J.F. (2009). *Hal Koch-en Biografi.* København: Gads Forlag.

Moos, L. (2005). How Do Schools Bridge the Gap between External Demands for Accountability and the Need for Internal Trust? *Journal of Educational Change, 6*(4), 307-328.

Moos, L. (ed.). (2013). *Transnational Influences on Values and Practices in Nordic Educational Leadership.* London: Springer.

Muusman, N. (2008). Ungdomsråd. *Unge Stemmer-Nyt Engagemant i Politik og Samfund.* Sydansk Universitetsforlag, 115-130.

Nellemann, A. (1964). *Schools and Education in Denmark.* Copenhagen: Det Danske Selskab.

Nielsen, J.C. (2008). Foreningslivet-Unges Tilvalg og Fravalg. Ungdomsringen. *Unge Stemmer-Nyt Engagement i Politik og Samfund?* Sydansk universitetsforlag. 33-46.

Nissen, H. and Polsen, H. (1963). *På Dansk Friheds Grund: Dansk Ungdomssamvirke og De Ældres Råd 1940-1945.* København: Gyldendal.

Nordic Council of Ministers. (2016a). *Do Rights!: Nordic Perspective on Child and Youth Participation.* (http://norden.diva-portal.org/smash/get/diva2:1526695/FULLTEXT01.pdf 2018 年 12 月 22 日取得)

Nordic Council of Ministers. (2016b). *Children and Young People in the Nordic Region: a Cross-Sectoral Strategy for the Nordic Council of Ministers 2016-2022.* (http://norden.diva-portal. org/smash/get/diva2:971522/FULLTEXT03.pdf　2018 年 12 月 22 日取得)

Norris, P. (1999). *Critical Citizens.* Oxford University Press.

Norris, P. (2004). *Young People & Political Activism.* Harvard University, John F. Kennedy School of Government.

Ødegård, G. (2007). Political Socialization and Influence at the Mercy of Politicians: A Study of a Local Participation Project amongst Young People in Norway. *Young, 15*(3), 273-297.

Osler, O. and Starkey, H. (2005). *Changing Citizenship.* Open University Press. (オードリー・オスラー、ヒュー・スターキー／清田夏代・関芽訳 (2009)『シティズンシップと教育――変容する世界と市民性』勁草書房)

Pateman, C. (1970). *Participation and Democratic Theory.* Cambridge University Press. (キャロル・ペイトマン／寄本勝美訳 (1977)『参加と民主主義理論』早稲田大学出版部)

Pedersen, O.K. (2010). *Konkurrencestaten.* Copenhagen: Hans Reitzels Forlag.

Petersson, O. (1995). *Nordisk Politik.* Stockholm: Fritzes Förlag AB. (オロフ・ペタション／岡

沢憲芙監訳、斉藤弥生・木下淑恵訳（2003）『北欧の政治──デンマーク・フィンランド・アイスランド・ノルウェー・スウェーデン［新装版］』早稲田大学出版部）

Putnam, R.D. (1993). *Making Democracy Work*. Princeton University Press.（ロバート・D・パットナム／河田潤一訳（2001）『哲学する民主主義──伝統と改革の市民的構造』NTT出版）

Putnam, R.D. (2000). *Bowling Alone: The Collapse and Revival of American Community*. NY: Simon & Schuster.（ロバート・D・パットナム／柴内康文訳（2006）『孤独なボウリング──米国コミュニティの崩壊と再生』柏書房）

Quintelier, E. (2015). Engaging Adolescents in Politics: The Longitudinal Effect of Political Socialization Agents. *Youth & Society, 47*(1), 51-69.

Rogoff, B., Callanan, M., Gutierrez, K.D. and Erickson, F. (2016). The Organization of Informal Learning. *Review of Research in Education, 40*(1), 356-401.

Rothstein, B. (2004). Sweden: Social Capital in the Social Democratic State. *Democracies in Flux: The Evolution of Social Capital in Contemporary Society*. Oxford University Press.（ボー・ロートシュタイン（2013）「第7章　スウェーデン──社会民主主義国家における社会関係資本」、ロバート・D・パットナム編著／猪口孝訳『流動化する民主主義──先進8カ国におけるソーシャル・キャピタル』ミネルヴァ書房）

Rousseau, J. J. (1762). *Du Contrat Social, Ou, Principes Du Droit Politique*.（ジャン・ジャック・ルソー／桑原武夫・前川貞次郎訳（1954）『社会契約論』岩波文庫）

Sant, E. and Davies, I. (2018). Promoting Participation at a Time of Social and Political Turmoil: What Is the Impact of Children's and Young People's City Councils? *Cambridge Journal of Education, 48*(3), 371-387.

Scheerens, J. (ed.) (2009). *Informal Learning of Active Citizenship at School: An International Comparative Study in Seven European Countries*, Vol. 14. Enshede: Springer.

Smith, B. P. and Thomas, N. (eds.) (2010). *A Handbook of Children and Young People's Participation: Perspectives from Theory and Practice*. Abingdon, Oxon: Routledge.

Stake, R. E. (2006). *Multiple Case Study Analysis*. NY: Guilford press.

Strom, M.L. (ed.) (2008). *Learning and Living Democracy: Non-Formal Adult Education in South Africa and Sweden*. Cape Town: Idasa.

Taft, K.J. and Gordon, H.R. (2013).Youth Activists, Youth Councils, and Constrained Democracy. *Education, Citizenship and Socail Justice, 8*(1), 87-100.

Taking IT Global (2006). *National Youth Councils: Their Creation, Evolution, Purpose, and Governance*. (http://acdn.tigurl.org/images/resources/tool/docs/762.pdf　2021年12月31日取得)

Telhaug, A. O., Mediås, O.D. and Aasen, P. (2006). The Nordic Model in Education: Education as Part of the Political System in the Last 50 Years. *Scandianvian Journal of Educational Research, 50*(3), 245-283.

Thomas, N. (2007). Towards a Theory of Children's Participation. *International Journal of Children's Rights*, 15(2), 199-218.

Tisdall, E.K.M. and Davis, J.M. (2004). Making a Difference? Bringing Children's and Young People's Views into Policy-Making. *Children and Society, 18*, 131-142.

234

Tisdall, E.K.M., Davis, J.M. and Gallagher, M. (2008). Reflecting on Children and Young People's Participation in the UK. *International Journal of Children's Rights, 16*, 343-354.

Togeby, L. (2004). It Depends… How Organisational Participation Affects Political Participation and Social Trust among Second-Generation Immigrants in Denmark. *Journal of Ethnic and Migration Studies, 30*(3), 509-528.

Torney-Purta, J., Lehmann, R., Oswald, H. and Schulz, W. (2001). *Citizenship Education in Twenty-Eight Countries: Civic Knowledge at Age Fourteen, IEA.* (http://pub.iea.nl/fileadmin/user_upload/Publications/Electronic_versions/CIVED_Phase2_Age_Fourteen.pdf 2021 年 12 月 1 日取得)

Torpe, L. (2003). Democracy and Associations in Denmark: Changing Relationships between Individuals and Associations? *Nonprofit and Voluntary Sector Quarterly, 32*(3), 329-343.

Torpe, L. (2014). Demokratiske Deltagelsesformer Blandt Unge. *Demokrati for Fremtiden: Valgetskommissionens Betænkning om Unges Demokratiske Engagement.* Dansk Ungdoms fællesråd.

Undervisningsministeriet (1997). *Ungdomspolitik for Nutidens Unge i Fremtidens Samfund.* Undervisningsministeriet.

Undervisningsministeriet (2000). *Regeringens Ungdomspolitik-Status og Perspektiver.* Undervisningsministeriet. (http://static.uvm.dk/Publikationer/2000/ungdomspolitik/index. html 2022 年 1 月 29 日最終閲覧)

Wandall, J. (2013). Education, Testing, and Validity: A Nordic Comparative Perspective. *Validity and Test Use: An International Dialogue on Educational Assessment, Accountability and Equity.* 137-161.

Wiborg, S. (2013). Neo-Liberalism and Universal State Education: The Cases of Denmark, Norway and Sweden 1980-2011. *Comparative Education, 49*(4), 407-423.

Winther-Jansen, Thyge (2004) *Komparativ Pædagogik-falige Tradition og Global Udfordring.* København: Academisk Forlag.

Wiseman, A.W., Astiz, M.F., Fabrega, R. and Baker, D.P. (2011). Making Citizens of the World: The Political Socialization of Youth in Formal Mass Education Systems. *Compare 41*(5), 561-577.

Wyness, M. (2001). Children, Childhood and Political Participation: Case Studies of Young People's Councils. *The International Journal of Children's Rights, 9*(3), 193-212.

Wyness, M. (2009). Children Representing Children: Participation and the Problem of Diversity in UK Youth Councils. *Childhood, 16*(4), 535-552.

Wyness, M. (2012). Children's Participation and Intergenerational Dialogue: Bringing Adults Back into the Analysis, *Childhood,* (0), 1-14.

Yin, R. K. (2017). *Case Study Research and Applications: Design and Methods.* Los Angels: Sage Publications.

Zeldin, S., Gauley, J., Krauss, S. E., Kornbluh, M. and Collura, J. (2017). Youth-Adult Partnership and Youth Civic Development: Cross-national Analyses for Scholars and Field Professionals. *Youth & Society, 49* (7), 851-878.

日本語文献 (50 音順)

朝野賢司 (2005)「ユーザーデモクラシーを支える地方分権型行財政システム」、朝野賢司・生田京子・西英子・原田亜紀子・福島容子 (2005)『デンマークのユーザーデモクラシー──福祉・環境・まちづくりからみる地方分権社会』新評論、3-33 頁。

新谷周平 (2002a)「行政における子ども・若者の参画プロセス──大人‐子ども関係の葛藤と実質化の局面」、『生涯学習・社会教育学研究』27 号、41-50 頁。

新谷周平 (2002b)「参加・参画論の展開と理論的課題」、子どもの参画情報センター編『子ども・若者の参画──R. ハートの問題提起に応えて』萌文社、28-41 頁。

生田周二・大串隆吉・吉岡真佐樹 (2011)『青少年育成・援助と教育──ドイツ社会教育の歴史、活動、専門性に学ぶ』有信堂。

市川桂 (2019)「デンマークにおける学力テストの実践と評価」、『都留文科大學研究紀要』89、69-79 頁。

乾彰夫 (2010)『〈学校から仕事へ〉の変容と若者たち──個人化・アイデンティティ・コミュニティ』青木書店。

大串隆吉 (1999)『青年団と国際交流の歴史』有信堂高文社。

大澤善信 (2010)『ネットワーク社会と空間のポリティクス──都市・モダニティ・グローバリゼーション』春風社。

太田美幸 (2011)『生涯学習社会のポリティクス──スウェーデン成人教育の歴史と構造』新評論。

大山礼子 (2001)「ウェストミンスターモデルと選挙制度改革──ニュージーランドと日本」、『選挙研究』16、28-38 頁。

小野田正利 (1996)「世界における子ども・生徒参加の動向、2. フランス、②社会参加─市町村子ども・青少年議会」220-229 頁、『子どもの参加の権利──〈市民としての子ども〉と権利条約』三省堂。

河﨑仁志・斉藤ひでみ・内田良著編 (2021)『校則改革──理不尽な生徒指導に苦しむ教師たちの挑戦』東洋館出版社。

喜多明人 (2002)「ハートの「子どもの参画」を読み解く」、子どもの参画情報センター編『子ども・若者の参画──R. ハートの問題提起に応えて』萌文社、56-65 頁。

喜多明人・坪井由実・林量俶ほか編 (1996)『子どもの参加の権利──〈市民としての子ども〉と権利条約』三省堂。

木場隆夫 (2000)「科学技術政策形成過程における非専門家の役割──コンセンサス会議の試行から」、『公共政策』2000、1-9 頁。

小池直人 (2011)「訳者解題」、『グルントヴィ哲学・教育・学芸論集 2. 生の啓蒙』風媒社、234-249 頁。

小池直人 (2015)「グルントヴィのホイスコーレ構想が拓いたもの──訳者解説」『グルントヴィ哲学・教育・学芸論集 3 ホイスコーレ 下』風媒社、328-371 頁。

小池直人 (2017)『デンマーク共同社会（サムフンズ）の歴史と思想──新たな福祉国家の生成』大月書店。

小池直人・西英子 (2007)『福祉国家デンマークのまちづくり──共同市民の生活空間』かもがわ出版。

国立青少年教育振興機構 (2021)「高校生の社会参加に関する意識調査報告書──日本・米

国・中国・韓国の比較 (令和 3 年 6 月)」（https://www.niye.go.jp/kanri/upload/editor/151/File/00.houkokusyo.pdf　2021 年 8 月 3 日取得）。

小玉重夫（2003）『シティズンシップの教育思想』白澤社。

小玉重夫（2016）『教育政治学を拓く = Toward the New Politics of Education──18 歳選挙権の時代を見すえて』勁草書房。

五野井郁夫（2015）「直接民主主義は代表制を超えるのか？」、山崎望・山本圭編『ポスト代表制の政治学──デモクラシーの危機に抗して』ナカニシヤ出版、31-56 頁。

近藤孝弘編（2013）『統合ヨーロッパの市民性教育』名古屋大学出版会。

斎藤純一（2000）『公共性（思考のフロンティア）』岩波書店。

齋藤純一・田村哲樹編（2011）『アクセス デモクラシー論』日本経済評論社。

坂井治也編（2017）『市民社会論：理論と実証の最前線』法律文化社。

佐々木正治（1999）『デンマーク国民大学成立史の研究』風間書房。

佐藤裕紀（2013）「諸外国の生涯教育 デンマークにおける成人教育者の質の保障と訓練──自由成人教育における成人教育者の採用と訓練に焦点をあてて」、『日本生涯教育学会年報』34、223-242 頁。

佐藤慶幸（1982）『アソシエーションの社会学──行為論の展開』早稲田大学出版部。

佐藤慶幸（2007）『アソシエーティブ・デモクラシー──自立と連帯の統合へ』有斐閣。

澤野由紀子（2010）「EU の生涯学習政策とガイドライン」、『日本生涯教育学会年報』31、167-186 頁。

澤野由紀子（2016）「グローバル社会における教育の「北欧モデル」の変容」、佐藤学・秋田喜代美・志水宏吉ほか編『グローバル時代の市民形成（岩波講座：教育　改革への展望 7）』岩波書店。

篠原一（2004）『市民の政治学──討議デモクラシーとは何か』岩波新書。

清水満（1996）『生のための学校──デンマークで生まれたフリースクール「フォルケホイスコーレ」の世界』新評論。

清水満（2016）「訳者による解説」、オヴェ・コースゴー／清水満訳『政治思想家としてのグルントヴィ』新評論、204-241 頁。

白石正彦（1992）「デンマークにおける形成期農業協同組合の思想・組織・事業の特質」、『農村研究』75、1-10 頁。

杉浦正和（2012）「日本の生徒会と政治活動・学校参加──生徒会の学内自治強化に向けて、地域的連携を広めよう」、『民主主義教育 21』6、148-155 頁。

鈴木賢志（2018）「スウェーデンの主権者教育」、川崎一彦・澤野由紀子・鈴木賢志・西浦和樹・アルベリエル松井久子『みんなの教育 スウェーデンの「人を育てる」国家戦略』ミツイパブリッシング、149-190 頁。

鈴木優美（2010）『デンマークの光と影──福祉社会とネオリベラリズム』壱生舎。

田口繁夫（1999）「デンマークの社会福祉：2. 非行少年対策」、仲村優一・一番ヶ瀬康子編『世界の社会福祉 6（デンマーク・ノルウェー）』旬報社、27-30 頁。

竹内真澄（2004）『福祉国家と社会権──デンマークの経験から』晃洋書房。

武田泉（2005）「地方部高等学校における地域に根ざした教育活動の展開──生徒会による鉄道存続運動と中高一貫教育における特設科目の事例からの考察」、『へき地教育研究』60、123-135 頁。

田中紀行・吉田純編（2014）『モダニティの変容と公共圏』京都大学学術出版会。

田中治彦・萩原建次郎編著（2012）『若者の居場所と参加——ユースワークが築く新たな社会』東洋館出版社。

田中治彦（2015）『ユースワーク・青少年教育の歴史』東洋館出版社。

田村哲樹（2008）『熟議の理由——民主主義の政治理論』勁草書房。

田村哲樹（2011）「模索する政治、政治の模索」、田村哲樹・堀江孝司編『模索する政治——代表制民主主義と福祉国家のゆくえ』ナカニシヤ出版、3-30頁。

坪郷實編著（2009）『比較・政治参加』ミネルヴァ書房。

土佐弘之（2012）『野生のデモクラシー——不正義に抗する政治について』青土社。

豊泉周治（2018）「デンマークの成人教育——後期中等教育の保障をめぐって」、『群馬大学教育学部紀要　人文・社会科学編』67、47-59頁。

長沼豊・大久保正弘編著（2012）『社会を変える教育——英国のシティズンシップ教育とクリック・レポートから』キーステージ21。

原田亜紀子（2017）「デンマークの若者の「民主主義の学校」での主体形成に関する考察——デンマーク若者連盟におけるハル・コックの思想に着目して」、『社会教育学研究』53(1)、1-12頁。

原田亜紀子（2017）「デンマークの若者の政治参加の複層性——新しい政治的アイデンティティの概念に着目して」、『日本生涯教育学会論集』38、103-112頁。

原田亜紀子（2017）「デンマークのユースカウンシルの設立と展開——1980年代以降の政策提言と地方自治体の取り組みに着目して」、『東京大学大学院教育学研究科紀要』57、187-195頁。

原田亜紀子（2018）「デンマーク・グロストロップ市のユースカウンシルにおける若者の政治参加——ソーシャルメディアによるコミュニケーションの役割」、『日本生涯教育学会年報』39、251-267頁。

平塚眞樹（2004）「若者の社会参加・シティズンシップ形成をめぐる現代的課題」、『企業環境研究年報』9、27-36頁。

平塚眞樹（2010）「EUにおける若者政策の研究動向」、『日本教育政策学会年報』17、168-174頁。

平塚眞樹（2012）「子ども・若者支援の政策と課題」、田中治彦・萩原建次郎編著『若者の居場所と参加——ユースワークが築く新たな社会』東洋館出版社、52-66頁。

福島容子（2005）「高齢住民委員会について——政策決定過程への住民参画とその歴史」、朝野賢司・生田京子・西英子・原田亜紀子・福島容子『デンマークのユーザー・デモクラシー——福祉・環境・まちづくりからみる地方分権社会』新評論、175-225頁。

藤谷忠昭（2009）『個人化する社会と行政の変容——情報、コミュニケーションによるガバナンスの展開』東信堂。

丸山英樹・太田美幸編（2013）『ノンフォーマル教育の可能性——リアルな生活に根ざす教育へ』新評論。

嶺井明子編著（2007）『世界のシティズンシップ教育　グローバル時代の国民/市民形成』東信堂。

宮下与兵衛（2016）『高校生の参加と共同による主権者教育——生徒会活動・部活動・地域活動でシティズンシップを』かもがわ出版。

山崎望・山本圭編（2015）「ポスト代表制の政治学に向けて」、山崎望・山本圭編『ポスト代表制の政治学——デモクラシーの危機に抗して』ナカニシヤ出版、3-29 頁。

機関・団体のホームページ

Børn og Ungebyråd　http://ungebyraad.dk/ungebyraadet-2018-2019（2019 年 1 月 20 日最終閲覧）。

British Youth Council　http://www.byc.org.uk/about-us/our-history.aspx（2015 年 10 月 19 日最終閲覧）。

Danmarks Statistiks　https://www.dst.dk/da/Statistik/emner/befolkning-og-valg/befolkning-og-befolkningsfremskrivning/folketal（2019 年 1 月 19 最終閲覧）。

Dansk Ungdoms Fællesråd　http://duf.dk/om-duf/dufs-medlemmer（2019 年 1 月 8 日最終閲覧）。

Danske Skoleelever　https://skoleelever.dk/skoleelever/historien-om-dse.（2019 年 2 月 19 日最終閲覧）。

Glostrup Ungdomsråd　http://www.glostrupungdomsraad.dk/（2019 年 1 月 15 日最終閲覧）。

Haderslev Ungdomsråd　http://www.haderslevungdomsraad.dk/（2016 年 7 月 25 日最終閲覧）。

Netværket af Ungdomsråd　http://www.nau.dk/（2019 年 1 月 31 日最終閲覧）。

Regjeringen.no　https://www.regjeringen.no/no/dep/bld/org/etater-og-virksomheter-under-barne-og-likestillingsdepartementet/barneombudet/id418030/（2019 年 2 月 19 日最終閲覧）。

Sociale medier brug, interesseområder og debatlyst, Mediernes Udvikling Danmark2015　https://slks.dk/mediernes-udvikling-2015/specialrapporter/sociale-medier/（2017 年 11 月 14 日最終閲覧）。

Undervisningsministeriet　https://uvm.dk/uddannelsessystemet/overblik-over-det-danske-uddannelsessystem/det-ordinaere-uddannelsessystem（2019 年 2 月 4 日最終閲覧）。

Ungdomskulturhuset Vognporten　https://vognporten.dk/（2019 年 3 月 20 日最終閲覧）。

索　引

人名索引

事項索引

A-Z

あ

244

原田亜紀子（はらだ　あきこ）
広島大学教育開発国際協力センター研究員。博士（教育学）。
1971年東京生まれ。1996年東京学芸大学大学院教育学研究科修了（修士）、
同年慶應義塾高校非常勤講師、1997～2022年慶應義塾高校教諭（社会科・公
民分野）、2022年4月より現職。
2019年東京大学大学院教育学研究科学校教育高度化専攻博士課程修了。2002
～2004年デンマーク・コペンハーゲン大学客員研究員。
主著に『デンマークのユーザー・デモクラシー』（共著、新評論、2005年）、
「デンマークの若者の「民主主義の学校」での主体形成に関する考察」（『社会
教育学研究』53(1)、2017年）、『北欧の教育最前線』（共著、明石書店、2021
年）など。

デンマークのシティズンシップ教育
――ユースカウンシルにおける若者の政治参加

2022年5月25日　初版第1刷発行

著　者――――原田亜紀子
発行者――――依田俊之
発行所――――慶應義塾大学出版会株式会社
　　　　　　　〒108-8346　東京都港区三田2-19-30
　　　　　　　TEL〔編集部〕03-3451-0931
　　　　　　　　　〔営業部〕03-3451-3584〈ご注文〉
　　　　　　　　　〔　〃　〕03-3451-6926
　　　　　　　FAX〔営業部〕03-3451-3122
　　　　　　　振替00190-8-155497
　　　　　　　https://www.keio-up.co.jp/
装　丁――――耳塚有里
印刷・製本――萩原印刷株式会社
カバー印刷――株式会社太平印刷社